فرزندِ اَبّا

(کتابی برای شفای درون)

فرزندِ آبّا

(کتابی برای شفای درون)

شاهکاری از برنان مننیگ

مترجم: میشل آقامالیان

انتشارات ایلام، ۲۰۱۱

چاپ مجدد ۲۰۲۰

کلیهٔ حقوق برای سازمان ایلام محفوظ است

شابک: ۸-۴۴-۹۰۴۹۹۲-۱-۹۷۸

Abba's Child

The Cry of the Heart for Intimate Belonging

Brennan Manning

Translated into Persian by
Michel Aghamalian

This edition issued by contractual arrangement with NavPress, a
division of The Navigators, U.S.A. Originally published by NavPress
in English as Abba's Child, copyright 2002 by Brennan Manning.

Persian Translation © 2011 Elam Ministries
Reprinted 2020
All rights reserved

Elam Publications
P.O. Box 75, Godalming
Surrey, GU8 6YP
United Kingdom

publications@elam.com
www.kalameh.com/shop

ISBN 978-1-904992-44-8

Printed in the UK

«خداوندِ باوقارِ مــا نمی‌خواهد خادمانش
از این‌که اغلـــب و به‌طرز تأثرانگیزی می‌افتند،
دچار سرخوردگی و ناامیدی شوند، زیرا افتادنِ
ما سدی در برابر محبت او ایجاد نمی‌کند.»

ژولیان اهل نورویچ

فهرست مطالب

دربارهٔ نویسنده ۱۱

پیش‌درآمد ۱۵

۱. از مخفیگاه خارج شوید ۱۷

۲. شخصیتِ کاذب ۳۷

۳. محبوب ۵۹

۴. فرزندِ اَبّا ۷۵

۵. فریسی و فرزندِ اَبّا ۹۵

۶. حضور زندهٔ مسیح ۱۱۹

۷. بازیابیِ شور و حرارت ۱۴۱

۸. بردباری و خیال‌پردازی ۱۶۱

۹. ضربانِ قلبِ رابی ۱۸۱

مقدمهٔ مترجم بر چاپ دوم کتاب

نویسندهٔ پرآوازهٔ محبوب، فیلیپ یانسی یکبار چنین گفت: «من کتاب‌هایم را برای خودم می‌نویسم، برای پاسخ گفتن به تردیدهایم و سؤالاتم و ...»

"فرزندِ آبّا" را برای خود ترجمه کردم؛ در تیرگیِ روزهایی که مقارن با ترجمهٔ این کتاب پشت‌سر می‌گذاشتم، در کشاکشی که با هویت خود داشتم، *"فرزندِ آبّا"* اول، بارقه‌ای بود، رفته‌رفته، نوری شد، تابان و درخشان. در این نور، کودکِ درون را دیدم، بیمناک و هراسان؛ خود را دیدم، در پسِ نقابی چند لایه از آنچه نبودم؛ و دیدم آن چیزی را که بودم و نمی‌دانستم، می‌دانستم و نمی‌زیستم، این‌که *فرزندِ آبّا* هستم، بیش از آن‌که مترجمِ ادبیاتِ مسیحی، خادم خداوند، و یک همسر باشم.

غنای کتاب، نثرِ فاخر و شاعرانه، گاه سنگین و گاه عامیانه‌اش، امید به اقبالِ خوانندگان را در نظرم تار کرد. اما کتاب که به‌چاپ رسید، دیدم که دردِ من، دردِ بسیاری دیگر نیز بود؛ این را از نامه‌های تشویق‌آمیز، تلفن‌ها و اظهار لطف خوانندگان کتاب متوجه شدم. یکی از دوستان خطاب به دوستی گفته بود: «من چند مرتبه *"فرزندِ آبّا"* را خوانده‌ام و اگر کسی این کتاب را نخوانَد با او حرف نمی‌زنم!»

به هر روی، خوشحالم که چاپ دوم کتاب در شرایطی بسیار بهتر صورت می‌پذیرد. بر خود می‌دانم از دوست و همکارِ عزیزم، روانشناسِ گران‌قدر روبرت آسریان، به‌خاطر خواندن کتاب و تشویق و پیشنهادهای ارزنده‌شان تشکر کنم که حتی صبر نمی‌کرد تا کار ترجمه تمام شود و هر فصلی را که تمام می‌شد، می‌گرفت، به‌دقت می‌خواند و تشویق می‌کرد.

از جناب کشیش سارو خاچیکی، استاد و مترجمِ برجستهٔ ادبیات مسیحی سپاسگزارم، هم برای نامهٔ مهرآمیزشان و هم نظری که دربارهٔ *"فرزندِ آبّا"* نوشتند. و نیز، از دوست بسیار عزیزم، نادر فرد متشکرم، که هم "نادر" است و هم "فرد"، و اگر به خاطرِ ذوق و حوصله و مهارتش نبود، *"فرزندِ آبّا"* با کیفیتی درخورِ محتوایش به زیورِ چاپ آراسته نمی‌شد.

میشل آقامالیان، تهران ۲۰۰۶

دربارهٔ نویسنده

در بهارِ دهه‌ای که آمریکا دچار رکود اقتصادی بود، برنان منینگ[1] با نام تعمیدی ریچارد فرانسیس خاویر[2] چشم به جهان گشود. پدرش، اِمِت[3] و مادرش آمی[4] نام داشت. برنان با برادرش، روبرت و خواهرش، جرالدین در بروکلین بزرگ شد و پس از اخذ دیپلم متوسطه و دو سال تحصیل در دانشگاه سنت جان، وارد خدمت نیروی دریایی گردید و به جنگ کره اعزام شد.

پس از بازگشت از جنگ، برنان در دانشگاه میسوری به تحصیل در رشتهٔ خبرنگاری پرداخت. اما یک ترم از تحصیل‌اش که گذشت چون در پی "چیزی عمیق‌تر" بود، از تحصیل انصراف داد. یکی از مشاورانِ برنان قبلاً به او گفته بود که «شاید این چیز عمیق‌تری که در پی‌اش هستی خدا باشد» و همین نظر، او را به ثبت‌نام در دانشگاهی کاتولیک واقع در ایالت پنسیلوانیا برانگیخت.

در فوریهٔ ۱۹۶۶ در حالی‌که برنان دربارهٔ صلیب مسیح تأمل می‌کرد، محبت عیسای مسیح طوری بر او آشکار شد که آن را به منزلهٔ تأییدی بر دعوت الهی از خود دانست. برنان بعدها دربارهٔ این تجربه چنین گفت: «در طی این تجربه، کل زندگی مسیحی برای من به رابطه‌ای صمیمانه و قلبی با عیسی تبدیل شد.» چهار سال بعد، برنان از کالج سن فرانسیس با تخصص در فلسفه و لاتین فارغ‌التحصیل شد. سپس چهار سال هم در الهیات ادامهٔ تحصیل داد و در ماه مه ۱۹۶۳ از دانشکدهٔ الهیات سن فرانسیس فارغ‌التحصیل و سپس برای خدمت کشیشی دست‌گذاری شد.

در سال‌های بعد، خدمتِ برنان او را از راهروهای دانشگاه به کوره‌راههای مناطقِ فقیر کشاند: برنان، مدرس الهیات و کشیشِ دانشکدهٔ استیوبنویل، مدرسِ آیین پرستش و مشاور روحانی در دانشکدهٔ الهیات سن فرانسیس، فارغ‌التحصیل از دانشگاه کلمبیا در رشتهٔ نگارشِ ادبی، نیز فارغ‌التحصیل در رشتهٔ کتاب‌مقدس و آیین پرستش از دانشگاه کاتولیکِ

1 Brennan Manning; 2 Richard Francis Xavier; 3 Emmett; 4 Amy

آمریکا، همان شخصی بود که اینک در میان فقرای آمریکا و اروپا زندگی می‌کرد.

برنان که موقتاً دو سال از بین فرانسیسکن‌ها خارج شده بود در اواخر دههٔ شصت به اسپانیا رفت و در آنجا به انجمنِ برادرانِ کوچک مسیح ملحق شد، طریقتی که بی‌آن‌که از اجتماع انزوا پیشه کند، خود را وقفِ تأمل و زندگی در میان فقرا می‌سازد. پیروان این طریقت، روزها را به‌کار بدنی و شبها را به سکوت و دعا می‌گذرانند. برنان در بین وظایفِ متعدد و گوناگونش، مدتی با الاغ و درشکه برای روستاها آب می‌بُرد؛ شاگرد بنا شد و در زیر آفتابِ سوزان اسپانیا، کاه و گل را با بیل هم می‌زد؛ مدتی در فرانسه ظرف‌شو بود؛ در سوئیس داوطلبانه به زندان رفت و جز رئیس زندان کسی نمی‌دانست کشیش است و به‌مدت شش ماه در غاری دور افتاده در بیابانِ ساراگوسا، وقت خود را در عزلت به تأمل گذراند.

برنان در طی عزلت گزینی‌اش در آن غارِ دور افتاده، باری دیگر بر اثر مکاشفهٔ محبت خدا در مسیحِ مصلوب، ملزم شد. در وسطِ یک شب زمستانی، وی این کلام را از خدا شنید: «من به‌خاطر محبتی که به تو دارم پدر خود را ترک گفتم. من به نزد تو آمدم، تویی که از من گریختی و نخواستی اسمم را بشنوی. به‌خاطر محبتی که به تو داشتم، گذاشتم تا به‌صورتم آب دهان بیاندازند و مضروب و مجروح و بر چوبِ صلیب میخکوبم کنند.» برنان بعدها در این‌باره نوشت: «این کلمات، شرری به خرمن وجودم افکند. آن شب، به حقیقتِ سخنی پی بردم که از فرانسیسکنِ پیرِ فرزانه‌ای در روز ورودم به این طریقت، شنیده بودم. وی گفته بود: "هرگاه محبتِ مسیح را بشناسی، خواهی دید که در دنیا هیچ چیز به زیبایی و خواستنی بودن آن نیست".»

برنان در اوایلِ دههٔ هفتاد به آمریکا بازگشت و به همراه چهار کشیش دیگر در شهری بندری و پرهیاهو در ایالت آلاباما طرحی آزمایشی را پیاده کرد. کشیش‌ها که می‌خواستند از طرز زندگی ابتدایی فرانسیسکن‌ها الگوبرداری کنند، در خانه‌ای واقع در ناحیهٔ خلیج میسی‌سیپی ساکن

شـــدند و با قایق به صید میگو پرداختند و همین کار فرصتی به آنها داد تا به صیادان میگو و خانواده‌های‌شان که از کلیسا دور شده بودند، خدمت کنند. در کنارِ منزل کشیشـــان، عبادتگاهی وجود داشت که بر اثرِ توفان منهدم شـــده بود. آنها عبادتگاه مذکور را بازسازی کردند و جمعه شبها در آن برنامهٔ عبادت و فعالیتِ فرهنگی دایر کردند. طولی نکشـــید که این برنامه‌ها مطبوعِ طبع عموم واقع شـــد و بازگشت بسیاری از خانواده‌ها را به کلیسای محلی تسریع بخشید.

برنان در اواســـط دههٔ هفتاد به فلوریدا بازگشت و خدمت خود را در محیط دانشگاه از سر گرفت. با این‌حال، خدمتِ موفقیت‌آمیز او با اعتیادِ ناگهانی‌اش به الکل، با وقفه مواجه شد. وی شش ماه مورد بازپروری قرار گرفت تا آن‌که سلامت خود را بازیافت.

برنان در این مرحله از زندگیش بود که با اشـــتیاق شروع به خلق آثار خود کرد. به این‌ترتیـــب، همچنان که از او دعوت‌هـــای متعددی برای رهبریِ و ســـخنرانی در ســـمینارهای روحانی به‌عمل می‌آمد، کتابهایش بســـرعت یکی پس از دیگری به چاپ می‌رسید. مسیرهای جدیدی که دعوتِ الهی پیوسته به روی برنان می‌گشود، سرانجام به خروج او از فرقهٔ فرانسیسکن منتهی شد. در ۱۹۸۲ وی با روزلین آن والکر[۱] ازدواج کرد و در نئواورلئان سکنی گزید.

امروزه، برنان ضمن آن‌که همچنان می‌نویسد و موعظه می‌کند، مدام در حال سفر است و به هرجا که می‌رود مخاطبانش را، اعم از مرد و زن، تشویق می‌کند که پیام خوشِ محبتِ بلاشرطِ خدا را در عیسای مسیح، با دل و جان بپذیرند. برخی از آثار برنان منینگ به شرح زیر است:

انبیا و عاشقان (۱۹۷۶)
انقلابیون ملایم (۱۹۷۷)
حکمتِ زیستن در پذیرفتگی (۱۹۷۸)

1 Roslyn Ann Walker

سوغاتِ سکوت (۱۹۷۹)
بیگانگی با تنفر از خویش (۱۹۸۲)
شیر و بره (۱۹۸۶)
انجیلی برای بیچارگان (۱۹۹۰)
امضای عیسی (۱۹۹۲)

پیش‌درآمد

در هشـــتم فوریـــهٔ ۱۹۵۶ در عبادتگاه کوچکـــی در لورتو¹واقع در پنسیلوانیا، عیسای ناصری غافل‌گیرم کرد.

بر راهی که در این سی‌وهشـــت سالِ گذشته پیموده‌ام، جا به جا، آثارِ پیروزی‌های مصیبت‌بار و شکســـت‌های ارزنده، کامیابی‌های جانکاه و ناکامی‌های جان افزا باقی اســـت. دوران وفاداری و خیانت، ایام تسلی و محنت، سردی و غیرت، برایم بیگانه نیستند.

زمانی بوده است
که حضور خدا برایم ملموس‌تر و واقعی‌تر از صندلی‌ای بوده است که بر آن نشسته‌ام؛
کلام خـــدا همچون برقِ صاعقهٔ پیچان، به گوشه‌گوشـــهٔ جانم جهیده است؛
تندبادی از اشـــتیاق، مرا با خود به جاهایی برده است که هرگز نرفته بوده‌ام.
نیز زمانی بوده است
که به قولِ مائه وست²دربارهٔ خود گفته‌ام: «من به سفیدی برف بودم اما دیگر نیستم!»
کلام خدا به دهانم مزه‌ای همچون بستنی مانده و سوسیس بدمزه داده است؛
آتشـــی که در دل داشـــته‌ام بـــه لرزهٔ خاموشـــی افتاده و فرونشسته است؛
شور و اشـــتیاق سرد شده را با حکمت ســـفیدمو اشتباه گرفته‌ام؛
کمال‌طلبـــی جوانی را همچون ســـاده‌لوحی محض کنار نهاده‌ام.

---

1 Loretto

۲ Mae West بازیگر زن آمریکایی (۱۸۹۲– ۱۹۸۰). م.

نقرۀ بی‌مقدار و کـــم بها را به مرواریـــد گران‌بها ترجیح داده‌ام.

اگر با تجربه‌ای نظیر هر یک از اینها روبرو شـــده باشـــید، چه بســـا بخواهید این کتاب را ورق بزنیـــد و برای بازیافتنِ هویتِ محوری خود به‌عنوان فرزندِ پدر کمی درنگ کنید.

برنان منینگ

فصل اول

از مخفیگاه خارج شوید

شخصیتِ اصلی یکی از داستان‌های کوتاهِ فلانری اُکانر[1] به‌نام بوقلمون، پسرکی اســت به‌نام رولر.[2] وی دچار خود کم بینی شدیدی است، چون ظاهراً به هر کاری که دســت می‌زند، خرابی به بار می‌آورد. وی شــب هنگام، در بســتر حرف‌هایی را که والدینش دربارهٔ او به هم می‌گویند، دزدانه می‌شــنود. پدر می‌گوید: «رولر بچهٔ عجیب و غریبی اســت. چرا همیشه تنها بازی می‌کند؟» مادر جواب می‌دهد: «من چه بدانم؟»

یک روز در جنگل، چشــم رولر به بوقلمونــی تیرخورده و زخمی می‌افتد و فوراً ســر در پی آن می‌گذارد. رولر فریاد می‌کشد: «آخ که اگر بتوانم این بوقلمون را گیر بیاندازم، چه می‌شود!» رولر می‌خواهد که هر طور شــده بوقلمون را بگیرد، حالا اگر شــده تا آن سر دنیا هم دنبال آن می‌دود. او در عالم خیال خــود را در حالی تصور می‌کند که با بوقلمونِ آویخته بر شــانه، پیروزمندانه از در منزل وارد می‌شود و ناگهان تمام اهل خانه یک صدا فریاد می‌زنند: «هی ببینید رولر چه بوقلمونی گرفته! رولر، این بوقلمون را از کجا گرفته‌ای؟»

«از توی جنگل. حالا اگر یک‌وقت خواســتید می‌توانم یکی دیگر هم براتان بگیرم.»

امــا ناگهان افکار دیگری به ذهن او هجــوم می‌آورند و در نتیجهٔ آنها به خود می‌گوید: «شــاید خدا بخواهد که تمام عصر را دنبال این بوقلمون لعنتی کنم و آخر ســر هم دســت از پا درازتر برگردم.» رولر می‌داند که

---

1 Flannery O' Connor; 2 Ruller

درست نیست دربارهٔ خدا این‌طور فکر کند، ولی چه می‌شود کرد، احساس او این‌گونه اســت. حال با این احساس خود چه باید کند؟ پیش خودش فکر می‌کند که نکند همان‌طور که می‌گویند آدم عجیب و غریبی باشد.

بالاخره بوقلمون از زخمی که برداشــته از پــا در می‌آید و طاقباز بر زمین می‌افتد. رولر هم ســر می‌رســد و آن را بلند می‌کند و بر شانه‌اش می‌اندازد. سپس بازگشتِ فاتحانه‌اش را به‌سوی مرکزِ شهر آغاز می‌کند. در این حال به یاد افکاری می‌افتد که پیش از گرفتن بوقلمون به ذهنش راه یافته بود. شــرمنده از افکاری که به ذهنش آمده بود، به خودش می‌گوید که خدا پیش از این‌که خیلی دیر شود به بدگمانیهایش پایان بخشید. واقعاً که باید برود خدا را شــکر کند. ســپس می‌گوید: «خدایا از تو متشکرم. خدایا واقعاً مدیون تو هســتم. این بوقلمون، شیرین پنج کیلو وزن دارد. الهی بنازم بر کرم و قدرتت.»

رولر پیش خود می‌گوید که شــاید گرفتن این بوقلمون نشــانه‌ای از جانب خدا بوده است. شاید خدا می‌خواهد که او واعظ شود و در همان حال که به بینگ کراســبی[1] و اسپنســر تریســی[2] می‌اندیشد، با بوقلمون بر شانه‌اش وارد شهر می‌شــود. می‌خواهد کاری برای خدا انجام دهد، اما چه کاری، هنوز نمی‌داند. تصمیم می‌گیرد که اگر ســر راه بینوایی را دید که آکاردئون می‌زند و گدایی می‌کند، همین چندر غازی را که ته جیبش هست و جز آن پولی ندارد، به او بدهد.

دو نفر که به ســمت رولر می‌آیند به دیدن بوقلمون سوتی می‌زنند و ســپس به صدای بلند توجه چند نفری را که در گوشــه‌ای ایستاده‌اند به بوقلمون جلب می‌کنند. سپس، از رولر سؤال می‌کنند: «فکر می‌کنی چند کیلو باشد؟»

رولر جواب می‌دهد: «حداقل پنج کیلو.»

«چقدر طول کشید تا گرفتیش؟»

---

۱ بازیگر و خوانندهٔ آمریکایی (۱۹۰۴– ۱۹۷۷) م.

۲ بازیگر آمریکایی (۱۹۰۰– ۱۹۶۷) م.

«یک ساعتی دنبالش کردم.»

«چه جالب! حتماً حسابی هم خسته شدی.»

«نه زیـــاد، خیلی خوب، الآن دیگر باید بـــروم، چون عجله دارم.» او برای رسیدن به خانه بی‌تابی می‌کند.

رولر در حالی‌که آرزو می‌کند گدایی بر سـر راهش سبز شود، در دل دعا می‌کند: «خداوندا، قبل از این‌که به خانه برسـم، گدایی را سـر راهم قرار بده.» سپس پیش خود فکر می‌کند که وقتی خدا بوقلمون را برای او فرستاده حتماً گدایی را هم سر راهش قرار خواهد داد. بله که قرار خواهد داد. هر چه نباشـــد او پسربچهٔ خاصی است و خدا از او خوشش می‌آید. رولر دعا می‌کند: «خدایا، لطفاً گدایی را همین الآن بفرست.» هنوز حرف از دهانش درنیامده، زن بینوای سـالخورده‌ای یک‌راست به‌سویش پیش می‌آید. قلب رولر از شـــدت هیجان می‌خواهد از جا کنده شود. به‌سوی زن بینوا شـــلنگی بر می‌دارد و فریاد می‌زنـد خانم خانم بفرمایید. این را می‌گوید و سکه را در دسـت او می‌اندازد، سپس بی‌آن‌که سر برگرداند، راهش را می‌گیرد و فوراً می‌رود.

به‌تدریج ضربانِ قلبش آرام می‌شـــود و احساس جدیدی به او دست می‌دهد، به قسـمی که در آنِ واحد هم احسـاس شـادکامی می‌کند و هم شـرمندگی. فکر می‌کند که شـاید تمام پولش را به این زن بدهد و دیگر زمین را زیر پایش احسـاس نمی‌کند. رولر ناگهان متوجهٔ همهمهٔ گروهی از بچه‌های دهکده در پشـــت سـرش می‌شود. سر بر می‌گرداند و سـخاوتمندانه می‌پرسـد: «ببینم دلتـان می‌خواهد ایـن بوقلمون را ببینید؟»

بچه‌ها در حالی‌که خیره به او می‌نگرند، می‌پرسـند: «اینو از کجا گیر آوردی؟»

«از توی جنگل. آن‌قدر دنبالش کردم که مرد. آخه، تیر خورده بود. زیر بالشو نگاه کنید جای تیر معلومه.»

یکی از پسـران می‌گوید: «بـده ببینم.» رولر بوقلمون را به‌دسـتش می‌دهد. همچنان که پسرک بوقلمون را می‌گیرد و بر شانه‌اش می‌اندازد،

سر بوقلمون به‌صورتِ رولر می‌خورد. پسرک چرخی می‌زند و راه می‌افتد. دیگران هم با او همگام می‌شوند.

رولر تا به خود می‌آید می‌بیند که آنها چند صد متر دور شده‌اند. سرانجام، آن‌قدر می‌روند که از نظرش ناپدید می‌شوند. وی با سر به زیر افکنده راه منزل را در پیش می‌گیرد. پس از این‌که کمی به این‌حالت راه می‌رود، ناگهان متوجه می‌شود که هوا تاریک شده است و بنای دویدن می‌گذارد. داستان فلانری اکانر که مملو از نکات لطیف و ظریف است، چنین به پایان می‌رسد: «او تندتر و تندتر دوید و همچنان که در راهِ منتهی به منزل نمایان شد، قلبش به تندیِ حرکتِ دست‌ها و پاهایش می‌تپید و او مطمئن بود که چیزی خوفناک با بازوان سفت کرده و انگشتانِ قلاب شده که آمادهٔ گرفتن او است، از پشت سرش شتابان می‌آید.»

در شخصیتِ رولر بسیاری از ما مسیحیان، عریان و برهنه و نمایان ظاهر می‌شویم. به‌نظر می‌رسد که خدای ما همان است که سخاوتمندانه بوقلمون‌هایی به ما می‌دهد و سپس سخت‌دلانه آنها را از ما بازمی‌ستاند. وقتی بوقلمون‌ها را به ما عطا می‌کند، می‌گوییم که حتماً او ما را دوست دارد و از ما راضی است. خود را به خدا نزدیک‌تر می‌یابیم و به گشاده‌دستی برانگیخته می‌شویم. وقتی آنها را بازمی‌ستاند، این عمل را حمل بر این می‌کنیم که او از ما ناخشنود است و طردمان کرده است. احساس می‌کنیم که خدا ما را دور افکنده است. می‌گوییم که دمدمی‌مزاج و پیش‌بینی‌ناکردنی و بولهوس است. ما را تنها به این منظور برمی‌کشد که به زمین‌مان بزند. او گناهان گذشتهٔ ما را به‌یاد می‌آورد و به تلافی آنها، بوقلمون‌های سلامت، ثروت، آرامشِ باطنی، اولاد و قدرت را از ما پس می‌گیرد.

به این‌ترتیب، نادانسته طرز فکر و احساساتی را که دربارهٔ خود داریم به خدا نسبت می‌دهیم. چنان‌که بلیز پاسکال می‌گوید: «خدا انسان را به‌صورت خود آفرید و انسان هم با عملی مشابه، جوابِ خوبی خدا را داد.» بنابراین، اگر از خود متنفر باشیم، احساس می‌کنیم که خدا هم از ما نفرت دارد.

اما این درست نیست که فکر کنیم خدا هم همان احساسی را دربارهٔ ما دارد که ما دربارهٔ خود داریم، مگر آن‌که خودمان را به‌گونه‌ای مشفقانه، به‌شـدت و آزادانه دوست بداریم. عیسی. فرافکنی‌های[1] بت‌پرستانهٔ ما را آشـکار کرد و راهی به ما نشـان داد تا از آنها آزاد شویم. او در شکل و قالبِ انسانی به ما نشان داد که خدا چگونه است توبه‌ای عمیق لازم است تا بپذیریم که خدا با مهر و شـفقتی پایان‌ناپذیر، ما را چنان‌که هسـتیم و نه منهای گناهانمان (چون در این صـورت پذیرشِ کامل دیگر معنایی نخواهد داشت)، بلکه همراه با گناهانمان می‌پذیرد. هر چند خدا شرارت را نادیده نمی‌گیرد و تأیید نمی‌کند، محبت خود را به‌خاطر وجودِ پلیدی و شرارتی که در ما است از ما دریغ نمی‌کند.

گاه به دلیلِ احساساتی که دربارهٔ خود داریم، ایمان به این حقیقت را دشوار می‌یابیم. چنان‌که بسیاری از نویسندگانِ مسیحی با دانش و بینشی به مراتب وسـیع‌تر و افزون‌تر از بنده، گفته‌اند: هرگاه ما خود را دوست نداشـته باشیم، نمی‌توانیم قبول کنیم که کسی ما را دوست داشته باشد و بدتر از آن نمی‌توانیم بپذیریم که خدا ما را دوست دارد.

شبی یکی از دوستانم به پسر معلولش گفت: «دانیال، وقتی عیسی به تو نگاه می‌کند، در چشمانش چه می‌بینی؟»

پسرک بعد از اندکی درنگ گفت: «بابا، در چشمانش اشک می‌بینم.»

«چرا دنی؟»

پسرک این‌بار پس از درنگی طولانی‌تر گفت: «آخر، او غمگین است.»

«خوب، چرا غمگین است؟»

دانیال، نگاهش را به زمین دوخت و وقتی بالاخره سـر برداشت، در همان حال که چشمانش از اشک برق می‌زد، گفت: «چون‌که من می‌ترسم.»

---

۱ فرافکنی یا Projection در این متن به این معنی است که انسان هر احساس یا نظری که دربارهٔ خود دارد به خدا نسبت دهد. مثلاً اگر احساس می‌کند که فرد بی‌دست و پایی است، خیال کند که خدا هم او را فردی بی‌دست و پا می‌داند. نویسنده از این نوع تفکر تعبیر به بت پرستی کرده است، زیرا بت را انسان به شکل خود یا به هر حال، به شکل حیوان و عناصر موجود در طبیعت می‌سازد و احساسات انسانی و تشدید یافتهٔ خود را به آن نسبت می‌دهد. م.

اندوه خدا به این دلیل است که ما از او، از زندگی و از خودمان می‌ترسیم. او از این‌که ما اشخاصی در خود-فرو-رفته و متکی بر توانایی‌های خود هستیم، سخت عذاب می‌کشد. ریچارد فوستر[1] می‌گوید: «امروز، قلبِ خدا، زخمی دهان‌گشوده از محبت است. او از این‌که مشغله‌های بسیار ما سبب شده است تا از او فاصله بگیریم، سخت رنج می‌کشد. او از این‌که به او نزدیک نمی‌شویم، مویه می‌کند و از این‌که او را فراموش کرده‌ایم، غصه می‌خورد. او بر حرص و آزِمان برای بیشتر و زیادتر داشتن، می‌گرید. او مشتاقِ حضور ما است.»

غم و اندوه خدا از این است که هرگاه گناه می‌کنیم و می‌افتیم از رفتن به حضور او خودداری می‌کنیم. برای یک الکلی "لغزش" چیز وحشتناکی است. اعتیادِ ذهن و بدن به میگساری، با خشمی همچون توفانی ناگهانی در فصل بهار، باز می‌گردد و وقتی شخص از مستی به‌در می‌آید، روحیه‌اش کاملاً خرد می‌شود. زمانی که لغزش خوردم، دو راه بیشتر پیش رو نداشتم: یا می‌بایست باری دیگر به احساس گناه، ترس و افسردگی تسلیم می‌شدم و یا به شتاب به آغوش پدر آسمانی می‌دویدم به عبارتی، یا می‌بایست همچون قربانی بیماریِ خود زندگی می‌کردم و یا به محبتِ جنبش‌ناپذیر اَبّا اعتماد می‌کردم.

وقتی زندگی بر وفق مراد پیش می‌رود و از هر لحاظ مورد حمایت هستیم، به آسانی می‌توانیم محبت خدا را احساس کنیم. خودپذیری نیز در چنین مواقعی بالنسبه آسان است. حتی ممکن است ادعا کنیم که کم کم داریم به خود علاقه پیدا می‌کنیم. زمانی که قوی، در اوج و مسلط هستیم و به قولی "کبک‌مان خروس می‌خواند" در ما نوعی احساسِ امنیت شکل می‌گیرد.

اما وقتی چرخِ زندگی به دست‌انداز می‌افتد چطور؟ وقتی گناه می‌کنیم و دچار لَغزش می‌شویم، وقتی رویاهای‌مان نقش بر آب می‌شوند، سرمایه‌مان به باد می‌رود و مردم به ما بدگمان می‌شوند، دچار

---

1 Richard Foster

چگونه احساساتی می‌شویم؟ هرگاه با وضعیتِ مصیبت‌آمیز بشر روبه‌رو می‌شویم چه اتفاقی می‌افتد؟

از کسی که به‌تازگی از همسرش جدا شده است، بپرسید که آیا زندگیش سر و سامان دارد؟ آیا هنوز احساس امنیت می‌کند؟ تا چه اندازه خود را فردی ارزنده می‌شمارد؟ آیا هنوز خود را فرزند محبوب خدا می‌داند؟ آیا این افراد خیال می‌کنند که خدا فقط در روزهای خوش زندگی‌شان آنها را دوست دارد یا معقدند که در فقر و ورشکستگی‌شان نیز مورد محبت خدا هستند؟

نیکولاس هرنن[1] می‌نویسد:

> «این [ورشکستگی] را باید پذیرفت. متأسفانه، همین است چیزی که ما نمی‌خواهیم بپذیریم. این‌جا است که بذرِ از خود بیزاریِ[2] فرساینده‌ای در وجودمان ریشه می‌دواند. این آسیب‌پذیری دردناک، همان خصوصیت بارزِ انسانیت ما است که بیش از سایر ویژگیها باید پذیرفته شود تا وضعیت انسانی ما را به وضعیتی شفایافته بازگرداند.»

عارف قرن چهاردهم، ژولیان اهل نورویچ[3] می‌گوید: «خداوندِ باوقارِ ما نمی‌خواهد خادمانش از این‌که اغلب و به‌طرز تأثرانگیزی می‌افتند، دچار سرخوردگی و ناامیدی شوند، زیرا افتادنِ ما سدی در برابر محبت او ایجاد نمی‌کند.»

با این‌حال، شکاکیت و ترس، ما را از ایمان و پذیرشِ حقیقت بازمی‌دارد، چون ما از خدا متنفر نیستیم، اما از خودمان بیزاریم. با این‌حال، سرآغازِ زندگی روحانی قبولِ نفسِ مجروح و زخم‌دیده‌مان است.

ایمانداری را بجوئید که واقعاً اهل تأمل و تعمق است البته، منظورم از آن افرادی که دایم صدای فرشتگان را می‌شنوند و رویاهایی پر از آتش و

1 Nicholas Harnan; 2 Self- Hatred; 3 Julian of Norwich

کروبیان و غیره می‌بینند، نیســـت، بلکه مقصود شخصی است که با ایمان و اعتمادی خالصانه با خدا روبرو می‌شـــود. این مرد یا زن، چه چیزی به شما خواهد گفت؟ توماس مرتون[1] پاسخ می‌گوید: «فقر و مسکنت خود را تســـلیم خداوند سازید و به این‌که هیچ هســـتید در حضور او معترف شوید. خواه بفهمید یا نه، خدا شـــما را دوست می‌دارد، در شما حضور دارد، در شـــما زندگی می‌کند، در شما ساکن است، شما را فرامی‌خواند، شـــما را نجات می‌بخشد و به شما درک و شفقتی عرضه می‌دارد که نظیر آن را تا به‌حال در هیچ کتابی نخوانده و در هیچ موعظه‌ای نشنیده‌اید.»

خدا ما را فرا می‌خواند که دســـت از مخفی شدن برداریم و چنان‌که هستیم به حضور او برویم. خدا آن پدری است که وقتی پسر گمشده‌اش باسرافکندگی به خانه باز می‌گردد، به‌سوی او می‌دود. موقعی که احساسِ شـــرم و بیزاری از خود، فلج‌مان می‌کند، خـــدا به‌حال ما می‌گرید. با این وصف، به محض آن‌که خود را می‌بازیم، به پوشاندن و مخفی کردن خود اقدام می‌کنیم. آدم و حوا خود را پوشـــاندند، همهٔ ما نیز به طریقی از آنها سرمشق گرفته‌ایم. چرا؟ چون از آنچه می‌بینیم، بدمان می‌آید. روبرو شدن با خویشتنِ حقیقی‌مان، دشـــوار و تحمل‌ناپذیر است. سیمون تاگول[2] در کتاب خود به‌نامِ خوشا به‌حال‌ها در توضیح این امر می‌گوید:

> «بدین‌طریق، مانند بـــردگان فراری یا از حقیقتِ وجودی خود فـــرار می‌کنیم و یـــا خویشـــتنیِ کاذب برای خود می‌ســـازیم که عموماً ستودنی اســـت و اندکی جذاب و به‌طور سطحی شاد و ســـرخوش. ما آنچه را که می‌دانیم هستیم و یا احســـاس می‌کنیم که هستیم (و به گمان‌مان نپذیرفتنی و دوست‌نداشـــتنی است)، در پسِ ظاهری که امیدواریم برای مردم خوشایندتر باشد، پنهان می‌کنیم. ما در پس نقابی زیبا که برای مقبولیت در نزدِ عموم به چهره زده‌ایم، پنهان می‌شـــویم. چندی که گذشت، خودمان هم

1 Thomas Merton; 2 Simon Tugwel

> فراموش می‌کنیم که در اختفا به‌سر می‌بریم و باورمان می‌شود که نقابی که به چهره زده‌ایم، همان شخصیت واقعی ما است.»

اما خدا شخصیت حقیقی ما را دوست دارد، صرف‌نظر از این‌که ما نیز آن را دوست داشته باشیم یا خیر. خدا ما را فرا می‌خواند، همچنان که آدم را فراخواند، تا از محل اختفایِ خود خارج شویم. هر قدر هم که خود را از نظر روحانی بزک دوزک کنیم، برای خدا خوشایندتر نخواهیم شد. چنان‌که مرتون می‌گوید: «ما به این علت هیچ‌گاه وارد عمیق‌ترین شکلِ ممکن از رابطه با خدا نمی‌شویم که به‌ندرت در حضورِ او به پوچیِ عظیم خود اذعان می‌کنیم.»

محبت خدا که ما را به هستی خواند، اکنون دعوت‌مان می‌کند تا از احساسِ از خود بیزاری خارج شویم و قدم به درونِ حقیقت الهی گذاریم.

عیسی می‌فرماید: «اکنون به نزد من آیید و اجازه دهید تا من همان کسی برای شما شوم که می‌خواهم، یعنی: نجات‌دهنده‌ای با رحم و شفقتِ بی‌کران، صبر و شکیباییِ بی‌پایان، با بخشایشی فراتر از تحمل‌تان و محبتی که حساب خطاها را نگاه نمی‌دارد. از این‌که مدام احساساتی را که دربارهٔ خود دارید، به من منسوب کنید، دست بردارید. در این لحظه، زندگی شما نِی خرد شده‌ای است و من آن را نخواهم شکست، شعله‌ای لرزان و ضعیف است و من آن را خاموش نخواهم کرد. شما در جایی امن قرار دارید.»

یکی از تناقضاتِ تکان‌دهنده در کلیسا این است که بسیاری از شاگردان عیسی سخت از خود بیزارند. آنها چندان که از شکست‌ها و ناکامی‌های خود دلگیر و دلخور هستند، از کس دیگری نیستند. آنها از میان‌مایگی خود سخت آشفته‌اند و از بی‌ثباتیِ خود سخت متنفر و بیزار. دیوید سیمندز[1] می‌نویسد:

---

1 David Seamands

> «بسیاری از مسیحیان به‌وسیلۀ سلاحی مغلوب می‌شوند که بیش از تمام سلاح‌های شیطان جنبۀ روانشناختی دارد. این سلاح همچون موشکی مرگ‌آور مؤثر می‌افتد. نام آن چیست؟ خودکم‌بینی. مهلک‌ترین سلاحِ روانشناختی شیطان علیه ایمانداران، ایجاد احساس حقارت، بی‌کفایتی و ارزشِ نفسِ پایین در آنها است. این احساس، بسیاری از مسیحیان را با وجود تجربیات روحانی عالی و شناختی که از کلام خدا دارند، به بند می‌کشد. آنها اگرچه به موقعیت خود به‌عنوان پسران و دختران خدا آگاهند، دست و پایشان غل و زنجیر شده است و احساسِ حقارتی هولناک و نیز احساسِ عمیقی از بی‌ارزش بودن، آنها را به بنده کشیده است.»

این داستان را اغلب شنیده‌ایم که فردی برای درمان افسردگیِ مزمن خود به‌کارل یونگ، روانشناس نامدار، مراجعه می‌کند. یونگ به او می‌گوید که به‌جای روزی چهارده ساعت کار، هشت ساعت کار کند و کارش که تمام شد، یک‌راست به خانه برود و عصر را در اتاقِ مطالعه‌اش به تنهایی و سکوت بگذراند. مردِ افسرده، هر شب به اتاق مطالعه‌اش می‌رفت، در را می‌بست و کمی از کتاب‌های هرمان هسه و توماس‌مان می‌خواند و یکی دو قطعه هم از آثارِ شوپن یا موتزارت می‌نواخت. پس از این‌که چند هفته‌ای را به این منوال گذراند مجدداً به یونگ مراجعه کرد و شکایت نمود که پیشرفتی حاصل نکرده است. یونگ پس از این‌که فهمید این شخص وقت خود را چطور گذرانده است، به او گفت: «شما متوجۀ منظور من نشده‌اید. من نگفته بودم که وقت خود را با هسه ومان یا شوپن و موتسارت بگذرانید، بلکه خواسته بودم که کاملاً با خود خلوت کنید.» مرد، نگاه وحشت‌آلودش را به یونگ دوخت و با هیجان گفت: «من به هیچ‌وجه حاضر نیستم که مُصاحبی چنین وحشتناک داشته باشم.» یونگ نیز در پاسخ گفت: «شما همین شخص را روزی چهارده

ساعت بر مردم تحمیل می‌کنید (و می‌توانست اضافه کند که این فرد همین شخصیت را بر خودش نیز تحمیل می‌کرد).»

تجربه به من آموخته است که از-خود-بیزاری، اختلالِ شایعی است که مسیحیان را فلج می‌سازد و مانع از رشد آنها در روح‌القدس می‌شود. افسردگی و ملالی که در نمایشنامه‌های چخوف موج می‌زند با آن عبارت «بد زندگی می‌کنی رفیق»، وجدان مسیحیان را در تسخیر دارد. سخنان منفی والدین‌مان که مدام گفته‌اند: «تو هیچ‌وقت آدم بشو نیستی»، درس اخلاق دادن‌های کلیسا و فشار برای کسب موفقیت، زائران مشتاقی را که به‌سوی اورشلیمِ آسمانی در سفرند به لشکری شکست خورده از هَملِت‌های[1] غم‌زده و رولرهای وحشت‌زده تبدیل می‌کند.

اعتیاد به‌کار، به الکل، اعتیادهای هر دم فزاینده و آمارِ رو به تزایدِ خودکشی حکایت از جدیت این معضل دارند. هنری نیوون موضوع را چنین ارزیابی می‌کند:

بر اثر مرور زمان من به این نتیجه رسیده‌ام که بزرگترین دام در زندگی ما نه موفقیت است و نه محبوبیت و قدرت، بلکه نپذیرفتن[2] خود. موفقیت، محبوبیت و قدرت واقعاً می‌توانند منشاء وسوسهٔ بزرگی باشند، اما فریبندگی آنها اغلب از این‌جا منشاء می‌گیرد که قسمتی از وسوسهٔ بزرگ‌تر نپذیرفتن خود هستند. هر گاه صداهایی را که ما را بی‌ارزش و دوست‌نداشتنی می‌خوانند باور کنیم، آن زمان است که موفقیت و محبوبیت و قدرت به راه‌حلهایی جذاب تبدیل می‌شوند. با این‌حال، دام اصلی، همانا نپذیرفتن خود است. به محض این‌که کسی اتهام یا انتقادی را متوجه‌ام می‌سازد و به محض این‌که طرد شده و تنها و رها شده می‌شوم، این فکر به ذهنم رسوخ می‌کند که «بفرما، باز هم ثابت شد که آدم بی‌ارزشی هستم.» [سوی تاریک وجودم می‌گوید] من آدم خوبی نیستم سزاوارم که کنار گذاشته شوم و فراموش و طرد و ترکم کنند. نپذیرفتن خود، بزرگترین دشمن زندگی روحانی است، زیرا با صدای

۱ شخصیت اصلی نمایشنامه‌ای از شکسپیر به همین نام. م.

2 Self- Rejection

مقدسی که ما را "محبوب" می‌خواند در تضاد است. این‌که ما محبوب هستیم، حقیقت محوریِ وجودمان را تشکیل می‌دهد. (تأکید را نویسنده افزوده است).

ما زمانی یاد می‌گیریم که نسبت به خود ملایمت داشته باشیم که طعمِ شفقتِ صمیمانه و قلبی عیسی را بچشیم. هر اندازه که اجازه می‌دهیم تا مهربانی و ملاطفتِ پایان‌ناپذیر مسیح بر استحکاماتِ نفس‌مان بتازد، به همان میزان از احساس ناگواری که نسبت به خود داریم آزاد می‌شویم. مسیح می‌خواهد که طرز فکرمان را دربارهٔ خود تغییر دهیم و ما هم در کنار او با ارزیابی منفی‌ای که از خود داریم مبارزه کنیم.

تابستان سال گذشته، من قدم مهمی را در سفر درونی‌ام برداشتم. به‌مدت بیست روز در اتاقکی واقع در کوهستان زندگی کردم و به این‌ترتیب استراحت خود را در گوشه‌ای خلوت با درمان و سکوت و خلوت‌گزینی توأم ساختم. هر روز صبح زود با روان‌شناسی ملاقات می‌کردم که مرا در یادآوری خاطرات و احساساتِ واپس‌زده از دوران کودکی‌ام یاری می‌کرد. مابقی روز را به تنهایی در اتاقک، بدون تلویزیون و رادیو و هر نوع مطلب خواندنی می‌گذراندم.

همچنان که روزها از پی هم می‌گذشت، به این نتیجه رسیدم که از هشت سالگی قادر به احساس و بیان عواطف خود نبوده‌ام، چون ضایعه‌ای در آن زمان، حافظه‌ام را تا نه سال و احساساتم را تا پنج دهه فلج کرده بود.

زمانی که هشت ساله بودم، شخصیت کاذب، یا همان نفسِ دروغین من، به‌عنوان واکنشی دفاعی در برابر درد، زاده شد. این شخصیتِ کاذب در درونم چنین زمزمه می‌کرد: «برنان، دیگر هیچ‌وقت نَفسِ حقیقی‌ات را بروز نده، چون هیچ‌کس تو را آن چنان‌که هستی دوست ندارد. نفسِ جدیدی بیافرین که مورد تحسین همه باشد و کسی هم به هویتش پی نبرد.» به این‌ترتیب، من پسری مؤدب و بانزاکت و بی‌آزار و باملاحظه شدم. سخت درس خواندم، نمرات عالی کسب کردم، برای تحصیل

بورسیه گرفتم و لحظه‌ای نبود که وحشت از ترک شدن و این‌که کسی در کنارم نماند، سراپای وجودم را نلرزاند.

دیدم که عملکردِ درست و کامل، اعتبار و تأییدی را که سخت در پی‌اش بودم، فراهم می‌سازد و برای آن‌که ترس و شرم را از خود دور نگاه دارم، وارد چرخه‌ای از بی‌احساسی شدم. همچنان که درمانگرم گفت: «در خلال تمام این سال‌ها، انگار دری فلزی بین من و عواطفم حایل شده بود و نمی‌گذاشت که به آنها دسترسی داشته باشم.» درهمین حال، شخصیت کاذبی که به عموم ارائه می‌دادم، خونسرد و آسوده خیال بود.

طلاق بزرگِ سر و قلبم در تمام طول خدمتم ادامه پیدا کرد. به‌مدت هجده سال، خبر خوشِ محبت پرشور و نامشروط خدا را اعلام می‌کردم و هر چند در سَرَم به این حقیقت اعتقاد راسخ داشتم، در دل چیزی از آن احساس نمی‌کردم. احساس دوست داشته شدن، با قلبم بیگانه بود. بهترین مصداق وضعیت من صحنه‌ای بود از فیلمی که در آن کارگردان به یکی از ستاره‌های هالیوود می‌گوید که عجب زندگی عالی و حیرت‌انگیزی داشته است و هر زنی به‌دستاوردهای او غبطه خواهد خورد. ستارهٔ مزبور جواب می‌دهد: «بله، می‌دانم. ولی مسئله این‌جا است که من از زندگی خود چیزی نفهمیده‌ام و طعمِ هیچ‌یک از چیزهای خوبی را که در زندگی به‌دست آورده‌ام، نچشیده‌ام.»

در دهمین روز خلوتم در کوهستان، سیلاب اشک از چشمانم فروریخت. چنان‌که مری مایکل اوشوینسی می‌گوید: «اشک‌های تلخ اغلب پیروزی‌های شیرین می‌آفرینند.» (باید اعتراف کنم که قسمت عمدهٔ بی‌عاطفگی و تأثیرناپذیری من ناشی از این بوده است که حاضر نشده‌ام غم و اندوه خود را به‌خاطر نشنیدنِ سخنانِ ملاطفت‌آمیز و ندیدنِ آغوشی پرمهر بروز دهم.) خوشا به‌حال کسانی که گریه و سوگواری می‌کنند.

وقتی جامِ غم و اندوه را سر کشیدم، اتفاق حیرت‌انگیزی افتاد: در جایی کمی دورتر، صدای رقص و آواز شنیدم. من پسر گمشده بودم که با سرِ افکنده به منزل مراجعت می‌کرد؛ در این شادمانی، تماشاچی نبودم، بلکه شرکت‌کننده. شخصیت کاذب محو شد و من با خویشتنِ حقیقی

خود به‌عنوان فرزند بازگشتهٔ خدا، در تماس قرار گرفتم. به این‌ترتیب، اشتیاقم برای موردِ تشویق و تأیید قرار گرفتن فرونشست.

در گذشته، تا کارم را بی‌عیب و نقص انجام نمی‌دادم، احساس امنیت نمی‌کردم. به این‌ترتیب، اشتیاقم برای کامل بودن، اشتیاقم را برای خدا تحت‌الشـعاع قرار داده بود. من که تحت تسخیرِ ذهنیتی مبتنی بر همه یا هیچ قرار داشتم، ضعف را تعبیر بــه میان‌مایگی و بی‌ثباتی را تعبیر به بزدلی و عدم شهامت می‌کردم. شفقت و خودپذیری را هم واکنش‌هایی نامناسـب می‌دانسـتم. من که خسـته‌خاطر و بی‌رمق بودم، برداشتی از ناکامی‌ها و بی‌کفایتی‌های خود داشــتم که به خودکم‌بینی و افسـردگیِ خفیف و تشویش و نگرانیِ شدید منجر شد.

نادانسته، احساساتی را که دربارهٔ خود داشتم به خدا منسوب می‌کردم و تنها زمانی در حضور او و احسـاس امنیت می‌کـردم که خود را فردی شـریف، بزرگوار و مهربان، بی‌هیچ زخم و ترس و اشـک و به عبارتی، انسانی کامل می‌دیدم!

مع‌الوصـف، در آن روز باشـکوه، در اتاقکی که در دل کوهسـتان، عمیق فرو رفته بود، از مخفیگاه خارج شـدم. عیسی پرده‌ای از عملکردِ کمال‌گرایانه را که به‌روی خود کشـیده بودم، کنار زد و اینک، آمرزیده و آزاد شده، به شتاب راه خانه را در پیش گرفتم. حال، می‌دانستم که می‌دانم کسـی آن بیرون منتظرم است. در حالی‌که به ژرفنای جان فرو شده بودم و سـیلاب اشـک از دیدگانم فرو می‌ریخت، تمامی سخنانی را که تا به آن‌دم دربارهٔ محبتِ خلل‌ناپذیر و پی گیر خدا گفته بودم، سـرانجام به دل احساس کردم و ملکهٔ باطن خویش ساختم. آن روز دریافتم که کلمات در مقایسه با واقعیت، پوشـالی بیش نیستند. به این‌طریق، جستی زدم و از معلمی که دربارهٔ محبت خدا تعلیم می‌دهد به مایهٔ خوشــی آبّا تبدیل شدم. با احساسِ ترس و وحشت وداع کردم و به احساسِ امنیت سلام گفتم.

معنیِ در امنیت بودن چیسـت؟ آن روز عصر در دفتر یادداشت‌های روزانه‌ام چنین نوشتم:

«احساس امنیت به این معنا است که از زندگی در سَر، دست بشوییم و در قلب خویش غرق شوم و احساس کنم که محبوب و مقبولم. دیگر مجبور نباشم که خود را مخفی سازم و سرم را به کتاب، تلویزیون، فیلم، بستنی و گفتگوهای سطحی و بی‌مایه گرم کنم در زمان حاضر بمانم و نه به گذشته بگریزم و نه به آینده گریز زنم، بلکه هشیارانه حواس خود را معطوف به زمان حال سازم احساس آسایش و آسودگی کنم و عصبی و مضطرب نباشم نیازی به این نداشته باشم که دیگران را تحت تأثیر قرار دهم و یا به حیرت آورم و یا جلب توجه کنم دستپاچه و خجالتی نباشم، و این راه جدیدی است برای زندگی کردن با خویشتنِ خویش و نیز راه جدیدی است برای زندگی در جهان. نیز امنیت بدین‌معنا است که از آنچه در آینده واقع خواهد شد، ترس و تشویشی در دل نداشته و آسوده خیال باشم؛ احساس کنم که محبوب و ارزنده هستم و مسلط بودن بر خویش را به خودی خود هدف بدانم.»

با این وصف، نوشتن این تجربه خطرِ آفریدن شخصیت کاذب دیگری را در پی دارد که در جلایی به مرتب فریبنده‌تر پوشیده است. در این‌جا سخنانِ اعتدال‌آمیز ترزا اهل آویلا[1] را به‌خاطر می‌آورم که می‌گوید: «چنین تجربیاتی به برادران و خواهران ضعیف‌تر داده می‌شود تا ایمان رو به ضعف‌شان را تقویت کند.» حتی این نیز که فرد همهٔ فضایل خود را به "فیض خدا" منسوب دارد، ممکن است در خود حاوی رگه‌ای ضعیف از خود ستایی باشد، چون عبارت اخیر از فرط استعمال مفهوم خود را تقریباً از دست داده است.

1 Teresa of Avila

توماس مرتون یکی از رهبرانِ روحانی نامدارِ عصر ما، روزی به یکی از دوستان راهبِ خود چنین گفت: «اگر امروز بنده به‌عنوان این‌که توماس مرتون هستم ادعایی بکنم، از نظر روحانی کارم تمام است و حضرت عالی هم اگر به‌خاطر این‌که از طویلهٔ خوک‌ها نگهداری می‌کنی، ادعای فروتنی کنی، همین بلا به سرت خواهد آمد.» پس راه حلی که مرتون ارائه می‌دهد چیست؟ «باید به‌طور کلی از شمارش امتیازات خود دست کشید و خود را با تمام گناهان خویش به خدا تسلیم کرد، خدایی که وقتی به ما می‌نگرد نه امتیازات را می‌بیند و نه ثبت‌کنندهٔ امتیازات را، بلکه در ما فقط فرزند خود را می‌بیند که به‌وسیلهٔ مسیح رستگار شده است.»

ششصد سال قبل، خانم ژولیان اهل نورویچ، این حقیقت را با بی‌تکلفی حیرت‌انگیزی چنین بیان داشت: «برخی از ما معتقدیم که خدا قادر مطلق است و بر هر کاری قادر است؛ نیز معتقدیم که خدا دانای مطلق است و همه کار می‌تواند بکند؛ ولی همین که با این حقیقت مواجه می‌شویم که او محبتِ مطلق است و به هر کاری تواناست، خود را پس می‌کشیم. به گمان من، این جهالت، بزرگترین مانعی است که بر سر راهِ دوستداران خدا قرار دارد.»

با این وصف، موضوع به این‌جا ختم نمی‌شود. به این کلمات پولس رسول بیاندیشید: «زیرا کارهایی که ایشان در خفا می‌کنند، حتی ذکر آنها هم قبیح است. لیکن هر چیزی که مذمت شود، از نور ظاهر می‌گردد، زیرا هرچه که ظاهر می‌شود، نور است.» (افسسیان ۵:۱۲-۱۴).

خدا نه فقط کارهای شرم‌آور ما را می‌بخشاید و فراموش می‌کند، بلکه حتی ظلمتِ آنها را به نور تبدیل می‌کند. همه چیز، و حتی چنان‌که آگوستین اهل هیپو می‌گوید «گناهان ما» نیز، برای خیرتِ دوستدارانِ خدا با هم در کار است.

تورنتون ویلدر بر اساس یوحنا ۵:۱-۴ نمایشنامهٔ کوتاهی نوشته که «فرشته‌ای که آب را به حرکت درمی‌آوَرَد» نام دارد. موضوع این نمایش حوض بیت‌حسدا است که وقتی فرشتهٔ خدا آب آن را به حرکت درمی‌آورد از قدرت شفابخشی برخوردار می‌شد. در این نمایشنامه،

پزشکی را می‌بینیم که هر سال به امید آن‌که بتواند قبل از همه در آب بپرد و از افسردگی خود شفا یابد به محل حوضِ بیت‌حسدا می‌آید.

فرشته سرانجام ظاهر می‌شـود و همین که پزشک مزبور می‌خواهد خود را در آب بیاندازد، فرشته او را بازمی‌دارد و می‌گوید که عقب برود، چون زمان او هنوز فرا نرسـیده است. پزشـک با صدایی لرزان از اندوه از او کمک می‌خواهد، ولی فرشـته به تاکید می‌گوید که نوبتِ شفای او نیست.

این گفتگو ادامه می‌یابد تا آن‌که فرشـته سـخنان نبوت‌آمیز خود را خطاب به پزشـک چنین بیان می‌دارد: «بدون ایـن زخم‌ها کجا قدرت می‌داشتی؟ همین افسردگی تو است که صدای ضعیفت را در قلب مردم، اعم از مرد و زن، به ارتعاش در می‌آورد. خود فرشـتگان نیز نمی‌توانند همچون انسانی که در زیر چرخ‌های زندگی خرد شده است، تیره‌روزان و فلک‌زدگان را مجاب و قانع سـازند. در ارتشِ محبت، تنها سـربازانِ زخم‌خورده می‌توانند خدمت کنند. پزشک به شنیدن این سخنان، عقب رفت.»

سپس مردی که اول از همه وارد استخر شده و شفا یافته بود، شادکام از اقبال بلندش رو به پزشـک می‌کند و می‌گوید: «لطفاً با من بیا. تا منزلم فقط یک ساعت راه است. پسـرم در افکارِ تیره و تارش گم شده است. من که سر از افکارش در نمی‌آورم و تا به‌حال جز تو کسی نتوانسته است کمکش کند. تا منزلم فقط یک سـاعت راه است غیر از پسرم، دخترم نیز از زمانی که بچه‌اش را از دست داده زانوی غم در بغل گرفته است. او به حرف ما گوش نخواهد داد، اما حرف شما را خواهد شنید.»

مسـیحیانی که در مخفیگاه خود باقی می‌ماننـد، به زندگی در دروغ ادامه می‌دهند. ما واقعیتِ گناهکار بودن خود را انکار می‌کنیم و در تلاشی بی‌حاصل برای پاک کردن گذشتهٔ خود، جامعه را از عطایِ شفابخش خود محروم می‌سـازیم. اگر از ترس و شرم، زخم‌های خود را پنهان بسازیم، ظلمت درون‌مان نه تنویر خواهد یافت و نه به نوری برای دیگران تبدیل خواهد شد. ما به احساسات منفی خود می‌چسبیم و چماقِ گذشته‌مان را

مدام بر سرمان می‌کوبیم، در حالی‌که جز فراموش کردن گذشته، کاری در قبال آن نداریم. چنان‌که دیتریش بونهفر گفته است، احساسِ تقصیر، نوعی بت است. لیکن، وقتی جرأت می‌کنیم تا همچون مردان و زنانِ بخشوده زندگی کنیم، به جمعِ شفادهندگان زخم‌دیده می‌پیوندیم و به عیسی نزدیک‌تر می‌شویم.

هنری نیوون در کتاب معروف خود به‌نامِ شفادهندهٔ زخم‌دیده، مطالب بسیار عمیق و ظریفی را دربارهٔ موضوع فوقَ بیان داشته است. وی داستان رابی (معلمی یهودی) را باز می‌گوید که از ایلیای نبی، زمانِ ظهور ماشیح (مسیح موعود) را جویا می‌شود. ایلیای نبی به رابی پاسخ می‌گوید که وی باید سؤال خود را مستقیماً از خود ماشیح که جلوی دروازهٔ شهر نشسته است، بپرسد. رابی سؤال می‌کند: «ولی آخر چطور باید بشناسمش؟» ایلیا جواب می‌دهد: «او در بین بینوایانی نشسته که بدن‌شان پوشیده از زخم است. دیگران تمام زخم‌های خود را همزمان بازمی‌کنند و بعد دوباره می‌بندند. اما ماشیح هر بار یکی از زخم‌هایش را می‌گشاید و سپس آن را مجدداً می‌پوشاند و در همین حال به خود می‌گوید: ”شاید کسی به من احتیاج پیدا کرد. پس باید مدام آماده باشم تا اگر یک‌وقت به وجودم نیاز شد فوراً به کمک بشتابم“.»

خادم رنجدیدهٔ مذکور در کتاب اشعیا، زخم‌های خود را بازمی‌شناسد، نمایان می‌سازد و همچون منبعی برای شفا، در اختیار جامعه قرار می‌دهد.

شفادهندهٔ زخمی متضمن این حقیقت است که فیض و شفا، از طریق آسیب‌پذیریِ مردان و زنانی به دیگران می‌رسد که در زیر چرخهایِ زندگی خرد و شکسته شده‌اند. در ارتشِ محبت، جز سربازانِ زخم دیده نمی‌توانند خدمت کنند.

یکی از مراکز بازپروریِ الکلی‌ها که به سازمان الکلی‌های گمنام موسوم است، جامعه‌ای است از شفادهندگان زخم‌دیده.

روانکاوی به‌نام جیمز نایت در بارهٔ این جامعه می‌گوید:

«این اشخاص کسانی بوده‌اند که در اعتیاد خود به الکل و نتایج آن، تا به سرحد فروپاشی و تباهی زندگی

> خود پیش رفته‌اند. منتها زمانی که از خاکسترهای آتش جهنمیِ اسارت به الکل برمی‌خیزند، با کمال درک و هم‌دردی حاضر می‌شوند تا با ملاقات‌های پیوستهٔ خود با کسانی که تازه به این سازمان آمده‌اند، به شفای آنها کمک کنند. در چنین ملاقات‌هایی آنان نه می‌توانند و نه به خود اجازه می‌دهند که شکستگی و آسیب‌پذیری خود را فراموش کنند. زخم‌های آنان بر کسی پوشیده نیست و پذیرفته شده است و نمایان می‌ماند. از این گذشته، در همان حال که می‌کوشند تا برای برادران و خواهران و گاه فرزندان خود شفای رستن از مستی را به ارمغان آورند، از زخم‌های‌شان، زندگی آنها نور و ثبات می‌یابد. کاراییِ اعضای سازمان الکلی‌های گمنام در یاری و درمان هم‌قطاران خود، یکی از بزرگترین موفقیت‌های روزگار ما محسوب می‌شود. این امر آشکارا نشان می‌دهد که چگونه انسان می‌تواند از زخم‌های خود برای سبک کردن بارِ درد و رنج دیگران استفاده کند و تأثیری شفابخش در زندگی آنها داشته باشد.»

رینر ماریا ریلکه[1] در نامه‌هایی به شاعری جوان، در توضیحِ مؤثر بودن عطای خود چنین می‌گوید: «خیال نکن آن کسی که در پی تسلی دادن تو است، خود، در میان کلماتِ ساده و آرامی که گه‌گاه برای تو مفید واقع می‌شوند، زندگی آرام و بی‌دغدغه‌ای دارد. در زندگی او بسی بیش از تو دشواری و درد و اندوه هست. اگر چنین نمی‌بود، او نمی‌توانست این کلمات را بیابد.» زخم‌هایی که ریلکه از درد و اندوه بر خود داشت، او را از مسکنتِ درونی‌اش آگاه ساخت و خلاءای در او ایجاد کرد که مسیح می‌توانست قدرت شفابخش خود را در فضای خالی آن جاری سازد. در

1 Rainer Maria Rilke

این‌جا انعکاسی از فریاد پولس می‌توان دید: «پس با شادی هر چه بیشتر به ضعفهایم فخر خواهم کرد تا قدرت مسیح بر من قرار گیرد» (دوم قرنتیان ۹:۱۲).

سیر و سلوک روحانی‌ام به من چنین آموخته است که هرگاه در حضور خدا احساس امنیت می‌کنم، نسبت به خود نیز احساس امنیت دارم. اعتماد کردن بر آبّایی که به‌سوی پسرِ نافرمان و سرکش خود دوید بی‌آن‌که او را به باد سؤال بگیرد، ما را قادر می‌سازد تا به قلب هستی خود اعتماد کنیم.

تصمیم به خروج از مخفیگاه، سرآغاز شفایافتنِ ما به‌دست عیسای مسیح است. اتخاذ این تصمیم اجر خود را به همراه دارد، زیرا سبب می‌شود تا بر حقیقتی که ما را آزاد می‌سازد بایستیم و از روی واقعیتی زندگی کنیم که به ما شفا می‌بخشد.

یکی از بهترین ده کتابی که در طول زندگی خود خوانده‌ام، کتابی است از ژرژ برنانوس به‌نام خاطرات کشیش دهکده. این کشیش از وقتی دستگذاری می‌شود، تردید و ترس و تشویش و احساس ناامنی دمی گریبانش را رها نمی‌کند. آخرین مطلبی که در خاطرات خود می‌نویسد چنین است: «دیگر همه چیز به پایان رسید. عدم اعتمادِ عجیب و غریبی که نسبت به خود و هستی خویش داشتم، اینک معتقدم، که تا ابد از وجودم رخت بر بسته است. این کشمکش پایان پذیرفته است. با خود، با لاک بینوای خود، مصالحه کرده‌ام. بیزاری از خویش چه آسان است! فیض حقیقی در فراموش کردن است؛ با این وصف، اگر تکبر در ما بمیرد، بالاترین و عالیترین فیض این خواهد بود که خود را به همان سادگی دوست بداریم که هر عضو دیگر بدن مسیح را دوست می‌داریم. آیا این امر به‌راستی مهم است؟ فیض در همه جا حضور دارد.»

فصل دوم

شخصیتِ کاذب

لئونـــارد زلیگ مظهر تمام‌عیارِ بی‌عرضگی اســـت. در فیلم کمدی و تأمل‌برانگیز وودی آلن به‌نام زلیـــگ وی در نقش آدم هیچ‌کاره‌ای ظاهر می‌شود که هر بار کاری می‌کند و معروف می‌شود. وی در همه جا خود را جا می‌کند، چون با ورود به هر محیط جدیدی شخصیت خود را تغییر می‌دهد و همرنگ محیطی می‌شود که در آن پا گذاشته است. برای مثال، او را در حالی می‌بینیم که سواره از میانِ جمعیتِ به شوق آمده که دست می‌زنند و نوارهای کاغذی به‌روی اتومبیـل می‌ریزند، عبور می‌کند، در میان دو تن از رئیس جمهوران آمریـــکا، هربرت هوور و کالوین کولیج می‌ایستد، برای بوکسـور حرفه‌ای جک دمپسی کُرکُری می‌خواند و در صحنه‌ای دیگـــر، دربارهٔ تئاتر، با نمایش نویس نامدار، یوجن اُنیل گفتگو می‌کند. هنگامی کـــه هیتلر حامیان خـــود را در نورمبرگ گرد می‌آورد، لئونارد پشت تریبون در کنار هیتلر حضور دارد.

او شخصیتی مستقل ندارد، بلکه چون در مجاورتِ شخصیتی نیرومند قـــرار می‌گیرد، از آن تقلید می‌کند. وقتی با چینی‌ها اســت، طوری رفتار می‌کند که انگار هفت پشـــتش چینی بوده‌انـــد. وقتی با رابی‌های یهودی روبرو می‌شود، ناگهان ریش و خط ریش مجعد بر صورتش سبز می‌شود. وقتی با روانکاوان دمخور اســت، از اصطلاحات آنان استفاده می‌کند و با چهـــره‌ای که فرزانگی در آن موج می‌زند، چانـــه‌اش را می‌خاراند. در واتیکان، یکی از ملتزمین روحانی حضرت پاپ پیوس یازدهم است. در جایی دیگر، او را در حالی می‌بینیم که در تمرینات تیم بیسبال شرکت دارد و پشت سر یکی از بازیکنان معروف بیسبال به‌نام بیب روت منتظر

نوبتش است تا دوش بگیرد. یک جا پوستش به رنگ سیاه‌پوستانی درمی‌آید که ترومپت می‌زنند و در جایی دیگر او را در حالی می‌بینیم که چاق و فربه شده است. در یک جا هم وی را به هیبت سرخپوستان موسوم به موهاک می‌بینیم. مثلِ آفتاب‌پرست مدام رنگ عوض می‌کند و همگام با تغییر محیطِ پیرامونش، رنگ پوست و لهجه و شکل بدنش تغییر می‌یابد. از خودش هیچ نظر و ایده‌ای ندارد؛ فقط همرنگ محیط می‌شود. او می‌خواهد احساس امنیت کند و در جمع جا داشته باشد و پذیرفته و دوست داشته شود. معروفیتِ او در این است که کسی نیست و شخصیتی برای خود ندارد.

تصویرِ مضحکِ وودی آلن از شخصی را که مدام در فکر جلب رضایت مردم است، نمی‌توانم نادیده بگیرم، چون می‌بینم که باطناً شباهت بسیار به لئونارد زلیگ دارم. لئونارد زلیگِ پر ادا و اطواری که در من است، هزاران نقاب بر چهرهٔ تمایلات خود محورانه‌ام می‌زند. نقاب فریبنده‌ای که بر چهره دارم باید به هر قیمتی که شده حفظ شود. شخصیت دروغین‌ام از فکر این‌که موجب رنجش یا بر افروختن خشم دیگران شود، از ترس بر خود می‌لرزد. شخصیت کاذب من که قادر نیست سخن خود را صریح بگوید، طفره می‌رود، یاوه می‌گوید، پشت گوش می‌اندازد و از ترسِ طرد شدن سکوت اختیار می‌کند. همچنان که جیمز مسترسون[1] در کتاب خود به‌نامِ در جستجوی خویشتنِ حقیقی نوشته است: «خویشتن کاذب، نقشِ فریبندهٔ خود را ایفا می‌کند و ظاهراً هدف آن محافظت از ما است لیکن این کار را چنان می‌کند که هر دم اسیرِ ترسهایی باشیم نظیرِ طرد شدن، حمایت خود را از دست دادن، با شرایط انطباق نیافتن و تنها ماندن.»

شخصیت کاذب، در ترس زندگی می‌کند. سال‌ها بود که به منظم بودن خود مباهات می‌کردم. ولیکن، در مدتی که به کوهستان رفتم و وقت خود را در خلوت و سکوت گذراندم، دریافتم که عملکردِ برنامه‌ریزی شده‌ام ریشه

1 James Masterson

در ترسی داشت که از ناراضی کردن دیگران داشتم. صدای سرزنشهایی که در کودکی از شـــخصیت‌های مهم و مقتدر زندگی خود شنیده‌ام، هنوز در روانم طنین می‌افکند و به سرزنش و امر و نهی تهدید می‌کند.

شخصیت‌های کاذب، هم و غمی مگر پذیرفته‌شدن و مقبولیت ندارند. به‌علت نیاز خفقان‌آوری کـــه به جلبِ رضایت دیگران دارند، نمی‌توانند به درخواست‌های آنها با همان اطمینانی جواب رد بدهند که پاسخ مثبت می‌دهند. به این‌ترتیب، خود را بیش از حد درگیر مســـائلِ مردم و طرح و نقشـــه‌ها و اهدافی می‌سازند که انگیزهٔ پرداختن به آنها نه احساس تعهد، بلکه برآوردن انتظاراتِ مردم است.

خویشتن کاذب ما، در بچگی‌مان موقعی متولد شد که چندان محبتی نمی‌دیدیم و کسی تحویل‌مان نمی‌گرفت. جان برادشو[1] وابستگی متقابل[2] را به‌عنوان بیماری‌ای تعریف می‌کند که «مشخصهٔ آن فقدان هویت است. وابستگی متقابل عبارت است از عدم ارتباط شخص با احساسات، نیازها و تمایلاتش.» شخصیت کاذب نمونهٔ بارزِ وابستگی متقابل است. خویشتن کاذب برای آن‌که پذیرفته و تأیید شـــود، احساســـات را واپس‌می‌راند یا می‌پوشـــاند و به این‌ترتیب، کاری می‌کند که نتوان با احساســـات خود برخوردِ صادقانه‌ای داشت. زندگی در شخصیت کاذب، ناخودآگاه سبب می‌شـــود که پیش مردم وانمود به کمال کنیم تا همه تحسین و تشویق‌مان کنند و کسی ما را نشناسد. زندگیِ شخصیت کاذب مثلِ ترنِ هواییِ شهر بازی می‌ماند که دائماً از جانب شور و شعف به جانب یأس و افسردگی در صعود و نزول است.

خویشـــتن کاذب برای دســـت یافتن به معنا و مفهومی برای زندگیِ خود به تجربیات خارجی متوســـل می‌شود. تلاش برای به‌دست آوردن پول، زیبایی، مهارت جنســـی و مقام و معروفیـــت و اعتبار، ارزش نَفْس شخص را اعتلا می‌بخشد و توهمی از موفقیت می‌آفریند. به این‌ترتیب، شخصیت کاذب کاری است که شخص انجام می‌دهد.

---

1 John Bradshaw; 2 codependence

ســال‌های مدید من خویشــتن حقیقی خود را در پس خدماتی که انجام می‌دادم پنهان می‌داشتم. با موعظاتی که ایراد می‌کردم، کتابهایی که می‌نوشتم و داستان‌هایی که چاشــنی موعظه می‌کردم برای خود هویتی ساخته بودم. پیش خود چنین استدلال می‌کردم که اگر اکثر مسیحیان نظر خوبی درباره‌ام داشته باشند معنی‌اش این است که اشکالی در من نیست. به این‌ترتیب، هر چه بیشــتر هَم خود را مصــروفِ موفقیت در خدماتم کردم، شخصیت کاذب واقعی‌تر جلوه کرد.

شــخصیت کاذب ما را وامی‌دارد به این‌که برای امــور بی‌اهمیت، اهمیت قایل شــویم، برای خود ظاهر درخشانی ایجاد کنیم که به چیزی نمی‌ارزد و از واقعیت روگردان شــویم. خویشتنِ کاذب وادارمان می‌کند تا در دنیایی از وهم و خیال زندگی کنیم.

شخصیت کاذب، دروغگو است.

خویشــتنِ کاذب‌مان سرسختانه چشــم‌های ما را به‌روی نور و این حقیقت که توخالی هســتیم می‌بندد. به این‌ترتیب، نمی‌توانیم ظلمت و تاریکــی درونی خود را ببینیم. در مقابل، شــخصیت کاذب، ظلمت و تاریکی خود را همچون درخشنده‌ترین نور عالم اعلام می‌کند و حقیقت را می‌پوشـاند و واقعیت را تحریف می‌کند. این موضوع یادآور سخنان یوحنای رسول است که می‌فرماید: «اگر بگوییم بی‌گناهیم، خود را فریب داده‌ایم و راستی در ما نیست» (اول یوحنا ۱: ۸).

خویشتن کاذب من که تشنۀ تأییدی است که در کودکی از آن محروم مانده‌ام، هر روز خود را با اشــتهایی ســیری‌ناپذیر برای تأیید شدن آغاز می‌کند. بــه این‌ترتیب، با نقاب دروغینی که مــرا بی‌عیب و نقص جلوه می‌دهد، به میان مردم می‌روم و گویی شــیپور می‌زنــم و اعلام می‌کنم: «هی، من این‌جا هســتم.» در همین حال، خویشتن حقیقی‌ام که در مسیح پنهان اســت، فریاد برمی‌دارد: «نه خیر! تو این طرف هستی!» شخصیت کاذب مشابهتِ خاصی به الکل برای الکلی‌ها دارد. حیله‌گر، گیج‌کننده و قدرتمند است. او نیرنگ‌باز است.

چارلــز اشــورث، قهرمان اصلــی یکــی از اولین رمان‌های ســوزان

هواچ[1] به‌نام "چهره‌های تابان"، الهیدانی انگلیکن است که ناگهان دچار سقوطِ اخلاقی کامل می‌شود. اشورث که از پدرش فاصله گرفته و آرزوی کسب برکت پدرانهٔ او را دارد، به صومعه‌ای می‌رود تا با رهبر روحانی خود که مردی سالخورده به‌نام جان درو[2] است، ملاقات کند. اشورث[3] ترس از این دارد که مبادا رشوه‌خواری و سقوط روحانی‌اش برملا شود. این‌جا است که شخصیت کاذب او محیلانه مداخله می‌کند:

> فکر ناکامیِ خفت‌بار به‌قدر کافی رنجم می‌داد، اما فکرِ رنجاندن جان درو تحمل‌ناپذیر بود. در حالی‌که ترس وجودم را سراپا در خود پیچیده بود، در فکر یافتن راه‌حلی بودم که مرا از این آسیب‌پذیری در امان دارد. هنگامی که درو به اتاقم بازگشت، چهرهٔ تابان[4] به او گفت: «پدر، من از ته دل مایلم که دربارهٔ شما بیشتر بدانم. هنوز خیلی چیزها مانده که نمی‌دانم.» همین که این کلمات از دهانم خارج شد، احساس آرامش کردم. این شیوه همیشه در برانگیختن حسنِ نظر بزرگترها مؤثر می‌افتاد.
> از آنها دربارهٔ گذشته‌شان سؤال می‌کردم و سپس همچون دانش‌آموزی نمونه با شور و اشتیاق فراوان به سخنان‌شان گوش می‌سپردم. به ازای این کار، پاداشی که می‌گرفتم نیک‌خواهی پدرانه‌ای بود که به نحوی رضایت‌بخش ابراز می‌شد و چشم خود را بر تمامی قصورات و ناکامی‌هایی که چنین سخت نگرانِ پنهان کردن‌شان بودم، می‌بست. «پدر برایم از روزهایی بگویید که در نیروی دریایی گذرانده‌اید!» تا آنجا که می‌توانستم به گرمی و لحنی فریبنده سؤال خود را عنوان کردم، ولی هر چند با اطمینان در انتظار پاسخی بودم که ترسم را از ناشایستگی

1 Susan Howatch; 2 John Darrow; 3 Ashworth

۴ مقصود از چهرهٔ تابان، شخصیت کاذبِ راوی همین داستان است. م.

فرو بریزد، درو لب از لب نگشـــود همچنان که به‌گونه‌ای
دردناک به دوز و کلک‌های چهرهٔ تابان خود پی می‌بردم،
سکوتی دیگر حکم‌فرما شد.

شخصیت کاذب به اندازه، شکل و رنگِ نقابی توجه دارد که پوچی‌ام را می‌پوشاند. خویشتن کاذب مجابم می‌کند که فکرم را به وزنم مشغول کنم. برای مثال، اگر در خوردنِ کــرهٔ بادام‌زمینی زیاده روی کنم و صبح روز بعد، ترازو ارقام ناخوشـــایندی را نمایش دهد، اوقاتم تلخ می‌شود. روز آفتابیِ زیبایی دلربایی می‌کند، ولیکن برای شـــخصیت کاذبِ من که همه‌اش به خود مشـــغول است، زیباییِ گل ســـرخ بی‌معناست. من فکر می‌کنم که عیسی به این مســـائل جزئی و بی‌اهمیت (نظیر این‌که وانمود کنم به ویترین مغازه نگاه می‌کنم، در حالی‌که مشـــغول بررســـی ســـر و وضع خود هســـتم) می‌خندد، لیکن همین چیزهای بی‌اهمیت توجهم را از خدایی که در من ساکن اســـت دور می‌سازد و موقتاً از شور و شعفِ روح‌القـــدس محرومم می‌کنـــد. با این وصف، خویشـــتن کاذب، توجه مفرطم را به اندازهٔ دور کمر و ظاهرم توجیه می‌کند و در گوشـــم به نجوا می‌گوید: «ظاهر چاق و خپل اعتباری را که در خدمت داری خدشـــه‌دار خواهد ساخت.» چه محیلانه!

به گمانم که در این مورد تنها نیستم. وسواسِ خودشیفته‌وار به کنترل وزن بدن که امروزه در آمریکای شمالی شایع است، از ترفندهای خوفناکِ شخصیت کاذب است. عامل درخور توجه و مهمِ سلامت به کنار، زمان و انـــرژی‌ای که مردم صرف رژیم‌های لاغـــری و حفظ آن می‌کنند، جداً تعجب آور اســـت. کار به جایی رسیده است که هیچ لقمه‌ای بی‌حساب خورده نمی‌شود، برای هر کالری انرژی که وارد بدن می‌شود، کلی نمودار ترسیم شده اســـت و حتی یک عدد توت فرنگی هم باید از روی برنامه خورده شود. در این زمینه می‌توان از متخصصان کمک گرفت، به کتاب‌ها و مجلاتـــی مراجعه کرد که بحث‌های مفصل و دقیق دربارهٔ تغذیه دارند، در ضمن از یارانه‌هایی که دولت برای ســـلامت در نظر گرفته است سود

جست و پای تلویزیون نشست و به بحث دربارهٔ مزایای رژیم پروتئینی گوش داد. در هر حال، سیر و سلوک در عالم روحانی کجا می‌تواند به پای لذتی برسد که وقتی شخص جلوی آیینه می‌ایستد و می‌بیند که شبیه مانکن‌ها شده است، به او دست می‌دهد؟ به‌قول کاردینال ولسی «ای‌کاش خدمت به خدا همان‌قدر برایم مهم بود که اندازهٔ دور کمرم!»

شخصیت کاذب سخت می‌خواهد که مورد توجه قرار بگیرد. عطش و تشنگی آن برای ستوده شدن، به تلاش بی‌حاصلِ او برای رسیدن به لذت جسمانی نیرو می‌بخشد. نقابهایی که به‌رویِ خود کشیده است، هویت او است. برای او ظاهر همه چیز است. او واقعیت و تظاهر را طوری با هم درمی‌آمیزد که تظاهر به بودن چیزی که نیست، به شیوهٔ عملکردش تبدیل می‌شود.

وقتی به اواسط کتابی رسیده بودم که به‌تازگی به چاپ رسیده بود، دیدم که نویسنده از یکی از نوشته‌های قبلی‌ام نقل قول کرده است. ناگهان احساس کردم که جریانی از رضایت‌خاطر به وجودم دوید و ناگهان سخت احساس اهمیت و ارزندگی کردم. وقتی در دعا به حضور عیسی رفتم و با خویشتن حقیقیِ خویش ارتباط حاصل کردم، باری دیگر با شخصیت کاذب خود روبه‌رو شدم که در همه جا حضور دارد.

توماس مرتون می‌گوید: «بر وجود هر یک از ما شخصیتی فریبنده سایه افکنده است: خویشتن کاذب.» وی در توضیح این موضوع می‌گوید:

> «خویشتن کاذب، شخصی که من می‌خواهم باشم ولیکن این شخص نمی‌تواند وجود داشته باشد، چون خدا چیزی از او نمی‌داند. چیزی هم که برای خدا ناشناخته باشد، بیش از حد خصوصی است. خویشتنِ کاذب و خصوصی من آن است که می‌خواهد خارج از اراده و محبت خدا خارج از واقعیت و خارج از حیات وجود داشته باشد. چنین خویشتنی هم، جز وهم و پندار نیست. ما در تشخیص پندارها خوب نیستیم به‌ویژه آن

دســته از پندارها که مایهٔ خرســندی‌مان هستند و با آنها زاده شده‌ایم و ریشه‌های گناه را تغذیه می‌کنند. برای اکثر مردم جهان، خویشــتن کاذب که وجود آن محال است، بزرگترین واقعیت ذهنی اســت. زندگــی وقف‌یافته به پرستشِ این سایه همان است که زندگی گناه‌آلود خوانده می‌شود.»

در مفهومی که مرتون از گناه عرضه می‌کند، گناه به معنی کارهای گناه آلود نیســت، بلکه در پیش گرفتن زندگی مملو از تظاهر است. آگوستین می‌نویســد: «محبتِ بنیادی به دو صورت می‌تواند وجود داشــته باشد. دوست داشــتن خدا تا به حد فراموش کردن خویشتن یا دوست داشتن خویشــتن تا به حد فراموش کردن و انکار خدا.» این تصمیم بنیادین از قلب هســتی ما برمی‌خیزد و در تصمیمات روزمره‌مان تجســم می‌یابد تصمیماتی که یا در جهت خویشــتنِ سایه‌گونه اســت که تحت فرمان تمایلاتِ خود محورانه قرار دارد و یا در توافق با خویشتنِ حقیقی است که با مسیح در خدا پنهان است.

البته، باید دانســت که تمام اعمال انســانی از قلب هســتی‌مان ناشی نمی‌شــوند. برای مثال، مــردی صادقانه تصمیم می‌گیرد کــه به تعهدات زناشــویی خود دایر بر دوست داشتن همســر خود و حفظ حرمت او پای بند بماند. ولی در یک روز گرم تابســتانی آرامش خود را از دست می‌دهد و درگیر بگومگوی غضب‌آلودی با همســر خود می‌شــود. با این وصف، تصمیمی که قبلاً گرفته بود هنوز به‌قوت خود باقی اســت، زیرا عصبانیت نه از عمق روح و جان او بلکه از کنارهٔ شــخصیت او فواره زده است. این عمل، از عمقِ هستی او سرچشمه نمی‌گیرد و بیان‌کنندهٔ شخصیت او نیست.

هویت شخصیت کاذب نه فقط منوط به‌دستاوردهای آن است، بلکه به روابط آن با دیگران نیز بستگی دارد. این‌گونه شخصیت‌ها می‌خواهند با افراد مهم و متشخص روابط حسنه‌ای داشته باشند تا بر سوابق درخشان و ارزش نفس‌شان افزوده شود.

در یکی از شــبهایی که در کوهســتان به خلــوت گذراندم، این پیام را شــنیدم: «برنان، تو در توجه به برخی از اعضای کلیســا ســنگ تمام می‌گذاری و به برخی دیگر که می‌رســی چندان توجهی نشان نمی‌دهی. آنها که از مقام و ثروت و شــخصیت جذاب برخوردارند، کسانی که در نظرت جالب، جــذاب و یا زیبا و معروف هســتند، تمام توجهت را به خود جلب می‌کنند، اما کسانی که در نظرت جزو عوام هستند و ظاهری بی‌تکلف دارند، کســانی که به طبقاتی پایین‌تر تعلق دارند و مستخدم و کارگرند، به‌عبارتی ناســتوده و بی‌نام هستند، چندان توجهات را به‌خود جلب نمی‌کنند. برنان، این مسئله برای من کوچک و بی‌اهمیت نیست. رفتاری که در طی روز با مردم، صرف‌نظر از جایگاهِ اجتماعی‌شان داری، آزمونِ حقیقی ایمان تو است.»

دیرتــر در غــروب آن روز، وقتی چرت مــی‌زدم، تصاویری متضاد در صفحــهٔ ذهنم می‌رقصیدنــد: کارلتون هیز، ورزشــکارِ خوش‌اندام، قدبلنــد و ورزیده را در حالی تجسم می‌کردم که مشــغول انجام دادن حرکات ورزشــی اســت و لبخندی دلنشــین به لب آورده اســت. در همین حال جماعتی برای دیدنِ حــرکات او گرد آمده‌اند. حال نوبت به طناب‌زدن می‌رسد نمایشــی خیره‌کننده از هماهنگی، چابکی و ظرافت. تماشــاچیان سخت او را تشویق می‌کنند و قهرمان فریاد می‌زند: «خدا را شکر.»

در همین حال، فردی به‌نام مو که از دســتیاران کارلتون است با یک لیوان نوشــیدنی به او نزدیک می‌شود. مو که ســنش به تازگی از پنجاه گذشته، کوتاه قامت است و شکمی برآمده دارد. کت و شلواری چروک به تنش کرده و یقهٔ پیراهنش باز اســت و کراواتش هم یک وری شــده اســت. موهای کم پشــت و گوریدهٔ او از شقیقه‌هایش به‌طرف پشت‌سر می‌رود و در تودهٔ موهای جو گندمی‌اش ناپدید می‌شــود. این دســتیار کوتاه قامت، صورتش را نتراشــیده است و چانهٔ همچو پیاز و یک چشم شیشه‌ای او سبب می‌شود که تماشــاچیان رغبت نکنند به‌صورتش نگاه کنند.

مردی می‌گوید: «چلغوز بیچاره.»

فرد دیگری می‌افزاید: «مردک چاپلوسِ کاسه‌لیسِ مفت‌خور.»

مع‌الوصف، مو هیچ‌کدام نیست. قلب او با مسیح در محبت پدر غرق است. او بی‌آن‌که خجالت بکشد از میان جماعت عبور می‌کند و مودبانه لیوان را به‌دست قهرمان می‌دهد. او در کمال آرامش نقش خود را به‌عنوان خدمت‌کار پذیرفته است (عیسـی هم او را به همین شکل پذیرفته و بر او ظاهر شده و زندگیش را تغییر داده بود.) مو مشکلی با خودش ندارد.

آن شـب قرار اسـت که کارلتون در ضیافتی با حضورِ ورزشکاران مسـیحی از پنجاه ایالت، نطق اصلی را ایراد کند. همچنین قرار اسـت به مناسـبت این‌که نخسـتین کسی است که برای هشـت دورۀ متوالی در مسـابقات المپیک مدال طلا کسب کرده اسـت، جامی به او تقدیم شود.

پنج‌هـزار نفر در هتـل محل اقامت او گـرد آمده‌اند. سـالن پر از شخصیت‌های برجستۀ سیاسی، ورزشی و تلویزیونی است. هیز در حالی برای سخنرانی به پشـت تریبون می‌رود که جماعت در حال تمام کردن شـام شاهانۀ خود است. سـخنران مدام به قدرت مسیح اشاره می‌کند و بی‌رودربایسـتی مدام خدا را به‌خاطر لطفی که شامل حالش کرده شکر می‌گوید. سـخنرانی هیز بر دل‌ها می‌نشیند و اشـک حاضران را بیرون می‌آورد. سـخنرانی که به پایان می‌رسـد همه می‌ایستند و برای او کف می‌زنند.

با این‌حال، در پس این نطق عالی، نگاه خیره و تهی کارلتون، نشـان می‌دهد که این کلمات در جانش جاگیر نشـده‌اند. شهرتی که به‌هم زده است، او را از عیسـی دور ساخته و بر صمیمیتـاش با خدا سایه افکنده اسـت. حال دیگر، زمزمۀ روح‌القدس در غریوِ کرکنندۀ کف‌زدن‌ها و تشویق‌ها گم شده است.

قهرمان المپیک دل شـاد از پیروزی خود و غریوِ احسنت‌گویی‌های جماعـت، از میزی به میز دیگر می‌رود و خـودش را پیش هر کس که می‌رسد از پیش‌خدمت‌ها گرفته تا ستارگان سینما، شیرین می‌کند.

در جایی دیگر، مو در اتاقی واقع در یک مسافرخانه در همان‌حال که پای تلویزیون نشسته است، شام سردش را در تنهایی صرف می‌کند. او به ضیافت دعوت نشــده است، چون پا روی حق نگذاریم، جای او نیست. مسلماً خدمت‌کار چلغوزی چون او با آن شکم برآمده و چشم شیشه‌ایش نمی‌تواند با نظایر رونالد ریگان، چارلتون هســتون و آرنولد شوارزینگر سر یک میز بنشیند.

مو پشــت میز اتاقش می‌نشیند و چشمانش را می‌بندد. محبت مسیح مصلوب در وجودش موج می‌زند. به چشــمانش اشــک می‌نشیند و در حالی‌که پوشش لازانیا را که در مایکرویو پخته است بر می‌دارد، زیر لب می‌گوید: «متشکرم عیسی.» در همین حال انگشتش را لای کتاب‌مقدسش فرو می‌برد و مزمور ۲۳ را باز می‌کند.

من هم در این رویا حضور داشــتم. به‌نظرتان آن روز غروب تصمیم گرفتم به کجا بروم؟ شــخصیت کاذب من فراکی کرایه کرد و به ضیافت کارلتون رفت.

صبح روز بعد ســاعت ۴ صبح از خواب بیدار شــدم، دوشــی گرفتم و صورتم را اصلاح کردم. برای خود قهوه درست کردم و کتاب‌مقدس را ورق زدم. نگاهم بر این آیات از رسالهٔ دوم قرنتیان درنگ کرد: «بنابراین، از این پس دربارهٔ هیچ‌کس با معیارهای بشــری قضاوت نمی‌کنیم.» (۶:۵). جای تأسف است که من شخصیت کاذبم را با خود به درون رویاهایم نیز می‌کشانم.

باید گفت که بین خودم و چارلز اشــورث، شــخصیت رمانِ هواچ، شــباهت‌هایی می‌بینیم، مخصوصاً آنجا که مشاور روحانی اشورث به او می‌گوید: «چارلز، آیا من درســت فهمیده‌ام که محبوب بودن و ســتوده شدن برای تو اهمیت بسیار دارند؟»

اشــورث با صدایی که از هیجان بالا رفته اســت می‌گوید: «البته که مهم‌انــد. مگر این چیزها برای دیگران مهم نیســتند؟ وانگهی، مگر تمام زندگی برای رســیدن به همین‌ها نیســت؟ موفقیت یعنــی این‌که مردم دوستت بدارند و قبولت داشته باشند. شکست هم یعنی طرد شدن. اینها را دیگر همه می‌دانند.»

این اعتراف دردناک را بکنم که هنوز هم با انگیزهٔ ترس عمل می‌کنم. گاه ناظر بی‌عدالتیِ وقیحانه‌ای بوده‌ام و لب از لب نگشوده‌ام. در روابط خود با دیگران من یک گوشه ایستاده‌ام و شخصیت کاذب میدان‌داری کرده است. اغلب، خود را از تفکرِ خلاقانه بازداشته و احساساتِ واقعی‌ام را انکار کرده‌ام و اجازه داده‌ام تا دیگران مرعوب‌ام کنند؛ سپس برای توجیه رفتارم، خود را مجاب کرده‌ام که خداوند می‌خواهد تا وسیله‌ای برای ایجاد صلح و آرامش باشم ولی به چه قیمتی؟

مرتون می‌گوید که زندگیِ وقف‌یافته به سایه، زندگی گناه‌آلودی است. من از ترسِ طرد شدن حاضر نشده‌ام که طوری فکر و احساس و عمل و زندگی کنم که در تطابق با خویشتنِ راستین‌ام[1] باشد و با این امتناعِ بزدلانه، مرتکب گناه شده‌ام. البته، شخصیت کاذب «بلاانقطاع استدلال می‌کند که ریشهٔ این معضل چندان اهمیتی ندارد و باید از آن چشم پوشید و مردان و زنانِ "بالغ" نباید از این قسم چیزهای جزئی و بی‌اهمیت برنجند و نیز این‌که شخص باید توازن خود را حفظ کند. حتی اگر این کار به بهای ایجادِ محدودیت‌های نامعقول برای امیدها و رویاهایش و پذیرشِ شکلی تقلیل‌یافته از زندگی تمام شود.»

ما حتی از این هم که در رابطهٔ خود با خدا، خویشتنِ حقیقی‌مان را عرضه کنیم، امتناع می‌کنیم و سپس گله‌مندیم که چرا رابطهٔ صمیمانه‌ای با او نداریم. عمیق‌ترین اشتیاق قلب ما اتحاد یافتن با خدا است. از نخستین لحظه‌ای که پا به عرصهٔ هستی می‌گذاریم، سوزان‌ترین اشتیاقِ قلب‌مان این است که به مهم‌ترین هدفِ زندگی‌مان تحقق بخشیم، یعنی «خداوند را روشن‌تر ببینیم، صمیمانه‌تر دوست بداریم و دقیق‌تر از او پیروی کنیم.» ما برای خدا خلق شده‌ایم و چیزی جز خدا نمی‌تواند قلب‌مان را اقناع کند. سی. اس. لوئیس توانست اقرار کند که «از شور و شعف به‌حیرت آمده است» و دلش در کفِ اشتیاقی فشرده می‌شود که «هر چه تا به آن دم بر او گذشته بود در قیاس با آن بی‌اهمیت جلوه می‌کرد.» قلب ما تا

1 Authentic self

وقتی در خدا آرام نگیرد، ناآرام خواهد ماند. جفری ایمباک[1] در کتاب خود به‌نام بازیافتنِ محبت می‌نویسد: «دعا اصلاً و اساساً بیان‌کنندهٔ اشتیاق قلبی ما برای محبت است. دعا بیش از آن‌که فهرستی از درخواست‌های ما باشد، بیانِ عمیق‌ترین خواستهٔ ما، یعنی اتحاد یافتن با خدا تا جای ممکن است.»

آیا تا به‌حال از این‌که باطناً رغبت به دعا ندارید تعجب نکرده‌اید؟ از ترسِ وجودیِ خود از سکوت، خلوت‌گزینی و تنها ماندن با خداوند دچار حیرت نشده‌اید؟ تعجب نکرده‌اید از این‌که چطور صبح‌ها به اکراه از رختخواب خود برای رازگاهان خارج می‌شوید، چگونه با بی‌میلی مثل شخصی که سخت بیمار باشد به شرکت در عبادت می‌روید و چطور شب به هنگام دعا با بی‌تابی منتظر اتمام آن هستید؟

حواستان به شخصیت کاذب باشد!

شخصیت کاذب در تغییر قیافه دومی ندارد. او قسمتِ تنبلِ خویشتن ما است که تن به تلاش و انضباط روحانی و زهدی که صمیمیت با خدا مستلزم آن است، نمی‌دهد. او فکر ما را با این توجیهات پر می‌سازد که «کار من همان دعای من است؛ من خیلی گرفتارم؛ دعا باید به‌طور خودجوش و خودانگیخته صورت بگیرد، بنابراین من فقط زمانی دعا می‌کنم که روح‌القدس مرا به این کار برانگیزد.» بهانه‌ها و معاذیرِ بی‌اساسِ خویشتنِ کاذب امکان این را به ما می‌دهد که در همان حالتی که هستیم بمانیم.

خویشتن کاذب از تنها ماندن بیمناک است، چون می‌داند که «اگر سکوت اختیار کند به پوچی خود پی خواهد برد. در این صورت، خودش خواهد ماند و پوچی‌اش و برای خویشتن کاذبی که ادعا می‌کند در همه جا حضور دارد، چنین کشفی گورش را خواهد کند.»

آشکارا، شخصیت کاذب به هنگام دعا بی‌قرار و بی‌صبر است. گرسنگی او برای هیجان، او را طالب تجربه‌ای می‌سازد که حال و هوایش

1 Jeffery Imbach

را تغییر بدهد. شخصیت کاذب وقتی دیگر در کانون توجه مردم نیست، دچار افسردگی می‌شـــود. او از این‌که هیچ‌گاه صدای خدا را نمی‌شنود، ســـرخورده و دلگیر می‌شـــود. البته، ممکن هم نیست که صدای خدا را بشـــنود، چونِ خدا با او بیگانه اســـت. دعا در حکمِ مرگ هرگونه هویتی اســـت که از خدا سرچشمه نمی‌گیرد. شخصیت کاذب از دعا و سکوت گریزان است، چون آنها ناقوس مرگ او را به‌صدا درمی‌آورند. نویسنده‌ای به‌نام پارکر پالمر[1] می‌گوید:

> «اختیار کردنِ سکوت محض و خلوت‌گزینیِ واقعی، علایمی دال بر پایان یافتنِ حیات هستند، در حالی‌که جنب و جوش و ایجاد ارتباطِ زنده، حکایت از زندگی دارند و به ما کمـــک می‌کنند تا از فکر این‌که روزی زندگی‌مان به پایان خواهد رسید، فرار کنیم.»

روش زندگیِ پر شـــور و شتابِ شـــخصیت کاذب نمی‌تواند اندیشهٔ مرگ را برتابد، زیرا چنین اندیشـــه‌ای او را بـــا این حقیقت تحمل‌ناپذیر روبرو می‌ســـازد: «در زیر رخت‌هایی که تن خود را به آنها پوشـــانده‌ای جوهری نیســـت. تو پوک و میان تهی هســـتی و کامجویی‌ها و تمایلاتِ بلندپروازانه‌ات پایه و اساســـی ندارند. تو در آنهـــا عینیت می‌یابی. ولی همیـــن ماهیتِ آنها که مبتنی بر احتمالات اســـت، آنها را به نابودی و فنا محکوم می‌سازد و هر گاه هم که از میان بروند، از تو چیزی مگر عریانی و خـــلاء و پوچی باقی نخواهد ماند و همان‌ها به تو خواهند گفت که تو خود، اشتباهِ خود هستی.»

بررسیِ شخصیت کاذب، نوعی خودآزاری به‌نظر می‌رسد. آیا چنین خودکاویِ بیمارگونه‌ای در حکمِ خرد کردنِ خودمان نیست؟ آیا این کار واقعاً ضرورت دارد؟

1 Parker Palmer

باید بگویم که نه تنها ضرورت دارد، بلکه جزء جدایی‌ناپذیر رشد روحانی است. شخصیت کاذب را باید از مخفیگاه خود بیرون کشید، وجودش را پذیرفت و به آن اذعان کرد. شخصیت کاذب، جزئی جدایی‌ناپذیر از تمامیتِ خویشتنِ ما است. هر دردی که انکار شود، شفا نخواهد یافت. وقتی فروتنانه اعتراف کنیم که اغلب در دنیایی غیر واقعی سیر کرده و رابطهٔ خود را با خدا کم‌اهمیت شمرده‌ایم و دنبالِ افکارِ بلندپروازانه و پوچ خود رفته‌ایم، اولین ضربه را بر نقابِ تابناکی که به چهره زده‌ایم وارد خواهیم کرد. صداقت و آمادگی برای این‌که با شخصیتِ کاذب خود رو در رو شویم، آن دربِ فلزی‌ای را که در پس آن، خودفریبی ما پنهان شده است، با دینامیت منفجر می‌کند و می‌گشاید.

صلح و آرامش در گروِ قبولِ حقیقت است. هر جنبه‌ای از خویشتنِ سایه‌گونه را که نپذیریم، مبدل به دشمن می‌شود و ما را مجبور به گرفتن موضع دفاعی می‌کند. چنان‌که سیمون تاگول نوشته است: «به این‌ترتیب، تکه‌های کنار نهادهٔ شخصیت‌مان فوراً در اطرافیان‌مان تجسم خواهند یافت. البته، تمام خصومت‌ها و دشمنی‌ها از این مسئله پا نمی‌گیرند، ولی یکی از عوامل اصلی این‌که نمی‌توانیم با دیگران کنار بیاییم این است که در آنها دقیقاً تجلی همان عناصری را می‌بینیم که در ما وجود دارند، ولی ما حاضر به اذعان این امر نیستیم.»

هنگامی که خودپسندی و حماقت خود را جدی می‌گیریم، با شخصیت کاذب خود دوست می‌شویم و می‌پذیریم که فقیر و مسکین و ورشکسته‌ایم، نیز در می‌یابیم که اگر چنین نبودیم، خدا می‌شدیم. ملایمت پیشه کردن نسبت به خودمان، ما را به ملایمت پیشه کردن نسبت به دیگران سوق می‌دهد و همین ملایمت نیز، پیش شرطِ حضور واقعی ما در برابر خدا به هنگام دعاست.

بیزاری و تنفر از شخصیت کاذب، در حکم بیزاری از خودمان است. شخصیت کاذب و ما، یک شخص را تشکیل می‌دهیم. انزجار از خویشتنِ کاذب به خشم و خروشِ شخص میدان می‌دهد و به‌صورت تندخویی و تحریک‌پذیری جلوه‌گر می‌شود. به این‌ترتیب، خشم خود را متوجهٔ

همان تقصیراتی در دیگران می‌کنیم که از وجود آنها در خودمان متنفریم. بیزاری از خود، همیشه منجر به رفتار خودنابودسازانه[1] می‌شود.

قبولِ این واقعیت که گناهکار هستیم، به معنی پذیرشِ خویشتنِ راستین‌مان است. یهودا نتوانست با سایهٔ خود [منظور همان شخصیت کاذب است. م.] روبرو شود؛ پطرس توانست. پطرس با شخصیت کاذبِ خویش دوست شد، اما یهودا بر او خشم گرفت. «خودکشی در اثر یک تحریک آنی صورت نمی‌گیرد، بلکه نتیجهٔ سالها عمل به الگوهایِ رفتاریِ تنبیهی است.» سال‌ها قبل کارل یونگ چنین نوشت:

> «خودپذیری، جوهرهٔ کلِ اخلاق و چکیدهٔ چشم‌اندازِ کلی انسان به زندگی است. این‌که من به گرسنگان غذا بدهم، توهینی را که شنیده‌ام عفو کنم و دشمن خود را در نام مسیح دوست بدارم تمام اینها بی‌گمان فضایلی پسندیده‌اند. هر کاری که برای کوچک‌ترینِ برادران خود انجام دهم، برای مسیح انجام داده‌ام. ولی اگر روزی کشف کنم که کوچک‌ترین در میان برادرانم، بینواترین در میان فقیران، وقیح‌ترین در میان افترازنان و اصلاً خودِ دشمن، خودم هستم و بنابراین، به مهربانی دیدن از خود محتاجم، در صورت این کشف چه خواهد شد؟ علی‌القاعده، با کشف این موضوع طرز برخورد مسیحی ما وارونه خواهد شد و دیگر محبت و شکیبایی در بین نخواهد بود. به برادرِ درون‌مان "راقا [ملعون باد]" خواهیم گفت و خود را محکوم خواهیم کرد و بر خود خشم خواهیم گرفت. این برادرِ درون را از چشم دنیا پنهان خواهیم داشت و حتی منکر خواهیم شد که تا به‌حال این کوچکترین در میانِ برادران را در درون خود دیده‌ایم.»

1 Self- Destructive

هرگاه حقیقت را در مورد آنچه واقعاً هستیم بپذیریم و آن را به عیسای مسیح تسلیم کنیم، صلح و آرامش ما را فراخواهد گرفت، خواه خودمان این احساس را داشته باشیم که در صلح هستیم، خواه نداشته باشیم. مقصودم این است که صلح و آرامشی که فراتر از فهم و درک است، احساسی ذهنی از صلح و آرامش نیست؛ اگر در مسیح هستیم، پس در صلح و آرامش قرار داریم، حتی زمانی که احساسِ آرامش نمی‌کنیم.

عیسی با بزرگ‌منشی و درکی از ضعف بشر که فقط خدا می‌تواند داشته باشد، ما را از بیگانگی با خود و محکوم کردنِ خود آزاد می‌سازد و امکان جدیدی در اختیار هر یک از ما می‌نهد. او نجات‌دهنده‌ای است که ما را از خودمان نجات می‌دهد. کلام او آزادی است. استاد به ما می‌گوید:

> «آن نوارهای قدیمی را که مدام در سرت همان مطالب را پخش می‌کنند و دست و پایت را می‌بندند و در قالبی از خود محوری به بَندَت می‌کشند، بسوزان. به آهنگِ جدید نجات گوش فرا ده که برای کسانی که می‌دانند فقیر و بینوا هستند نوشته شده است. ترسی را که از پدر آسمانی و نفرتی را که از خود داری ترک کن. آیا نمایشنامهٔ دون کیشوت را به‌خاطر داری؟ شوالیهٔ آینه‌ها به‌دروغ به وی گفت: ”خود را چنان‌که هستی ببین. چشمانت را باز کن و ببین که نه شوالیه‌ای اصیل، بلکه مترسکی احمقانه از یک مرد هستی.“ افسونگر هم به دروغ به تو می‌گوید: ”تو نه شوالیه، بلکه متظاهری احمق هستی. به خودت در آینهٔ واقعیت نگاه کن. چیزها را چنان‌که هستند ببین. چه می‌بینی؟ احمقی که دارد پا به سن می‌گذارد.“ پدر دروغ‌ها، حقیقت را وارونه و واقعیت را تحریف می‌کند. او پدیدآورندهٔ بدبینی و شکاکیت، بی‌اعتمادی و ناامیدی، تفکرِ بیمارگونه و از-خود-بیزاری است. من پسرِ رحم و شفقت هستم. تو به من تعلق داری و کسی تو را از دست من نخواهد ربود.»

عیسی احساسـات حقیقی خدا را نسبت به ما آشکار می‌سازد. وقتی صفحات اناجیل را ورق می‌زنیم مشاهده می‌کنیم که کسانی که عیسی با آنها روبرو می‌شود، همان من و شما هستیم. درک و شفقتی که عیسی به اینان نشان می‌دهد، به ما نیز نشان می‌دهد.

در بیسـتمین و در آخرین روزی که در کوهسـتان گذراندم، نامه‌ای بدین‌مضمون خطاب به شخصیت کاذب خود نوشتم:

«صبح به خیر شـخصیت کاذب. مسلماً از این سلام گرم تعجـب کرده‌ای. شـاید انتظار داشـتی که بگویم: "سلام، ناکس!" چون از روزی که برای خلوت کردن به این کوهستان آمده‌ام مدام توی سـر و کلهات کوبیده‌ام. قبلاً باید اعتراف کنم که قضاوتی نامعقول، ناسپاسـانه و نامتعادل راجع به تو داشـته‌ام. (البته، تو که ابری از دود بیش نیستی، حتماً می‌دانی که وقتی با تو صحبت می‌کنم، در واقـع با خودم دارم حـرف می‌زنم. چون تو وجودی مجزا و غیر شـخصی که در سـیاره‌ای دیگر زندگی کند نیستی، بلکه واقعاً قسمتی از وجود خودمی.)»

امروز نه با ترکه، بلکه با شـاخهٔ زیتونی در دسـت، به‌سـراغَت آمده‌ام. در بچگی زمانی که بـرای اولین‌بار فهمیدم که کسی را ندارم تا از من حمایت کند، تو مداخله کردی و نشـانم دادی که خودم را کجا پنهان کنم. (حتماً یادت هست وقتی در دههٔ سوم زندگی‌ام دچار افسردگی بودم، والدینم منتهای تلاش خـود را می‌کردند تا غذا و سرپناهی برایم فراهم کنند.)

آن روزها جداً که حکم طلا را برای من داشـتی. اگر مداخلهٔ تو نبود، وحشت، کارم را می‌ساخت و ترس فلجم می‌کرد. آن زمان تو در کنارم حضور یافتی و نقشی بسیار حسـاس و حمایتگر در رشـد و پرورش من ایفا کردی. واقعاً متشکرم.

وقتی چهار ساله بودم، به من آموختی که چگونه کلبه‌ای بسازم. آن بازی را یادت هست؟ به زیر رو انداز تخت می‌خزیدم و زیر لحاف‌ها و پتوها و بالش‌ها پنهان می‌شدم و واقعاً خیال می‌کردم که کسی نمی‌تواند مرا پیدا کند. به این‌ترتیب، احساس امنیت می‌کردم. هنوز هم در عجبم که این کار چقدر به من کمک می‌کرد. بر اثر این بازی، ذهن‌ام پر از افکارِ خوشایند می‌شد و خود به خود از این افکار تبسم به لب می‌آوردم و در زیر لحافهایی که روی سرم کشیده بودم، خنده سر می‌دادم. ما به اتفاق همدیگر آن کلبه را درست کردیم، چون دنیایی که در آن زندگی می‌کردیم، محل امنی نبود.

ولی تو در حینِ ساختن آن به من یاد دادی که چطور خویشتنِ حقیقی‌ام را از چشم همگان پنهان کنم و این سرآغازِ یک عمر پنهان‌کاری و بازداری و کناره‌جویی شد. چاره‌جویی تو به من قدرت بخشید تا دوام بیاورم. اما بعد قسمتِ پلید تو ظاهر شد و شروع به دروغ گفتن به من کرد. در گوشم زمزمه می‌کردی: «ببین برنان، اگر به این حماقت ادامه بدهی و از نشان دادنِ شخصیت واقعی ات به همه دست برنداری، همین چند دوست با صبر و تحملی هم که داری آخر سر قاطی می‌کنند و می‌روند و تنهایت می‌گذارند. پس احساسات خود را پنهان کن، خاطراتت را فراموش کن، دیگر نظرهایت را ابراز نکن و سعی کن با حسن رفتار، خود را در همه جا جا کنی.»

«به این‌ترتیب بود که بازی پیچیدهٔ تظاهر و فریب‌کاری آغاز شد. از آنجا که نتیجه خوب می‌شد، من اعتراضی نداشتم. ولی همچنان که سال‌ها از پی هم سپری می‌شد تویی که من باشم موفقیت‌های چشمگیری کسب کردی و مشعوف و شادمان تصمیم گرفتیم به بازی خود ادامه دهیم.

ولی تو نیاز داشـــتی به این‌که کسی افسارَت را بکشد و متوقفَت سازد. ولی من نه بینش لازم برای رام کردن تو را داشتم و نه شـــجاعت این کار را. این بود که همچنان چون ســـرداری فاتح غرش‌کنان بـــه تاختن ادامه دادی و هر چه بیشـــتر تاختی بیشـــتر دور گرفتی. رفته‌رفته عطشِ تو برای مورد توجه و تأیید قرار گرفتن تبدیل به عطشـــی ســـیری‌ناپذیر شـــد. من هیچ‌گاه مچ تو را نگرفتم، چون خودم هم فریب‌خورده بودم.

حرف آخـــرم به تو هم‌بازیِ لوس این اســـت که تو، هم بدبخت هســـتی و هم خودخواه. تو محتاج به توجه، محبت و جایی امن برای سکونت هستی. در این آخرین روز اقامتم در این کوهســـتان هدیهٔ من برای تو این است که به جایی بِبَرَمَت که نادانســـته اشـــتیاق آن را داشته‌ای حضور مسیح. روزهايِ سر به شورش برداشتَنَت، اکنون دیگر به پایان رسیده اسَت. از این پس از سرعت خود کم کن، بله، حسابی هم یواش کن.

متوجه شده‌ام که در حضورِ مسیح از هم اکنون شروع به کوچک شدن کرده‌ای. می‌دانی طفلک‌جان، این‌طوری جالب‌تر هستی. می‌خواهم اسمت را از این به بعد بگذارم ”ریـــزه پیزه“. طبیعتاً تو یک‌دفعـــه زمین نمی‌افتی بمیری. می‌دانـــم که گه گاه پکر خواهی شـــد و بیـــکار نخواهی نشست، ولی هر چه بیشـــتر در حضور عیسی بمانی، به همان اندازه بیشتر به‌صورتش عادت خواهی کرد و کمتر به تعریف و تمجید دیگـــران نیاز خواهی یافت، چون به این حقیقت خواهی رســـید که او برای تو کافی است. از این گذشـــته، در حضور مسیح، خواهی فهمید که زندگی کردن مطابق فیض و نه اعمالِ درخشان چه معنایی دارد.»

دوست تو، برنان

فصل سوم

محبوب

پس از این‌که ویلیام لیســـت هیت مون شغل خود را به‌عنوان مدرس کالج به‌علت کم شدن تعداد دانشـــجویان از دست داد و خبردار شد که همسرش که با او متارکه کرده بود، با مرد دیگری زندگی می‌کند، رفت و خود را به دریای غم و اندوه انداخت.

یک روز صبح، وقتی در بوفهٔ کالج میسی‌سیپی مشغول صرف صبحانه بود «جوانی که موهایش را به سبک آلمانی زده بود و لباسی گل و گشاد و راحت به تن داشت وارد شد و پشت میز نشست تا یک عالمه پنکیکی را که جلوش بود، بخورد. علی‌الظاهر آدم دقیق و منظمی بود. بعد از دعایی که تقریباً یک دقیقه‌ای به طول انجامید، از چمدان خود کتاب‌مقدســـش را بیرون کشـــید، گیره‌هایی برای باز نگه داشتن کتاب به آن زد، به نوبت روان‌نویس‌هایی سبز، صورتی و زرد و بعد هم یک بطری فشاری محتوی کرهٔ مایع و سپس نوشیدنی به همراه دستمال کتانی و یک عدد دستمال‌تر که عطر لیمو داشـــت، از کیفش در آورد. کار او آدم را به یاد نمایش‌های ســـیرک‌بازان می‌انداخت که گاه دوازده مرد در اتومبیلی به کوچکی یک ســـطل زباله می‌چپیدند و سپس از آن خارج می‌شدند به‌نظرم آمد که مرد جوان الآن است که کشتی نوح و تابوت عهد را هم از کیفش در بیاورد.»

با بیان این نمونه، مون، گوشـــه‌ای از خویشـــتنِ حقیقی را به ما نشان می‌دهد خویشـــتنی که از مردم خجل نیســـت، تظاهر نمی‌کند، غرق در زندگی اســـت، جذب در زمان حال است و در خدا همچون ماهی‌ای که در آب شنا می‌کند، به‌طور عادی در حال تنفس است.

روحانیت یک بخش و یا یک قلمرو از زندگی نیست، بلکه اساساً شیوه‌ای برای زندگی است: روحانیت یعنی زندگی مطابقِ بینش و رویایی که از ایمان الهام می‌گیرد. قداست در گرو کشفِ خویشتنِ حقیقی خود، حرکت به‌سوی آن و زندگی مطابق آن است.

توماس مرتون همچنان که بر زندگی‌اش در صومعه سال‌ها از پی هم می‌گذشت، رفته‌رفته پی به این امر برد که بزرگ‌ترین پیشرفت در زندگی روحانی این است که شخص تبدیل به فردی "عادی" شود، «بدین معنا که کاملاً انسان شود، در حالی‌که معدود کسانی می‌توانند بدین معنا انسان شوند که به‌سادگی و به‌طور عادی خودشان باشند. چه بسیار کسانی که از انسان بودن باز می‌مانند، چون تحت تأثیرِ جامعهٔ خود، بر اثر حسادت، جاه‌طلبی، شهوت و یا خواسته‌های مبرم خویش فاسد می‌شوند.»

جان ایگن[1] که در ۱۹۸۷ چشم از جهان فروبست، شخصی عادی بود. او که معلم دبیرستانی در میل واکی بود و معروفیتی نداشت، به‌مدت سی‌سال وقت خود را در خدمت به جوانان گذراند. هرگز کتابی ننوشت، در هیچ برنامهٔ تلویزیونی ظاهر نشد، بر اثر خدمتش هزاران تن توبه نکردند و به قداست شهره نشد. می‌خوابید و می‌خورد و می‌نوشید و دوچرخه‌سواری می‌کرد و در جنگل به گشت و گذار می‌پرداخت و در کلاس درس می‌داد و دعا می‌کرد. ناگفته نماند که خاطراتش را نیز هر روز در دفتری می‌نوشت که اندک‌زمانی پس از مرگش به‌چاپ رسید. در آن، زندگی مردی عادی را می‌خوانیم که روح و جانش را عیسای مسیح شیفته و مفتون و مسحور خود کرده است. در مقدمهٔ دفترِ یادداشت‌های روزانهٔ او آمده است: «خاطرات جان گویای این نکته است که خود ما بزرگ‌ترین مانع و رادع بر سر راهِ اصالت و شرافتمندی جان‌مان که همان قداست باشد – هستیم. قضاوت ما دربارهٔ خودمان این است که غلامانِ نالایق هستیم و همین داوری هم عاقبت تبدیل به نبوتی می‌شود که

---

1 John Eagan

به‌دست خودمان تحقق می‌یابد. ما خود را چندان بی‌فایده می‌دانیم که حتی باور نداریم خدایی که بـا گِل و آبِ‌دهان معجزه می‌کند، بتواند از ما اسـتفاده کند. به این‌ترتیب، فروتنی دروغینِ ما دست و پای خدایی را می‌بندد که به دلیل فروتنی کاذب ما نمی‌تواند با قدرت مطلق خود عمل کند.»

ایگن که انسانی ناکامل بود با ضعف‌های بارز و ایراداتی در شخصیت خود، آموخت که شکسـتگی برای وضعیتِ انسـان مناسب است و ما باید دوست‌نداشـتنی بودن خود، یکپارچه نبـودن عقاید و اعمال خود، بی‌عرضگـی خود، تحریک‌پذیری و عدم تناسـب اندام خود را بر خود ببخشـاییم. ایگن این را نیز می‌دانست که گناهانی که ارتکاب یافته بود، نمی‌توانسـتند او را از خدا جدا کنند، چه، به‌وسیلهٔ خون مسیح پاک شده بودند. به هنگام توبه، ایگن خویشتنِ سایه‌گونه‌اش را به پای صلیب برده و از آن پس جـرأت کرده بود که همچون فـردی آمرزیده زندگی کند. در راهی که ایگن در زندگی روحانی خود پیمود، انعکاسـی از سـخنان مرتون را می‌توان دید: «خدا از منِ نالایق می‌خواهد که نالایق بودنِ خود و برادرانم را ببخشایم. همچنین می‌خواهد که به خود جرأت پیش رفتن در محبتی را بدهم که تمامی ما را نجات بخشـیده و شباهت ما را به خدا احیاء کرده اسـت و بالاخره خدا از من می‌خواهـد که به فکرِ مضحکِ "نالایق‌بودن" بخندم.» ایگن در تلاش سـخت خود برای کوچک کردنِ خویشتنِ واهی، با کمال وفاداری، حیاتی سراسر مملو از دعای تأمل‌آمیز در پیش گرفت. در طی هشت روز خلوت‌گزینیِ سالانه‌اش که به سکوت می‌گذرانید، خویشـتن حقیقی او با کمالِ قدرت ظاهر می‌شد. در صبح روز ششم، او با مشاور روحانی خود ملاقات می‌کرد:

«آن‌روز باب مشت خود را بر میز می‌کوبد و با وضوح تمام می‌گوید: "جان، این دعوت تو اسـت. خدا تو را به این راه دعوت می‌کنـد. برای تعمیقِ این محبت دعا کن، بلــه، از حضور خدا در همین لحظه لذت ببر. به تأملی که

اینک در تو جریان دارد میدان بده، به آن تسلیم شو؛ بگذار ادامه یابد، خدا را بجوی.»

سپس آگاهانه چیزی می‌گوید که تا سال‌های متمادی در آن تعمق خواهم کرد؛ از او می‌خواهم که گفته‌اش را تکرار کند تا بتوانم به‌روی کاغذ منتقل سازم. «جان، لُب کلام این است که باید ارزشِ نَفْس تو را خداوند و محبت عظیم او شکل دهد. همیشه این تعریف را از خود داشته باش که من محبوب خدا هستم. ارزش تو منوط است به این‌که خدا تو را دوست دارد و برگزیده است. این حقیقت را بپذیر و آن را سرلوحهٔ زندگی خود بساز.»

به گفتگو در این باب می‌پردازیم. اساسِ ارزش نَفْس مرا نه دارایی‌هایم تشکیل می‌دهند، نه استعدادهایم، نه گفته‌های دیگران و نه شهرت و معروفیت نه احسنت‌گویی‌های والدین، نه تعریف و تمجیدهای فرزندان، نه هورا کشیدن‌ها و دست‌زدن‌های مردم و نه نظری که دیگران راجع به اهمیتِ مقام و موقع من دارند. حال، لنگر وجودم فرو رفته در خدایی است که در حضورش منکشف و عریان می‌ایستم و هم او است که به من می‌گوید: «تو فرزند من هستی، فرزند محبوب من.»

خویشتنِ عادی، خویشتنِ خارق‌العاده است منظور از خویشتن عادی همان هیچ‌کسی است که به‌چشم نمی‌آید و از سرمای زمستان می‌لرزد و از گرمای تابستان عرق می‌ریزد، همان که صبح با چشمان خواب‌آلود بیدار می‌شود، همان که پشت میز می‌نشیند تا یک ظرفِ پر از پنکیک بخورد، همان که در ترافیک گیر می‌کند، در زیرزمین سر و صدا به‌راه می‌اندازد، در فروشگاه خرید می‌کند، عشق می‌ورزد و برف‌بازی می‌کند، بادبادک هوا می‌کند و به آواز بارانی که بر بام ضرب می‌گیرد، گوش می‌دهد.

در حالی‌که هویتِ شخصیت کاذب از دستاوردهای گذشته و تعریف و تمجیدهای دیگران مایه می‌گیرد، خویشتنِ حقیقی، هویت خود را بر اساس این حقیقت که محبوب خدا است شکل می‌دهد. ما با خدا در

رویدادهای عادی زندگی روبرو می‌شویم، نه در تلاش خود برای رسیدن به اوجِ روحانیت و دست یافتن به حالات خارق‌العادهٔ عرفانی، بلکه در زندگیِ عادی و روزمرهٔ خود است که با خدا ملاقات می‌کنیم.

هنری نیوون در نامه‌ای خطاب به یکی از دوستان صمیمی‌اش که از روشنفکران ساکنِ نیویورک بود، اظهار داشت: «جز یک چیز نمی‌خواهم به تو بگویم و آن این‌که تو محبوب خدا هستی و تنها امیدم این است که این کلمات را با منتهای ملاطفت و قدرتی که محبت می‌تواند در خود جای دهد، بشنوی. تنها اشتیاقم این است که در هر گوشهٔ روح و جانت این کلمات طنین افکن شوند: "تو محبوب من هستی".» خویشتنِ حقیقی‌مان وقتی در این حقیقت ریشه دوانده باشد، دیگر نه نیازی خواهد داشت به این‌که ورودش را با نواختن شیپور اعلام کنند و نه آن‌که با ایراد نطقی غرا توجه مردم را به او جلب سازند. رفتاری بی‌تصنع و بی‌تظاهر باعث جلال خدا می‌شود.

خدا ما را آفرید تا با او اتحاد داشته باشیم: این هدفِ اصلی زندگی ما است. کتاب‌مقدس می‌فرماید که خدا محبت است (اول یوحنا ۱۴:۶). محوری که زندگی مسیحی حولِ آن می‌چرخد، آگاهی از این حقیقت است که ما محبوب خدا هستیم. محبوب بودن، هویت ما و هستهٔ وجودمان است. این امر صرفاً اندیشه‌ای والا، نظری حرکت‌آفرین و یا عنوانی در میان عنوان‌های بسیار نیست، بلکه نامی است که خدا ما را به آن می‌شناسد و شیوهٔ رفتار خدا با ما است.

چنان‌که خدا، خود، فرموده است: «آن‌که گوش دارد بشنود که روح به کلیساها چه می‌گوید. هر که غالب آید، به او از آن مَنّای مخفی خواهم داد. هم به او سنگی سفید خواهم بخشید که بر آن نام تازه‌ای حک شده است، نامی که جز بر آن‌که دریافتش می‌کند، شناخته نیست» (مکاشفه ۱۷:۲).

هر گاه بخواهیم در خارج از وجودمان در پی هویتی برای خود باشیم، وسوسهٔ کسب ثروت و قدرت و احترام ما را به‌سوی خود خواهد کشید. شاید هم بخواهیم که هویت‌مان را بر اساس روابط خود با دیگران شکل دهیم. عجبا که کلیسا هم ممکن است به شخصیت کاذب پر و بال بدهد.

این اتفاق زمانی می‌افتد که کلیسا بر اساس عملکرد افراد، آنها را از مقام و احترام، بهره‌مند یا محروم کند و با ایجاد سلسله مراتب، به توهمِ مقام و منزلت دامن زند. وقتی تعلق به گروهی ممتاز و نخبه، بر محبتِ خُدا سایه افکند و ما حیات و معنای آن را از منشائی به‌جز این حقیقت که محبوب خدا هستیم به‌دست آوریم، دچار موت روحانی خواهیم شد.

توماس مرتون می‌پرسد: «من کیستم؟» و به سؤال خود چنین پاسخ می‌گوید: «من همان هستم که محبوب مسیح است.» بنیان و شالودهٔ خویشتنِ حقیقی همین اعتراف است. دانستن این حقیقت که محبوب خدا هستیم و ماندن در آن مستلزم خلوت کردن با خدا است. در خلوت است که زمزمه‌های منفی‌ای را که مدام در گوشِمان می‌خوانند که بی‌ارزشیم خاموش می‌سازیم و در رازِ خویشتنِ حقیقی خود غرق می‌شویم. اشتیاق ما برای دانستن این‌که واقعاً چه کسی هستیم حقیقتی که ندانستن‌اش منشاء تمام نارضایتی‌های ما است تنها زمانی برآورده می‌شود که به خلوت خود با خداوند پا می‌گذاریم. در آنجا است که درمی‌یابیم واقعاً محبوب خدا هستیم. اساسِ هویت ما را مهر و محبتِ بی‌وقفهٔ خدا تشکیل می‌دهد که در عیسای مسیح ظاهر شد. شوریدگی کنترل‌شدهٔ ما این تصور باطل را ایجاد می‌کند که زندگی سنجیده و حساب شده‌ای داریم. ما از بحرانی به بحران دیگر عبور می‌کنیم، به مسائل فوری رسیدگی می‌کنیم، اما مسائل اساسی را به کل نادیده می‌گیریم. مدام از این طرف به آن طرف می‌رویم. از خود تمام حرکات و اعمالی را که مخصوص انسان‌ها است نشان می‌دهیم، ولی شبیه کسانی هستیم که در فرودگاه به‌وسیلهٔ پله برقی به‌طور مکانیکی جا به‌جا می‌شوند. به این‌ترتیب، آتشی که در وجودمان هست، خاموش می‌شود و به‌قول بوریس پاسترناک دیگر آن صدای باطنی را که می‌گوید محبوب خدا هستیم، نمی‌شنویم.

مایک یاکونلی که در تأسیس سازمانی برای خدمت به جوانان همکاری داشته است می‌گوید که یک‌بار به همراه همسرش، با قلبی شکسته و روحی افسرده، به تورنتو در کانادا رفت تا به‌مدت پنج روز وقت خود را در جامعهٔ لارش (سازمان خدمت به معلولان – م.) بگذراند.

او به این امید به آنجا رفته بود که از معلولانی ذهنی و جسمانی به‌نوعی الهام بگیرد و یا با دیدن هنری نیوون و شنیدن موعظه‌هایش آرامش پیدا کند. اما، در آنجا خویشتنِ حقیقی خود را کشف کرد. او داستانش را به این شرح باز می‌گوید:

> «همین که چند ساعتی را در سکوت گذراندم، شروع به شنیدنِ سخنان روحم کردم. هنوز از خلوتم چیزی نگذشته بود که فهمیدم تنها نیستم. خدا پیش از آن هر چه در هیاهوی زندگی‌ام فریاد کرده بود، من صدایش را نشنیده بودم. لیکن، در آن سکوت و خلوت، نجواهای او از بطنِ روح‌ام همچون صدای فریادی برمی‌آمد که به من می‌گفت: "مایکل. من این‌جا هستم. تا حالا این همه صدایت کردم، نشنیدی. مایکل، آیا صدایم را می‌شنوی؟ من دوستت دارم. من همیشه تو را دوست داشته‌ام و تمام این مدت منتظر بودم تا بگذاری این را بهت بگویم. اما چندان مشغول این بودی که به خودت ثابت کنی محبوب هستی که صدایم را نشنیده‌ای."»

من صدای خداوند را شنیدم و جانِ غافل‌مانده‌ام با شور و شعفِ پسر گمشده پر شد. جان مرا پدری پر از مهر و محبت که به جست و جویم برآمده و به انتظارم مانده بود، بیدار کرد. سرانجام، من شکستگیِ خود را پذیرفتم تا به آن زمان با این حقیقت کنار نیامده بودم. اجازه دهید توضیح بدهم. به شکستگیِ خود آگاه بودم. می‌دانستم که گناهکارم. می‌دانستم که دائماً قلب خدا را می‌شکنم، ولی هیچ‌گاه این قسمت از شخصیت خود را قبول نداشتم. این قسمت از شخصیت‌ام شرمسار و سرافکنده‌ام می‌کرد. مدام احساس می‌کردم که باید عذرخواهی کنم، از ضعف‌های خود بگریزم، شخصیت حقیقی خود را انکار کنم و توجه‌ام را بر آنچه باید باشم، معطوف نمایم. من شکسته بودم، بله بودم، منتها همه‌اش سعی می‌کردم دوباره نشکنم و یا لااقل به جایی بروم که کمتر بشکنم.

در لارش دریافتم که معنی ایمان مسیحی را سراپا اشتباه فهمیده‌ام. در آنجا به این حقیقت پی بردم که در شکستگی و ناتوانی و ضعف و زبونیِ من است که قدرت عیسی آشکار می‌شود؛ وقتی بی‌ایمانی خود را بپذیرم، خدا می‌تواند به من ایمان عطا کند. از این گذشته، وقتی شکستگی خود را بپذیرم، می‌توانم دردِ دیگران را بفهمم. نقش من شفا دادن دردهای دیگران نیست، بلکه شریک شدن با آنها در دردهای‌شان. خدمت، سهیم شدن است، نه تسلط یافتن؛ درک کردن است، نه الهیات تحویل دادن؛ دل سوزاندن است، نه درست کردن.

معنی این سخنان چیست؟

نمی‌دانم، صریح بگویم، کلاً این سؤال درست نیست. فقط این را می‌دانم که در طول زندگی خود، برخی مواقع دست به ایجاد تغییری کلی در روش زندگی خود می‌زنیم. در لارش چنین اتفاقی برای من افتاد. اگر زندگی من نقشه‌ای می‌داشت و شما به آن نگاه می‌کردید، تغییری مگر تغییر جهتی نامحسوس در آن مشاهده نمی‌کردید. ولی جز این نمی‌توانم بگویم که زندگی‌ام اکنون خیلی با سابق فرق کرده است. حال، برای حضور خدا چنان انتظار و شور و اشتیاقی دارم که در سابق هیچ‌گاه نداشتم. فقط این را می‌توانم بگویم که برای نخستین‌بار در زندگی‌ام نجوای عیسی را می‌شنوم که به من می‌گوید: «مایکل، تو را دوست دارم. تو محبوب من هستی.» دلیل‌اش را نمی‌دانم، اما این حقیقت قلبم را کاملاً ارضا می‌کند.

از صداقت و بی‌تکلفی این شهادت پیداست که گویندهٔ آن تظاهر نمی‌کند؛ نه زهد می‌فروشد و نه به دروغ فروتنی می‌کند. واقعاً پیداست که چیزی در زندگی این شخص عوض شده است. در شبی زمستانی، ظرفی سفالین با پایه‌های ساخته شده از سفالش، این حقیقت را که محبوب خدا است به چنگ گرفت. البته، یاکونلی هنوز هم دندان‌هایش را مسواک می‌کند، ریش ژولیده‌اش را مرتب می‌کند، موقع شلوار پوشیدن اول یک پا و بعد پای دیگرش را داخل شلوار می‌کند، با ولع می‌نشیند و یک ظرف پنکیک می‌خورد، ولی روح و جان او اکنون آکنده از جلال خدا است.

مهربانی و شفقت خدا حصارهایی را که یاکونلی بهدور خود کشیده بود، در هم شکسته است. حال، امید او به زندگی احیاء شده است. در چشم او، آینده دیگر شوم و تهدیدآمیز نیست. یاکونلی چندان به بندِ امروز کشیده شده است که دیگر از فردا هراسان نیست. بیگمان، شخصیت کاذب هر از چند گاه سری به او خواهد زد، ولی یاکونلی در امنیتِ زمان حاضر ساکن است.

حتماً توجه دارید که ما از یکی از رهبران روحانی برجستهٔ مسیحی صحبت نمیکنیم، بلکه از شخصی عادی سخن میگوییم که به پیام انجیل وفادار است و با خدای انسانهای عادی روبرو شده است؛ همان خدایی که از پسِ گردنِ بیسروپایان و ژندهپوشان میگیرد و آنها را با شاهزادگان و ملکهها همنشین میگرداند.

آیا کسی پیدا میشود که از این معجزه اقناع نشود؟ نکند در هیاهویِ خشکهمذهبیون، غرشِ این حقیقت که «خدا جهان را آنقدر محبت کرد» گم شده است و ما دیگر صدای محبت خدا را نمیشنویم؟

یکی از چیزهایی که به هنگام خواندن شهادتِ یاکونلی سخت مرا تحت تأثیر قرار داد، سادگی، صداقت و صراحتِ سخنانش بود. سخنان او کاملاً در تضاد با سخنانِ شخصیت کاذب قرار داشت که خود را در پس حرفهای دو پهلو و مبهم و گیجکنندهاش قایم میکند.

سالها قبل، در ایامِ خوشخوشانِ شخصیت کاذبام، قرار شد مقدمهای بر اولین کتابی که از شخصیت کاذب دوستم چاپ میشد، بنویسم. من در ستایشِ نثرِ سنگینِ او چنین نوشتم: «نثر متکلفِ او پرطمطراق است. معالوصف، تکلفِ بلاانقطاع نثر او را چندان سیلانی اندامهای و مبرز است که تقلید از آن دشوار بتوان و بهگونهای عجیب خواننده را میپالاید.» نفسام برید. (خوانندهٔ عزیز حتماً توجه دارند که این پاراگراف حالت طنز دارد م.)

یکبار دربارهٔ یازدهمین مرحلهٔ برنامهٔ ترک اعتیاد به مشروبات الکلی سخنرانی میکردم و سخنرانی خود را با تعریف داستانی دربارهٔ مردی شروع کردم که دچار بحران بود و در همین حال چشماش به

یک توت‌فرنگـی می‌افتد و آن را می‌خورد. می‌خواسـتم بگویم که این شخص می‌دانسـت چگونه از امکانات موجود در آن لحظه‌ای که به‌سر می‌بُرد، اسـتفاده کند. پس از بیان این داستان، به بیان توضیحاتی دربارۀ قدم یازدهم پرداختم که از نظر خودم بسـیار عالمانه و چشـمگیر بود و تفسیری که از موضوع کردم مشحون از بینش‌های عمیقِ فلسفی و الهیاتی و روحانی بود.

بعد از اتمام سـخنرانی، خانمی پیش آمد و گفت: «من از داسـتانی که راجع به توت‌فرنگی تعریف کردید خیلی خوشـم آمد.» نتیجه آنکه، قـدرت آن یک دانه توت‌فرنگی بر تمام غلنبه گویی‌های پرطمطراقِ بنده چربید.

شخصیت کاذب زبانی سنگین و ملال‌آور به‌کار می‌گیرد و هدفش این است که خودی نشـان بدهد. آیا این تصادفی است که انجیل‌ها به‌زبانی ساده و عاری از تکلف نوشته شده‌اند؟ در انجیل‌ها اثری از غلنبه گویی و مغلق نویسی و کلماتِ مزخرفِ به‌ظاهر پر معنا نیست. شخصیت کاذب، اغلب لگام‌گسـیخته و مهارناپذیر جلوه می‌کند. فضل فروشی‌ها و بیاناتِ ریاکارانه‌اش جز بیانِ نصفه و نیمۀ حقایق نیسـت. از آنجا که او اسـتادِ تغییر قیافه است، مثل آب خوردن می‌تواند فروتنی و تواضع قلابی پیشه کند، قیافۀ شـنونده‌ای علاقه‌مند را به‌خـود بگیرد، خود را فردی بذله‌گو و شـوخ‌طبع جلوه دهد یا قیافۀ علامۀ دهر به خـود بگیرد و یا در قالبِ شـهروند بانزاکتِ دهکدۀ جهانی ظاهر شود. خویشتنِ کاذب با استادی تمام می‌تواند خود را به ظاهر باز و روراسـت نشـان دهد، ولی در عین حال هیچ چیز مهمی دربارۀ خود افشاء نکند.

نویسنده‌ای به‌نام والکر پرسی این طفره‌جوییِ شخصیت کاذب را در صحنه‌ای تکان‌دهندهِ از رمان خود به‌نام بازگشـت دوباره چنین منعکس می‌سازد: «آن زن با آرامشِ کسانی سخَن می‌گفت که صدای‌شان در توفان محو شده باشد. مردی که طرف سخنش بود، شوکه شده بود، اما نه از غم و اندوه و نه از ندامت و ترحم، بلکه از ناباوری. آخر چطور چنین چیزی امکان داشت؟ چگونه ممکن است آدم یک‌روز جوان باشد و صاحب سر

و همسر و روز دیگر به خود آید و ببیند که زندگیش مثل خواب و خیال گذشــته است؟ آنها کنجکاوانه نگاه خود را به یکدیگر دوخته بودند و به این فکر می‌کردند که چطور توانسته بودند از یکدیگر غافل بمانند و این همه ســال در زیر یک سقف زندگی کنند و آن وقت در راهرو از بغل هم مثل شبح عبور کنند.»

ســکوت فقط به معنی بی‌صدایی یــا قطع ارتباط بــا دنیای خارج نیســت، بلکه راه وارد شدن به آرامش اســت. از خلوت‌گزینیِ همراه با ســکوت، گفتار حقیقی زاده می‌شــود. البته، منظورم از خلوت گزیدن، جدا کردن خود از مردم نیســت؛ خلوت‌گزینی را در این‌جا به این معنی بــه‌کار برده‌ام که با خداوند یگانه و متعال خلوت کنیم و در حضور او به هویتی که به‌عنوان محبوب خدا داریم، آگاه‌تر شــویم. تا کســی وقت نگذرانیم نمی‌توانیم شناختی صمیمانه از او کسب کنیم. سکوت، به این خلوت‌گزینی، صورتِ حقیقت می‌بخشد. گفته شده است که «سکوت در حکم خلوت‌گزینی عملی است.»

این امر شــباهت بسیار به داستانِ آن شــخصی دارد که به‌نزد راهبی بیابان‌نشین رفت و از سرخوردگی‌اش در دعا، ناشایستگی‌هایش و روابط از هم گســیخته‌اش بنای شکوه و شکایت گذاشت. راهب به سخنان این شــخص که از تلاش و تقلا و ســرخوردگی‌هایش در راه ایمان سخن می‌گفت، به‌دقت گوش داد. سپس به شکافِ تاریک غار خود وارد شد و از آنجا با تشت و پارچی آب بیرون آمد.

آنــگاه خطاب به این شــخص گفت: «حالا خوب بــه این آب که داخل تشــت می‌ریزم نگاه کن.» آب موقع خالی شدن در تشت به کف و دیواره‌هــای آن برخورد کرد و در حالی‌که ســخت در تکان و حرکت بود مدام به دیواره‌های تشــت برخورد می‌کرد و در آن می‌چرخید، ولی رفته‌رفته آرام شــد تا آن‌که ســرانجام، آن همه لرزش‌های تندش به چند موج آرام و بزرگ تبدیل شــد که آرام در تشت به جلو و عقب می‌رفت. سرانجام، آب چندان آرام و بی‌حرکت شد که شخص مزبور می‌توانست صورتش را در آن ببیند. راهب اظهار داشت: «وقتی مدام در بین دیگران

باشی، یک همچو اتفاقی می‌افتد. در این‌حال، به‌خاطر آن بلوا و غوغایی که در دور و برت هست، نمی‌توانی خود را چنان‌که واقعاً هستی ببینی. به این‌ترتیب، حضور خدا را در زندگی خود تشخیص نمی‌دهی و به‌تدریج این حقیقت را که محبوب خدا هستی از یاد می‌بری.»

وقت می‌برد تا آب آرام شود. برای رسیدن به آرامش و سکونِ باطنی نیز باید صبر کرد. عجله برای سرعت بخشیدن به این جریان نتیجه‌ای مگر متلاطم کردنِ مجدد آب نخواهد داشت.

احساسِ تقصیر و گناه ممکن است فوراً در ما برانگیخته شود. خویشتنِ سایه‌گونه آرام‌آرام به ما تلقین می‌کند که خودخواه هستیم و وقت تلف می‌کنیم و از زیر بار مسئولیت‌های خانوادگی، شغلی، خدمتی و اجتماعی خود شانه خالی می‌کنیم. خویشتن سایه‌گونه خواهد گفت که این وقت‌گذراندن با خدا با این همه کاری که داریم، کاری بی‌حساب و کتاب است. الهیدانی به‌نام ادوارد شیلبکس[1] در پاسخ می‌گوید: «در دینی که بر اساسِ مکشوف شدنِ خدا قرار دارد، سکوت و خلوت گزیدن در حضورِ خدا به خودی خود ارزشمند است، چون خدا، خدا است. به‌عنوان محبوبان خدا باید بی‌آن‌که کاری انجام دهیم در حضور او بمانیم. اگر ارزش این کار را نفهمیم، قلب مسیحیت را از کالبد آن بیرون خواهیم کشید.»

خلوت‌گزینی همراه با سکوت، گفتار حقیقی را ممکن و شخصی می‌سازد. اگر با حقیقتِ محبوب بودنِ خویش در تماس نباشیم، نمی‌توانیم به تقدسِ دیگران پی بریم. اگر از خود بیگانه باشیم، نسبت به دیگران نیز بیگانه خواهیم بود. تجربه به من آموخته است که زمانی به بهترین وجه می‌توانم با دیگران ارتباط داشته باشم که با هستهٔ وجودِ خود در ارتباط قرار گیرم. وقتی اجازه می‌دهم که خدا مرا از وابستگیِ ناسالم به دیگران رهایی بخشد، با دقت و توجه بیشتری به حرف‌های

1 Edward Schillebeeckx

دیگران گوش می‌ســپارم، با خودخواهی کمتری به آنها محبت می‌کنم و در رفتارم شفقت و سرزندگی بیشتری دارم. به این‌ترتیب، خودم را کمتر جدی می‌گیرم و احســاس می‌کنم که خدا آن‌قدر به من نزدیک است که نفسش به صورتم می‌خورد. به این‌ترتیب، در میانهٔ تجربه‌ای که یکسره از آن لذت می‌برم، خنده‌ای چهره‌ام را روشن می‌سازد.

وجداناً این به اصطلاح "اتلاف وقــت" در حضور خدا، به من نیرو می‌بخشد تا با قدرت بیشتری سخن گویم و عمل کنم و به‌جای دامن زدن به زخمی که اخیراً خویشــتنِ مجروحم برداشته است، آن را ببخشایم و نیز در مواجهه با اتفاقات بی‌ارزش زندگی بزرگواری داشــته باشم. نیز به من قدرت می‌بخشد تا خود را لااقل به‌طور موقت، به‌دست کسی بزرگتر از ترسها و ناامنی‌هایم رها ســازم و سکوت اختیار کنم و بدانم که خدا، خدا است.

آنتونی پادووانو[1] در این‌باره گفته است:

«مقصود این اســت که من بی‌آن‌که در پی درک و تجزیه و تحلیل باشــم، خود را در تجربهٔ زنده بودن و صرفاً در تجربهٔ حضــور در جامعهٔ ایمانداران غرق می‌ســازم. بر جوهر یا حضور متمرکز می‌شــوم بی‌آن‌که فکر کنم حالا از ایــن کار چه نتایجِ عملی حاصل می‌شــود. به این فکر می‌کنم که ماندن‌ام در این‌جا خوب است، حتی اگر ندانم که این "این‌جا" کجا اســت یا چــرا ماندن در آن خوب اســت. باید بگویم که در وجود خود به آرامشی عجین با تأمل رسیده‌ام.»

یکی از برکاتی که من از خلوت گزیدن و ســکوت کسب کرده‌ام این بوده اســت که کمتر خوابیده‌ام و نشاط و ســرزندگی بیشتری احساس کرده‌ام. از نیرویی که سابقاً شخصیت کاذب صرفِ دست یافتن به شادی

1 Anthony Padovano; 2 Henry Newman

غیر واقعی می‌کرد، اکنـــون می‌توانم برای تمرکز یافتن بر موضوعاتی که واقعاً اهمیت دارند، یعنی محبت، دوستی و صمیمیت با خدا استفاده کنم.

خلوت کردن با خداوند، ما را از معرفتی که به‌قول هنری نیومن[۲] عقلی یا مفهومی اســـت، به جانب شـــناخت و معرفتِ حقیقی هدایت می‌کند. شـــناخت عقلی یا مفهومی به این معنی اســـت که شناختی نظری از خدا داشـــته باشیم بدون این‌که وجدان‌مان تحت تأثیر آن قرار بگیرد؛ شناخت حقیقی به این معنی است که هرچند ممکن است حقیقتی را که می‌دانیم، نفهمیم، بر اســـاس آن عمل کنیم؛ تی. اس. الیوت در یکی از شعرهایش چنین می‌گوید: «امشب، شـــب بدی است. آشفته و پریشان‌حالم. فقط با من سخن بگو. تا صبح چشم بر هم نخواهم گذاشت.» در سکوتِ خلوت خود، با کمال دقت، صدایی را می‌شـــنویم که ما را محبوب می‌خواند. در این زمان، کلامی که خدا می‌گوید تا اعماق روح و جان‌مان نفوذ می‌کند و تنفرمان از خویشتن، شرم و خجلت‌مان و خودشیفتگی‌مان را کنار می‌زند و ما را از میان شب به‌سوی سپیده‌دمِ حقیقت خویش می‌برد: «مترس زیرا که من تو را فدیه دادم و تو را به اسمت خواندم. پس تو از آن من هستی. چون که در نظر من گران‌بها و مکرم بودی و من تو را دوســـت می‌داشتم هر آینه کوه‌ها زایل خواهد شـــد و تل‌ها متحـــرک خواهد گردید، لیکن احســـان من از تو زایل نخواهد شد و عهد سلامتی من متحرک نخواهد گردید» (اشعیا ۴۳:۱ و ۴؛ ۵۴:۱۰).

بیائیـــد لحظاتی در این‌جا درنگ کنیم. این خدا اســـت که ما را به‌نام خوانده اســـت. خدایی که در کنارش جمالِ زیباترین زیبایی‌های هستی، کم‌رنگ جلوه می‌کند، ما را محبوب خوانده اســـت. خدایی که در برابر قدرتش، قدرت بمب اتمی هیچ است، احساساتی مهرآمیز به ما دارد.

مـــا در رازی قـــرار گرفته‌ایم که به تعبیر آبراهام هشـــل[۱] سراســـر اعجاب‌آور است. ما مخلوقاتی هستیم خاموش و لرزان در حضورِ رازی وصف‌ناپذیر و فراتر از تمامی مخلوقات و هر چه به بیان آید.

---

1 Abraham Heschel

لحظهٔ حقیقت فرارسیده است. ما با آن یگانه، تنهاییم. مکاشفهٔ احساساتِ مهرآمیز خدا نسبت به ما، شناختی خشک و خالی نیست. من مدتها و بارها در زندگی روحانی‌ام، به جلساتِ شاد عبادتی و نیز کلاس‌های شوق‌انگیز مطالعهٔ کتاب‌مقدس پنهان شده‌ام. دانش و معرفتی کسب کرده‌ام که به ستایش خداوند نیانجامیده و مطالعاتی کرده‌ام که مرا به شور و شوق نیاورده است. با این‌حال، وقتی این بحث و تفحص‌هایِ عالمانه به پایان رسیده‌اند، از دیدن بی‌اهمیت بودن‌شان یکه خورده‌ام. بله، گویی هیچ اهمیتی نداشته‌اند.

اما هنگامی که به‌قول تی. اس. الیوت شب بدی دارم و حالم آشفته و خراب است و در میانهٔ این‌حال زار، خداوند سرمدی لب به سخن می‌گشاید، وقتی خدای قادر متعال از طریق پسرش، عمق احساسی را که به من دارد، نشانم می‌دهد، وقتی محبت خدا به درون جانم می‌درخشد و وقتی تمام وجودم به تسخیرِ این راز (خداوند) در می‌آید، کایروس فرا می‌رسد، یعنی زمانی که خدا قاطعانه به صحنهٔ زندگی‌ام پا می‌گذارد. هیچ‌کس نمی‌تواند به‌جای من سخن گوید. در تنهایی، در برابر تصمیمی بس مهم قرار می‌گیرم. در این‌حال، همچنان که در شورِ شصت‌ونه سالگی‌ام به‌لرزه درمی‌آیم، یا به شک و بدبینی گریز می‌زنم و یا دست به دامنِ عقل و منطق می‌شوم، و یا در حالی‌که یکسره در عجب‌ام (اشاره به گفتهٔ هشل دربارهٔ خدا م.)، خود را با ایمان، تسلیم این حقیقت که محبوب خداوند هستم، می‌سازم.

در لحظه‌لحظهٔ زندگی‌مان، خدا این خبر خوش را به ما اعلام می‌دارد. متأسفانه، بسیاری از ما چنان سرگرم شکل دادن به هویت کاذب خود هستیم که این حقیقتِ رهایی‌بخش که محبوب خداوندیم، چندان تأثیری در ما نمی‌کند. به این تریب، تلخ، بیمناک و شریعت‌گرا می‌شویم.

ما حقارت خود را پنهان می‌کنیم و در احساسِ گناه و تقصیر غلت می‌زنیم. سعی می‌کنیم با داد و هوار خدا را تحت تأثیر قرار دهیم، برای خوش‌خدمتی به او تقلا می‌کنیم و راجع به اصلاح کردن خود، مزخرفاتی به هم می‌بافیم. زندگی روحانی‌مان نیز چندان سرد و تهی از شادی است

که نه مسیحیانِ اسمی را جلب می‌کند و نه بی‌ایمانانی را که در جستجوی حقیقت‌اند.

ای خداوند ما را از دست شاگردانِ خسته‌کننده و قدیسانِ ترش‌رویت برهان! فردریک بوکنر می‌نویسد: «عیسی می‌فرماید توبه کنید و به انجیل ایمان آورید. بازگشت کنید و ایمان آورید که این خبر خوش که محبوب خدا هستیم بهتر از آن است که هرگز بتوانیم تصورش را بکنیم. ایمان آوردن به این خبر خوش، زندگی مطابق آن و به کمک آن و نیز عشق ورزیدن به آن، از هر چیز دیگری در این دنیا شادی‌آفرین‌تر است. آمین و بیا ای خداوند عیسی.»

تمام کسانی که تا به این‌جا از آنها نقل قول کردیم، هم‌صدا ما را فرامی‌خوانند که از خدا فیض بطلبیم تا بتوانیم مثل جان ایگن در تعریف هویت خود بگوییم که ما محبوب خدا هستیم. خویشتنِ حقیقی همین است. هر هویت دیگری غیر از این، جز وهم و خیال نیست.

فصل چهارم

فرزندِ آبّا

چند سال قبل من جلساتی برای تجدید حیات روحانی کلیسایی در فلوریدا ترتیب دادم. فردای روزی که جلسات به پایان رسید، کشیش کلیسا از من برای صرف صبحانه دعوت کرد. روی بشقابم پاکتی محتوی یادداشتی از یکی از اعضای کلیسا قرار داشت. وقتی یادداشت را خواندم اشک به چشمانم نشست. این شخص نوشته بود: «برنان عزیز، من در طول هشتاد و سه سالی که از زندگیم گذشته است، هیچ‌گاه تجربه‌ای نظیر این نداشته‌ام. روزِ اول به ما قول دادید که اگر هر شب در این جلسات شرکت کنیم زندگی‌مان عوض خواهد شد. درست می‌گفتید، چون زندگی من عوض شده است. تا یک هفته قبل، اسم مرگ که به گوشم می‌رسید تن و بدنم می‌لرزید، ولی امشب دلم عجیب هوای رفتن به خانهٔ آبّا (بابا، منظور پدر آسمانی م.) را کرده است.»

در زندگیِ شخصیِ عیسای مسیح حقیقتی محوری وجود داشت که قلبِ مکاشفهٔ او را تشکیل می‌داد و آن این بود که صمیمیت او با پدرش و نیز اعتماد و محبت او به وی مدام بیشتر می‌شد.

مریم و یوسف پس از تولدِ عیسی در بیت‌لحم، او را با توجه به عقیدهٔ سفت و سخت یهودیان به وحدانیت خدا بار آوردند. عیسی نیز مثل هر یهودی مؤمن دیگری روزی سه مرتبه در دعا می‌گفت: «ای اسرائیل بشنو، یهوه خدای ما، یهوه واحد است» (تثنیه ۴:۶). به این‌ترتیب، عیسی در بسترِ ایمانی بار آمد که در آن، خدا، مطلق، یگانه و ابدی و به‌عبارتی «هستم آن‌که هستم» بود.

عیسی در زندگی انسانی خود، خدا را چنان تجربه کرد که هیچ‌یک از انبیای اسرائیل هرگز نه تصور چنین تجربه‌ای را می‌توانست بکند و نه جرأتش را داشت. در عیسی روحِ پدرِ آسمانی سکونت داشت و نامی برای خدا در دهانش نهاده شده بود که هم الهیات و هم افکار عمومی را در جامعهٔ یهود برمی‌آشفت؛ این نام که از دهان نجار ناصری خارج شد، عبارت بود از: اَبّا.

بچه‌های یهودی از این کلمهٔ عامیانه در خطاب به پدرشان استفاده می‌کردند و خود عیسی هم ناپدری خود، یوسف را به همین طریق خطاب می‌کرد. مع‌الوصف، استفاده از این کلمه برای الوهیت، نه تنها در یهودیت بلکه در هیچ‌یک از ادیان بزرگ جهان سابقه نداشت. یوئاکیم جرمیاس[1] در این‌باره می‌گوید: «ابا خواندن خدا، ipsissima vox است، یعنی جزو کلماتی است که صددرصد به عیسی تعلق دارد و قطعاً از دهان او خارج شده است. در این‌جا ما با چیز تازهٔ حیرت‌انگیزی روبرو هستیم و آن بی‌سابقه بودن و تازگیِ بلابحثِ پیام انجیل است.» عیسی، پسر محبوب خدا، این تجربه را به خودش منحصر نکرد. او ما را نیز دعوت می‌کند تا وارد رابطه‌ای صمیمانه و آزادی‌بخش همچون رابطهٔ خود او با خداوند شویم.

پولس رسول می‌فرماید: «زیرا آنان که به‌وسیلهٔ روح خدا هدایت می‌شوند، پسران خدایند. چرا که شما روح بندگی را نیافته‌اید تا باز ترسان باشید، بلکه روح پسرخواندگی را یافته‌اید که به‌واسطهٔ آن ندا درمی‌دهیم: "اَبّا، پدر." و روح خود با روح ما شهادت می‌دهد که ما فرزندان خداییم» (رومیان ۸:۱۴-۱۶). یوحنا «شاگردِ محبوبِ عیسی»، صمیمیت با اَبّا را اولین نتیجهٔ تجسم می‌شمارد. «به همهٔ آنانی که او را پذیرفتند، این حق را داد که فرزندان خدا شوند» (یوحنا ۱:۱۲). عیسی سخنان آخر خود را با شاگردان چنین آغاز کرد: «فرزندان عزیز،» (یوحنا ۱۳:۳۳). مگر نه این‌که یوحنا این گفتهٔ عیسی را شنیده بود؟ به همین دلیل هم با هیجان می‌گوید:

1 Joachim Jeremias

«ببینید پدر چه محبتی به ما ارزانی داشـته است تا فرزندان خدا خوانده شویم! و چنین نیز هستیم!» (اول یوحنا ۳:۱).

بزرگترین هدیه‌ای که تا به‌حال از عیسای مسیح دریافت کرده‌ام، این بوده اسـت که می‌توانم با خدا همچون با پدر خــود ارتباط برقرار کنم. مقــام و منزلت من به‌عنوان فرزند اَبّا به بهتریـن وجهی ارزش نَفْس مرا شکل می‌دهد. هرگاه بکوشـم که از روی تعریف و تمجیدهای دیگران و زمزمه‌های درونی که می‌گویند: «تو به هدف رسـیده‌ای. ملکوت روی تو حسـاب می‌کند»، تصویری از خود شکل دهم، این تصویر جز کذب و دروغ نخواهد بود. وقتی سـخت دچار افسـردگی و دلتنگی می‌شوم و صدای درونی‌ام به نجوا می‌گوید: «تو آدم خوبی نیسـتی، شــارلاتانی، ریاکار و مدعی هستی»، هر تصویری که بر اساس این پیام از خود شکل دهم، کذب اسـت و دروغ. چنان‌که جرالد گفته است: «بسیار مهم است که بدانیم این تعبیر و تفسـیرهایی که از خود می‌کنیم، هیچ پایه و اساسی ندارد و به‌هیچ عنوان گویای مقام و منزلتِ واقعی‌مان نیست. این‌که راجع به خود چگونه می‌اندیشیم ارتباطی به آن کسی که واقعاً هستیم ندارد.»

یک‌بار در طی مدتی که برای خلوت‌گزینی و سکوت به نقطه‌ای رفته بودم، در یادداشت‌های روزانهٔ خود چنین نوشتم:

«پنسـیلوانیا، ورنرزویـل، دوم ژانویـهٔ ۱۹۷۷ بیرون تاریک است و دمای هوا زیر صفر. از همین باید دانست که چرا داخل اتاق هستم. امشــب، اولین شب از هشت شـبی اسـت که باید در خلوت بگذرانم. احساسـی از ناآرامی، بی‌تابی و حتی ترس و وحشت به من دست داده است. خسته و تنها هسـتم. دل و دماغ دعا کردن ندارم: هرگونه تلاشـی برای دعا کردن تصنعـی جلوه می‌کند. به‌زور یکی دو کلمه با خدا سـخن می‌گویم و همان‌ها در جانِ خالی‌ام طنینِ بیهودگی می‌افکنند. از بودن در حضور خداوند شاد و مشـعوف نمی‌شوم. احساسی متخاصم و

> در عین حال مبهم از گناه و تقصیر در درونم بر انگیخته می‌شود. به طریقی به خداوند وفادار نبوده‌ام. شاید تکبر و نخوت مرا کور کرده‌اند؛ شاید عدم حساسیت به درد، قلبم را سخت کرده است. خداوندا آیا زندگی من تو را مایوس کرده است؟ آیا از کم‌مایگیِ زندگی روحانی‌ام، آزرده‌خاطر شده ای؟ هر چه هست، گناه من است که تو را گم کرده‌ام و حال نیز قدرت آن را ندارم که خراب کرده‌ام را از نو بسازم.»

به این‌ترتیب، خلوت‌گزینی سالانه‌ام شروع شد. خستگی جسمانی‌ام طولی نکشید که برطرف شد، اما خشکی روحانی‌ام هنوز سرجایش بود. هر روز، صبح و ظهر و شب و هر بار دو ساعت به صدایی که مثل ناله بود، دعا می‌کردم. هر وقت که دعا می‌کردم حواسم پرت بود و گیج بودم و مثل این بود که با یک پارو قایق می‌راندم. کتاب‌مقدس خواندم؛ بی‌نتیجه بود. هی راه رفتم و زمین را گز کردم؛ کسل‌کننده بود. آمدم تفسیر کتاب‌مقدس بخوانم؛ هیچ فایده‌ای نداشت.

عصر روز پنجم، ساعت چهار صبح به عبادتگاه رفتم و بر صندلی‌ای که پشتی قائمی داشت، نشستم و به تأمل پرداختم.

سیزده ساعت به این‌حالت بیدار و بی‌حرکت و کاملاً هوشیار ماندم. ساعت پنج و ده دقیقهٔ صبح روز بعد در حالی عبادتگاه را ترک گفتم که این عبارت در سرم طنین می‌افکند و در قلبم می‌تپید: با دانستن این حقیقت زندگی کن که وجودی آکنده از مهر و عطوفت تو را پذیرفته است.

مهر و عطوفت را زمانی احساس می‌کنیم که خاطر جمع باشیم کسی هست که ما را با تمام وجود و صادقانه دوست دارد. اگر به اتاقی برویم که مملو از ازدحام جمعیت است، صرفِ حضور این شخص در اتاق به ما آرامش خاطر و احساس امینت می‌بخشد. همین احساسِ حضور گرم و دلسوز و مهربان این شخص، تمام ترس‌های‌مان را از ما دور می‌سازد. مکانیسم‌های دفاعی شخصیت کاذب نظیرِ مسخره‌بازی، بی‌احترامی،

خودپسندی و تلاش برای تحت تأثیر قرار دادن دیگران نیز کنار گذاشته می‌شوند. به این‌ترتیب، ما پذیراتر، معقول‌تر، تأثیرپذیرتر و دلرحم‌تر و مهربان‌تر می‌شویم.

چند ســـال پیش، برای جمعی داستان کشیشـــی به‌نام ادوارد فارل را تعریف کــردم که اهل دیترویت بود و به‌مـــدت دو هفته برای مرخصی به ایرلند فرستاده شــده بود. تنها عمویش به‌زودی هشتادمین تولدش را جشن می‌گرفت. سرانجام روز موعودِ جشـــن تولد فرا رسید و کشیش و عمویش صبح سحر بیدار شـــدند و در سکوت به پوشیدن لباس‌های خود پرداختند. ســپس با یکدیگر قدمی در ســاحل رودخانه زدند و به تماشـــای برآمدن خورشید ایســـتادند. در همان حال، پهلو به پهلوی هم ایستاده بودند و بی‌آن‌که یک کلمه بین‌شان رد و بدل شود به خورشید که در کار طلوع بود، نگاه می‌کردند. ناگهان عمو برگشت و جست‌وخیزکنان از جاده پایین رفت. شـــاد و خرم بود و تبســـمی گل و گشاد به چهره‌اش برقِ شادی انداخته بود.

برادرزاده‌اش خطاب به او گفت: «عمو جان، مثل این‌که با دُمت داری گردو می‌شکنی؟»

«آره، تو پوستام جا نمی‌شم.»

«خوب جریان چیه، بگو ما هم بدانیم.»

عموی هشتاد ساله پاسخ داد: «خب، می‌بینی که اَبّا از من راضیه.»

شـــما چه جوابی خواهید داد اگر بپرسم: «آیا صادقانه ایمان دارید که ذات خدا ایجاب می‌کند که نه فقط از شما خوشش بیاید، بلکه عاشقتان باشـــد؟» اگر بتوانید شجاعانه به این ســـؤال جواب دهید: «بله، اَبّا واقعاً عاشق من است»، رحم و شـــفقت الهی را طوری احساس خواهید کرد که معنی و مفهوم مهربانی و عطوفت را لمس خواهید نمود. «آیا زن بچۀ شیرخوارۀ خود را فراموش کرده بر پسر رَحِمِ خویش ترحم ننماید؟ اینان فراموش می‌کنند اما من تو را فراموش نخواهم نمود» (اشعیا ۱۵:۴۹).

کتاب‌مقـــدس اعلام می‌دارد که ذات و گوهـــرِ طبیعتِ الهی، رحم و شفقت اســـت و می‌توان گفت که مهربانی، قلب خدا را تشکیل می‌دهد.

«زیرا خدای ما را دلی است پر زِ رحمت، وَز همین‌رو، آفتاب تابان از عرش برین بر ما طلوع خواهد کرد تا کسانی را که در تاریکی و سایهٔ مرگ ساکنند، روشنایی بخشد» (لوقا ۱:۷۸-۷۹). ریچارد فوستر می‌نویسد: «قلب خدا حساس‌ترین و مهربان‌ترین قلبِ عالم است. هیچ عملی، هر اندازه کوچک و بی‌اهمیت، از قلب خدا پوشیده نمی‌ماند. دادن یک لیوان آب خنک به‌دست دیگران کافی است که اشک خدا را در آورد. همان‌طور که یک مادر از دسته گلِ پژمرده و وارفته‌ای هم که فرزندش به او هدیه می‌کند، ذوق زده می‌شود، همچنان هم خدا وقتی کوچک‌ترین آثاری از شکرگزاری در ما می‌بیند، به شوق می‌آید. عیسی از آنجا که «الوهیت با همهٔ کمالش به‌صورت جسمانی» در او ساکن است (کولسیان ۹:۲)، درکی منحصر به‌فرد از مهربانی و رحمت پدر آسمانی دارد. او که به‌طور ازلی و ابدی مولود پدر آسمانی است، فرزند اَبّا است. چرا عیسی گناهکاران، بیچارگان و اراذل و اوباش را که از شریعت خدا هیچ نمی‌دانستند، دوست می‌داشت؟ چون، پدر آسمانی او آنها را دوست داشت. او هیچ‌کاری را به میل و ارادهٔ خود انجام نمی‌داد، بلکه فقط کاری را که اَبّایش از او می‌خواست، می‌کرد. عیسی از طریق غذا خوردنش با گناهکاران، موعظه، تعلیم و شفا دادن بیماران، محبتِ پدرش را که تبعیضی بین انسان‌ها قایل نمی‌شود، در عمل نشان داد. این محبت همان است که سبب می‌شود پدر آسمانی آفتاب خود را بر بدان و نیکوکاران به یکسان بتاباند و باران خود را بر اشخاص درستکار و فریبکار به یکسان بباراند (متی ۵:۴۵).

عیسی از طریق این اعمال، یهودیان مذهبی فلسطین را آشفته کرد:

خطای غیر قابل بخشش عیسی، توجه‌اش به بیماران، معلولان، جذامیان و دیوزدگان نبود، حتی دوستی‌اش با بینوایان و اقشارِ پست هم نبود. مشکل اصلی او نشست و برخاستش با افرادی بود که از نظر اخلاقی وضع‌شان خراب بود؛ اینها کسانی بودند که با مذهب کاری نداشتند و رفتارشان منافی اصول اخلاقی بود؛ از این گذشته، این اشخاص از نظرِ اخلاقی و سیاسی مشکوک و مظنون بودند؛ به‌علاوه، مطرود و ناامید و از

جملهٔ آن افرادی بودند که در هر اجتماعی در حاشیه قرار دارند و باید از حیات اجتماعی زدوده شوند. از نظر یهودیان، اِشکال خدمتِ عیسی نیز در همین جا بود. آیا واقعاً لازم بود که عیسی این همه زیاده‌رَوی کند؟ این دیگر چه محبتِ خطرناک و ساده‌لوحانه‌ای است که نمی‌فهمد بینِ خودی و بیگانه حد و مرزی قرار دارد؛ اعضای حزب و غیر اعضا، بین همسایگان و غریبه‌ها، بین دعوت‌های آبرومندانه و غیر آبرومندانه، بین امور اخلاقی و امور منافی اخلاق و بالاخره بین آدم‌های خوب و آدم‌های بد؟ محبت عیسی طوری بود که گویی لزوم تفکیک و قضاوت در این موارد را انکار می‌کرد و همیشه بخشایش را امکان‌پذیر می‌ساخت.

از آنجایی که خورشیدِ تابان و بارانِ ریزان، هم به دوستداران خدا و هم به آنان که او را رد کرده‌اند عطا می‌شود، رحمت و شفقتِ پسر خدا، کسانی را که هنوز در گناه زندگی می‌کنند در آغوش می‌کشد. فریسی درون ما [منظور روحیهٔ فریسی‌گرایانه است م.] از گناهکاران دوری می‌جوید. عیسی با مهربانی فیض‌آمیز خود به‌سوی گناهکاران می‌رود. عیسی هیچ‌گاه از توجه به گناهکاران غافل نمی‌شود تا آنها را به توبه کشاند، «چیزی که همواره تا لحظهٔ آخر زندگی‌شان ممکن است.»

روح‌القدس رشتهٔ مهر و عطوفتی است که پدر و پسر را به یکدیگر می‌پیوندد. به این ترتیب، روح خدا که در ما ساکن است، مُهر زوال‌ناپذیر رحم و شفقت خدا را به همراه دارد و قلب شخصِ پر از روح‌القدس، لبریز از مهربانی و عطوفت است. «محبت خدا که توسط روح‌القدس به ما بخشیده شده است، در دل‌های ما ریخته شده است» (رومیان ۵:۵).

به‌عنوان شریکان در طبیعت الهی،[1] شریف‌ترین آرمان و دشوارترین وظیفه در زندگی ما این است که شبیه مسیح شویم. در این زمینه، آیرینیوس که از پدران کلیسا بوده است می‌گوید که خدا انسانیت ما را بر خود گرفت تا ما شبیه او شویم. در طی اعصار، این حقیقت برای اشخاص متفاوت معانی متفاوتی داشته است. اگر خدا را در درجهٔ اول

---

۱ اشاره به دوم پطرس ۱:۴ است. م.

دانای مطلق بدانیم، آن‌وقت وظیفهٔ انسان قبل از هر چیز این خواهد بود که در حکمت و دانش رشد کند. اگر خدا را در درجهٔ اول قادر مطلق در نظر آوریم، آنگاه راه شباهت یافتن به خدا را در این خواهیم دید که برای نفوذ در مردم، قدرت و اقتدار کسب کنیم. اگر خدا را لایتغیر و آسیب‌ناپذیر تصور کنیم، راه شباهت یافتن به او انسجامی سفت و سخت و ظرفیتی بالا برای تحمل درد خواهد بود.

از زندگی عیسی چنین می‌فهمیم که راه شباهت یافتن به پدر آسمانی نشانِ دادن رحم و شفقت است. بر طبق آنچه عیسی می‌فرماید، یکی از نشانه‌های بارزِ فرزند اَبّا آمادگی او برای بخشیدن دشمنانش است: «شما دشمنانتان را محبت کنید و به آنها نیکی نمایید، و فرزندان خدای متعال خواهید بود، چه او با ناسپاسان و بدکاران مهربان است» (لوقا ۶:۳۵). در دعای ربانی ضمنِ اذعان به خصوصیتِ اصلی و اساسی فرزندان اَبّا، چنین دعا می‌کنیم: «قرض‌های ما را ببخش چنان‌که ما نیز قرض‌داران خود را می‌بخشیم.» عیسی از ما می‌خواهد که در بخشایش، از پدر آسمانی او سرمشق بگیریم: در باب ۱۸ انجیل متی، پادشاهی را می‌بینیم که رقمی قابل‌ملاحظه و قرضی غیر قابل پرداخت را می‌بخشد. در این‌جا با تصویر خدایی روبرو می‌شویم که بخشایش او حد و مرزی ندارد (مفهوم هفتاد بار هفت مرتبه بخشیدن در این‌جا آشکار می‌شود).

خدا فرزندانش را فرا می‌خواند که در دنیایی بخشایش پیشه کنند که برای گرفتن انتقام، چشم به عوض چشم و حتی بیشتر از آن می‌طلبد. ولیکن، اگر دوست داشتن خدا، اولین حکم است و دوست داشتن همسایه، محبت ما را نسبت به خدا تقویت می‌کند، در این صورت دوست داشتن دشمنان مثل علامتی خانوادگی نشان می‌دهد که فرزندان اَبّا هستیم.

خدا از همه دعوت می‌کند تا به‌عنوان فرزندانِ بخشوده و بخشایندهٔ او زندگی کنند. این دعوت نه تنها برای زنی است که همسرش، سالگرد ازدواج‌شان را فراموش کرده است، بلکه همچنین برای والدینی است که رانندهٔ مست، پسرشان را زیر گرفته و کشته است؛ همچنین، برای

کسانی است که بی‌جهت قربانی تهمت و افترا شده‌اند، برای فقیرانی است که در کارتُن‌های کثیف می‌خوابند و ثروتمندان با مرسدس بنز از کنارشان عبور می‌کنند، برای کسانی است که مورد تعرضاتِ جنسی واقع شده‌اند، برای کسانی است که بی‌وفایی همسرشان آبروی آنها را برده است، برای ایماندارانی است که از تصاویر کفرآمیز و بت‌پرستانه به وحشت افتاده‌اند، برای مادری است که در السالوادور زندگی می‌کند و ربایندگان دخترش بدن او را به‌طرز فجیعی تکه‌تکه کرده و برایش فرستاده‌اند، برای زوج سالخورده‌ای است که هست و نیستِ خود را به‌خاطر اختلاس بانکداران باخته‌اند، برای زنی است که شوهر الکلیش ارث و میراث آنها را به باد داده است و برای کسانی است که مورد تمسخر و تبعیض قرار گرفته‌اند.

ملزوماتِ بخشایش چندان دلهره‌آورند که از نظر بشری عملی نیستند. ارادهٔ انسانی که از فیض بی‌بهره است، قدرت بخشیدن ندارد. تنها اطمینانی شجاعانه به قدرتی مافوق می‌تواند به ما نیرو بخشد تا دیگران را به‌خاطر زخم‌هایی که به ما زده‌اند ببخشاییم. وقتی در چنین شرایطی قرار می‌گیریم، قدرت بخشودن و گذشت کردن را تنها در یک جا می‌توانیم بیابیم در جلجتا.

در جلجتا مدتی طولانی بمانید و به فرزند یگانهٔ اَبّا بنگرید که تنهای تنها، با سر و بدنی خونین، به حالی فضاحت‌بار جان می‌سپارد. نگاه کنید که چطور شکنجه‌گرانش را در همان حال که دست به بی‌رحمانه‌ترین و سنگدلانه‌ترین شکنجه‌ها می‌زنند، می‌بخشد و می‌آمرزد. در آن تپهٔ تک افتادهٔ بیرون از دیوارهای اورشلیم، قدرت شفابخش خداوندِ در حال مرگ، به وجودتان جاری خواهد شد. تجربه نشان داده است که شفای درونیِ قلب به‌ندرت ممکن است به‌صورتِ تخلیهٔ روانیِ آنی یا رهایشی آنی از تلخی، عصبانیت، انزجار و تنفر صورت بگیرد. اغلب این شفا در حالی صورت می‌گیرد که آرام آرام با آن مصلوبی که ریختن خونش بر صلیب برای ما صلح و آرامش به ارمغان آورد، اتحاد می‌یابیم. شاید شفای ما مدت‌ها به‌طول انجامد، زیرا خاطرات تلخ‌مان هنوز در ذهن‌مان زنده است

و زخمی که برداشته‌ایم هنوز تا مغز استخوان‌مان را می‌سوزاند. ولی دیر یا زود بالاخره شفا خواهیم یافت. برای کلیسا، مسیحِ مصلوب فقط نمونه‌ای از یک قهرمان نیست: او قدرت و حکمت خدا است، او که قیام‌کرده است، با قوت در زندگی ما حضـــور دارد و زندگی ما را دگرگون می‌کند و به ما قوت می‌بخشد تا دستِ مصالحه را به‌سوی دشمنان‌مان دراز کنیم.

درک کـــردنِ وضعیت دیگـــران، رحم و شـــفقتی را برمی‌انگیزد که بخشایش را ممکن می‌گرداند. نویســـنده‌ای خاطره‌ای را نقل می‌کند که مصداق حقیقت فوق اســـت. ماجرا مربوط به زمانی است که وی صبح یک روزِ یکشـــنبه سوارِ مترو نیویورک بود. حال شـــرحِ داستان: از عدهٔ انگشت‌شماری که سوار مترو شـــده بودند بعضی سرشان توی روزنامه بود و بعضی هم داشتند چرت می‌زدند. آدم از این طی طریق آرام در دل و روده‌های شهر نیویورک خوابش می‌گرفت. نویسندهٔ مزبور سرش گرم مطالعه بود که مترو در ایستگاه توقف کرد و مردی با چند بچهٔ قد و نیم‌قد سوار شـــد. هنوز یک دقیقه نگذشـــته بود که بچه‌ها سر و صدایی به‌راه انداختند که نگو. بچه‌ها از این سر مترو به آن سر آن می‌دویدند و جیغ و داد می‌کردند و با همدگیر بر کف مترو کشـــتی می‌گرفتند. پدرِ بچه‌ها هم همان‌طور ایستاده بود و یک کلمه حرف نمی‌زد.

مسافران مســـن‌تر در حالی‌که کفرشـــان درآمده بود صندلی خود را عوض می‌کردند. نویســـنده، دندان بر جگر گذاشته بود و هیچ نمی‌گفت و پیـــش خود فکر می‌کرد که پدر بالاخره یـــک کاری خواهد کرد؛ حالا ممکن اســـت تذکر ملایمی بدهد، دادی بزند، اقتـــدار پدرانه‌ای از خود نشـــان بدهد. ولی نشان به این نشـــانی وی لام تا کام حرف نمی‌زد. کم کم طاقت نویســـنده طاق شد و پس از مکثی طولانی رو به پدر کرد و با ملایمت به وی گفت: «قربان ببخشید، ممکن است بچه‌ها را آرام کنید و بگوئید سرجایشان بنشینند.»

مرد جواب داد: «بله، حق با شماســـت، می‌خواستم همین کار را هم بکنم. ما تازه داریم از بیمارستان برمی‌گردیم. مادر بچه‌ها یک ساعت قبل فوت شد. من هم حقیقت‌اش مانده‌ام که چه بکنم.»

رحم و شفقتِ از دل برآمده‌ای که بخشایش را تسریع می‌کند، زمانی به اوج می‌رسد که بدانیم دردِ دشمن‌مان کجا است.

در ۱۹۴۴ مجلۀ لایف، مقالۀ مصوری را به چاپ رســانید که شـــامل تصاویری از شــکار روبـــاه در هالمز کانتی واقع در ایالـــتِ اوهایو بود. روباهانِ ایـــن منطقه در جنگل زندگی می‌کردند و از موش و جیرجیرک تغذیه می‌کردند، ولی اشکال کار این‌جا بود که گَه گَداری هم دخل مرغ و بلدرچین‌ها را می‌آوردند. در این مقاله آمده بود: «این امر کفرِ مردان شجاع هالمز کانتی را درمی‌آورد، چون می‌خواستند که بلدرچین‌ها را خودشان شکار کنند.» به این‌ترتیب، یک روزِ شنبه، ششصد مرد و زن با بچه‌هاشان جمع شدند و حلقه‌ای به شعاع چند کیلومتر تشکیل دادند. سپس چوبی به‌دســـت گرفتند و به‌راه افتادند و در همان حال سعی می‌کردند که با داد و هوار روباهـــان را از پیر و جوان از لانۀ خود بیرون بکشـــند. روباهان که حلقۀ محاصره را هر دم تنگ‌تـــر می‌دیدند، مرتب از این طرف به آن طرف، خســـته و وحشت‌زده می‌دویدند. هر از گاهی که یکی از روباهان از سر خشم به‌روی مهاجمان می‌غرید، به‌خاطر گستاخی‌اش در دم کشته می‌شد. گاه روباهی از فرط استیصال می‌ایستاد تا دست شکنجه‌گرش را بلیسد، او هم جا به‌جا کشته می‌شد.

عکس‌ها روباهانی را نشـــان می‌داد که از حرکت بازایستاده بودند تا در کنـــار روباهان زخمی و در حال مرگ بمانند. ســـرانجام، وقتی حلقه کاملاً تنگ شـــد، روباهانِ باقی‌مانده به میان حلقه رفتند و همان‌جا دراز کشـــیدند، چون دیگر عقل‌شان به جایی نمی‌رسید. ولی مهاجمان که کار خود را بلد بودند، به‌قدری با چماق به‌سر و کلۀ این بدبخت‌های زخمی و نیمه‌جان کوبیدند تا دخل‌شان را درآوردند. حالا، اگر خودشان هم این کار را نمی‌کردند، راهش را به بچه‌های‌شان یاد می‌دادند.

این داستان واقعی است. گزارش و تصاویر آن در مجلۀ لایف به چاپ رسیده بود. شکارِ روباه سال‌ها در هالمز کانتی موقع تعطیلات آخر هفته ادامه داشت.

امروز ما از شـــنیدن این اعمال سنگدَلانه چندش‌مان می‌شود، ولی ما هم به سبک خود شکار روباه داریم می‌گوییم نه، از مبتلایان به ایدز سؤال

کنید. متأسفانه، بسیاری از مبتلایان به ایدز درمانده‌اند که آیا راهی جز این برای آنها مانده است که به میان حلقه بروند و همان‌جا در انتظار مرگ دراز بکشند.

در این حلقه جای ما کجا است؟ شما کجا هستید؟ مسیح در کجا قرار می‌گرفت؟

وقتی بدانیم که مطرودان جامعه چه غمی به‌دل دارند، قلب سنگی ما به قلبی گوشتین تبدیل خواهد شد.

هرگاه پیام انجیل برای تنزل دادنِ‌شان و منزلتِ فرزندان خدا به‌کار گرفته شود، زمان آن است که خود را از شر آن پیام قلابی آزاد کنیم تا با پیام حقیقی انجیل روبرو شویم. هرگاه برای توجیه تعصب‌ورزی، رقابت و دشمنی در بدن مسیح به خدا متوسل شویم، زمان آن است که به سخنان مایستر اِکهارت توجه مبذول داریم که می‌گوید: «دعا می‌کنم که دست از خدا بکشم تا او را واقعاً پیدا کنم.» دید تنگ و محدود ما دربارهٔ پیام انجیل و خدا، چه بسا ما را از گرفتن برکت کاملِ هر دو محروم سازد.

در یکی از جلسات اخیرِ خادمان جوانان که در سان‌فرانسیسکو برگزار شد، من برای عده‌ای از شبانان جوان دربارهٔ خدمت پاره‌وقت خود در سازمانی برای کمک به بیماران ایدزی در نیواورلئان صحبت کردم. گروه ما که فاقد وابستگی فرقه‌ای است، به بیماران مبتلا به ایدز و نیز به خانواده و دوستان‌شان کمک‌های عملی و روحانی می‌کند. از جملهٔ کمک‌های این گروه که به PLWA موسوم است، می‌توان به حمل و نقل، بازدید، کمک به بیماران در انجام دادن برخی از کارهای منزل و شستن لباس‌ها، گردش‌های تفریحی و خدمات دیگری از این دست اشاره کرد. آنچه یکی از بیماران تحت پوشش خدمات ما اظهار داشت، به‌تنهایی بیان‌کنندهٔ فاجعه‌ای است که این بیماران با آن روبرویند. این شخص می‌گفت: «بهترین دوستم در دوازده سال گذشته به من گفت: ”من دیگه نیستم. تحمل این همه درد و ناراحتی را ندارم. واقعاً وحشت‌زده‌ام.“ برای او من دیگر دوستش، یعنی جرالد نیستم، حالا دیگر شده‌ام جرالد ایدزی.» وی به گفته افزود: «در مقابل، شماها با این‌که حتی مرا

نمی‌شناســـید می‌خواهید کمکم کنید. نمی‌دانم به چه زبانی ازتان تشکر کنم.»

یک‌بار شـــخصی از من پرســـید: «به‌نظر شـــما مســـیحیان در قبال هم‌جنس‌گرایان چه موضعی باید داشته باشند؟»

پاســـخ دادم: «عیســـی در یکی از مَثَل‌های خود ما را فرامی‌خواند که اجازه بدهیم گندم‌ها و علف‌های هرز با هم بروییند. پولس نیز همین طرز فکر را داشـــت وقتی در اولین نامهٔ خود به مســـیحیان قرنتس گفت: "از قضاوت کردن خودداری کنید و منتظر بازگشت خداوند باشید." هیچ‌کس مثل پســـران و دختـــران اَبّا از قضاوت کردن دربـــارهٔ دیگران خودداری نمی‌کند. شهرت آنها به‌خاطر صبر و تحمل‌شان در قبال گناهکاران است. اگر یادتان باشـــد، در جایی از انجیل متی عیسی می‌فرماید: "کامل باشید چنان‌که پدر آسمانی شما کامل است." در انجیل لوقا، همین آیه این‌طور ذکر شـــده اســـت: "پس رحیم باشید، چنان‌که پدر شـــما رحیم است." دانشمندان کتاب‌مقدس معتقدند که دو کلمهٔ کامل و رحیم هر دو به یک واقعیت ختم می‌شوند و آن این‌که اگر مثل عیسی خدمتی مبتنی بر رحم و شفقت پیشه کنیم دقیقاً به مفهوم کتاب‌مقدسی کلمه کامل خواهیم بود.»

در دنبالهٔ سخن گفتم: «به‌علاوه، هیچ تمایلی به این ندارم که خدا را از مسندِ قضاوت پایین بکشم و خودم به‌جای او بنشینم و در حالی به قضاوت دربارهٔ دیگران بپردازم که نه دانـــش کافی برای این کار دارم و نه اقتدار. علت رفتار دیگران و انگیزه‌های آنان بر ما پوشـــیده اســـت. اگر به‌خاطر داشته باشید، پولس رسـول پس از اظهاراتش دربارهٔ هم‌جنس‌گرایی در باب اول رسـالهٔ رومیان، باب دوم را این‌طور شروع می‌کند: "پس توای آدمی کـه دیگری را محکوم می‌کنی، هر که باشـــی هیچ عذری نداری. زیرا در هر موردی که دیگران را محکوم می‌کنی، خویشـــتن را محکوم کرده‌ای؛ چـــون تو که داوری می‌کنی، خود همان را انجام می‌دهی."» یاد جمله‌ای از نویسندهٔ معروف روسی، لئو تولستوی افتادم که می‌گوید:«اگر خیال‌پردازی‌های جنسی یک فرد معمولی در طول روز برملا می‌شد، دنیا خیلی وحشتناک می‌شد.»

> «تنفر از هم‌جنس‌گرایان یکی از شرم‌آورترین پدیده‌هایی است که در طول زندگی خود دیده‌ام. در این دههٔ پایانی قرن بیستم، دیدن ناشکیبایی، مطلق گرایی اخلاقی و جزم اندیشی انعطاف‌ناپذیر و خشکی که عده‌ای به‌نام فتح قله‌های روحانیت به‌راه انداخته‌اند، واقعاً وحشتناک است. شخصی به‌نام الن جونز می‌گوید: "بزرگترین خطر در واقع از سوی کسانی است که زندگی روحانی خود را خیلی جدی می‌گیرند." اشخاص خشکه‌مقدس مثل هر کسی دیگری ممکن است در دام تنفر و انزجار از هم‌جنس‌گرایان گرفتار آیند.»

هویت من به‌عنوان فرزند اَبّا موضوعی صرفاً ذهنی یا انگیزه‌ای برای خشکه‌مقدس‌بازی نیست، بلکه حقیقتِ مرکزی وجودم را تشکیل می‌دهد. زندگی مطابق با این حقیقت که خدای پر از مهر و عطوفت مرا پذیرفته است، عمیقاً درک مرا از واقعیت و واکنشی را که نسبت به دیگران و مسائلِ زندگی‌شان نشان می‌دهم، تحت تأثیر قرار می‌دهد. آنچه هویت مرا بهتر از شعارهای توخالی آشکار خواهد کرد، رفتاری است که هر روزه با برادران و خواهرانم از نژادها و ملیت‌های مختلف دارم؛ نیز، برخوردی است که با معتادانِ توی خیابان می‌کنم؛ واکنشی است که در قبالِ دخالتِ کسانی نشان می‌دهم که از آنها خوشم نمی‌آید و سرانجام، برخوردی است که هر روزه با بی‌ایمانانِ دور و برم دارم.

ما خواهانِ زندگی نیستیم تا مرگ را پس‌زده باشیم. ما پسران و دختران آن یگانهٔ متعال هستیم و چندان در مهربانی و عطوفت رشد می‌کنیم که خود را وقف دیگران، آن‌هم با تمام وجود می‌سازیم و دیگر برای ما هیچ انسانی غریبه و غیر خودی نمی‌شود؛ می‌توانیم دست دیگران را در محبت لمس کنیم و به‌جایی می‌رسیم که دیگر چیزی به اسمِ "سایرین" مفهوم خود را برای ما از دست می‌دهد.

این مبارزه‌ای اسـت که در سراسـر زندگی‌مان ادامـه می‌یابد و راه طولانی و دردناکی اسـت که با پیمودن آن یـاد می‌گیریم که در زندگی هر روزۀ خود مانند مسـیح بیاندیشیم، سخن گوییم و زندگی کنیم. آنچه هنری نیوون در این‌باره می‌گوید بسـیار تأثیرگذار است: «وظیفه‌مان این است که در تمام قسـمت‌های زندگی روزمرۀ خود به محبوب خداوند تبدیل شویم و شکافی را که بین هویت ما و واقعیت‌های بی‌شمار زندگی روزمره هست، ذره‌ذره بپوشانیم. تبدیل شدن به محبوب خداوند مستلزم این است که حقیقتی را که از آسـمان بر ما مکشوف شده است بگیریم و به داخل امورِ روزمرۀ زندگی خود، پایین بکشیم، یعنی به داخل همان اموری که ساعت به سـاعت به سـاعت درباره‌شان فکر می‌کنیم، سخن می‌گوییم و دست به اقدام می‌زنیم.»

من مرتکب خیانت‌ها و بی‌وفائی‌های بسیاری در زندگی می‌شوم. من هنوز در بندِ این خیال باطل هستم که باید از نظر اخلاقی کاملاً بی‌عیب و نقص باشم و همۀ مردم باید معصوم و بی‌گناه باشند و کسی که دوستش دارم باید فاقد هرگونه ضعف بشـری باشد. ولی هرگاه که اجازه می‌دهم تا چیزی به‌جز مهربانی و شـفقت، محرکِ عکس‌العمل‌هایم باشد، خواه عصبانیتِ خودخواهانه‌ام، خواه توجهیات اخلاقی‌ام و یا تمایل شـدید به تغییـر دادن دیگران، انتقاد و عیب‌جویی، سـرخوردگی از بی‌اعتنایی دیگران، احسـاسِ برتری روحانی یا عطشِ اثبـات حقانیت خود، از خویشـتنِ حقیقی خود بیگانه می‌شـوم. به این‌ترتیب، هویت‌ام به‌عنوان فرزند اَبّا مبهم، سست و آشفته می‌شود.

روش زندگی ما در جهان باید مبتنی بر مهربانی و ملاطفت باشد. هر روشی غیر از این جز وهم و بدفهمی و کذب نیست.

زندگیِ مبتنی بر مهربانی و ملاطفت، نه حسـن نیتی آبکی نسبت به جهان اسـت و نه آن چیزی اسـت که رابرت ویکز «خوبیِ چندش‌آور» می‌خواند. مهربانی و ملاطفت مسـتلزم این نیست که زنی که شوهرش کشته شده است، با قاتل همسرش گرم بگیرد. مستلزم این هم نیست که از همه خوش‌مان بیاید. مهربانـی و ملاطفت، در قبال گناه و بی‌عدالتی،

چشـــم اغماض بر هم نمی‌گذارد. این‌طور نیست که فرقی بین محبت و شهوت، مسیحیت و بی‌خدایی، مارکسیسم و سرمایه‌داری قائل نباشد.

مهربانی و ملاطفت از تعصب‌ورزی و کوته‌فکریِ کورکورانه اجتناب می‌کند. به‌جای تعصباتِ کورکورانه می‌کوشـــد که نظری شفاف به قلبِ مســـائل افکند. وقتی رحم و شـــفقت الهی در قلب‌مـــان خانه می‌کند، چشمان ما برای دیدن ارزشِ منحصر به‌فردِ انسان‌ها گشوده می‌شود. «به این‌ترتیب، "دیگری" می‌شود "خودمان" و ما باید او را با وجود گناهانش همان اندازه دوست بداریم که خدا ما را با وجودِ گناهان‌مان محبت کرد.»

من در بروکلین واقع در شهر نیویورک، در فضایی آکنده از تعصباتِ نژادی بار آمدم. در فرهنگ مســـیحی این ناحیـــه، کلمات توهین‌آمیز و زشتی نظیر کاکاســـیاه، جهود، اواخواهر فراوان بود. در ۱۹۴۷ زمانی که برنچ ریکی، سرپرست تیمِ محبوب ما بر خلاف تعصبات مرسوم، از یک سیاه‌پوســـت برای بازی در تیم دعوت کرد، بســـیاری از ما فوراً اسم او را گذاشتیم "کاکاسیاه دوســـت" و طرفدار تیم دیگری شدیم. چیزی که بیش از همه ما را دلخور می‌کرد این بود که سیاه‌پوســـتِ تحصیل کرده و خشنی به‌نام مالکوم ایکس حد خودش را نمی‌دانست و صدای خود را با خشمی که به تعبیر من توجیه‌ناپذیر بود، بلند می‌کرد و با طرح موضوعاتی چون زیبایی سیاه‌پوستان، لزومِ وجودِ سیاه‌پوستان و برتری سیاه‌پوستان، آنها را به‌رخ سفیدپوســـتان که خود را برتر می‌دانستند، می‌کشید. از نظر کاتولیک‌های ایرلند، رویه‌های بلا تغییر آمریکا نظیر فاجعه‌های اجتماعی، قوانین آن و تقلب‌های معمول در زمینهٔ خدمات رفاهی اســـت که هنوز هم ترس و جهالت بر می‌انگیزد، رأی‌ها را به صندوق‌ها سرازیر می‌کند و برای گفتگو و دیالوگ و اقلیت‌ها محدودیت ایجاد می‌کند.

از زمان کودکی تا به‌حال، در کنارِ عقاید صحیح مســـیحی، چیزهایی مثل تعصباتِ نژادپرســـتانه، قضاوت‌های منفی، عقاید اشـــتباه و تنفر از هم‌جنس‌گرایان نیز در ذهنم جاگیر شـــده‌اند. تمام اینها، مکانیســـم‌های دفاعی هستند که از جاری شدن محبت جلوگیری می‌کنند.

زخم‌هـــای نژادپرســـتی و تنفـــر از هم‌جنس‌گرایان کـــه در کودکی

برداشـــته‌ام، با وجود تنویر فکری و بلوغ روحانی‌ام هنوز التیام نیافته‌اند. این زخم‌ها هنوز در من باقی هسـتند و مثـل خون و اعصاب، به‌طرزی پیچیده و عمیق در وجودم ریشـــه دوانده‌اند. مــن در تمام زندگی خود دانسته و ندانسـته آنها را به دنبال خود کشیده‌ام. همیشه فکر کرده‌ام که اذعان به آنها برایم دردناک خواهد بود. با این‌حال، اکنون هر روز بیش از روز قبــل می‌خواهم این احتیاط را کنار بگذارم و تا جای ممکن کاملاً و دقیقاً به ماهیت این دردها و به میزان دردی که از آنها می‌کشـم پی ببرم. می‌خواهم شفا بیابم. شخصاً می‌خواهم که از زخم‌های خود شفا پیدا کنم و دیگر آنها را به فرزندانم منتقل نسازم.

چون تعصباتِ نژادپرستانه و احساساتِ تنفرآمیز خـود را از هم‌جنس‌گرایان شایسـتۀ خادم انجیل ندانسـته‌ام، همیشه کوشیده‌ام تا وجـــود آنها را در خودم انکار کنم یا نادیده بگیرم و یا سـرکوب کنم. از این گذشته، احسـاس می‌کردم که اذعان به‌وجود آنها سبب خواهد شد کــه قدرت بگیرند. اما جالب این‌جا اسـت که آنچه بــه این تعصبات و احساسات منفی دامن می‌زند انکار و سرکوب آنها است.

شـــخصیت کاذب تنها زمانی شروع به کوچک شـــدن می‌کند که به وجودش اذعان شود و در آغوش کشـیده و پذیرفته گردد. خودپذیری که نتیجـــۀ پذیرفتنِ هویت خود به‌عنوان فرزند اَبّا اسـت، به من قدرت می‌بخشـــد تا برای روبرو شدن با شکستگی شـــدید خود، جداً صداقت داشـــته باشـــم و خود را تمام و کمال به رحمت خدا بسـپارم. همچنان که دوسـتم، خواهر روحانی باربارا فیاند می‌گوید: «ســلامت عبارت از شکستگی ما است که چون وجودش را پذیرفته‌ایم شفا یافته است.»

تنفر از هم‌جنس‌گرایان و نژادپرسـتی جزو جدی‌ترین و بغرنج‌ترین موضوعاتِ اخلاقی نسـل حاضر هستند و به‌نظر می‌رسد که هم کلیسا و هم جامعه، ما را به موضع‌گیری علیه یا له این موضوع واداشته‌اند.

فرزندان اَبّا به‌جای این‌که وارد دسـته‌بندی‌های انسـانی شـوند که هیچ‌یک توجهی شایسته به شـأن و منزلت انسان ندارند، فقط و فقط از کلام خدا هدایت می‌یابند. تمامی دسته‌بندی‌ها و موضع‌گیری‌ها از هر نوعی

که باشند به‌وسیلهٔ انسان ایجاد شده‌اند. فرزندان اَبّا حق نخست‌زادگی خود را با کاسه‌اش هیچ‌یک از این دسته‌بندیها و گروه‌بندی‌های انسانی تعویض نخواهند کرد. آنها به آزادی خود در مسیح محکم می‌چسبند تا مطابق انجیلی زندگی کنند که به آلایش‌های فرهنگی و سیاسی و ریاکاری‌های مذهبیِ مستبدانه ملوث نشده است. کسانی که با مطرودین جامعه با سنگدلی تمام رفتار می‌کنند، همان‌هایی هستند که عیسی در روزگار خود، تباه‌کنندگانِ قلب و گوهرِ مذهب می‌دانست. چنین اشخاصی که به‌نام مسیحیت رفتاری انحصارطلبانه و نفاق‌افکن در پیش می‌گیرند راه به ناکجاآباد می‌برند. مثل این است که باغ بهشت را با علفهای هرز می‌پوشانند و کلیسایی را به‌وجود می‌آورند که در آن، مردم خود را با بهترین غرایز انسانی خویش بیگانه احساس می‌کنند.

بوکنر چنین می‌گوید: «ما همیشه دانسته‌ایم که اشکال کارمان کجا است. اشکال ما آن پلیدی و شرارتی است که حتی در متمدن‌ترین‌مان نیز وجود دارد؛ اشکال ما عدم صداقت‌مان است، یعنی همان نقاب‌هایی که به چهره می‌زنیم و در پس آنها کار واقعی خود را انجام می‌دهیم؛ اشکال ما حسادت‌مان است که باعث می‌شود موفقیت دیگران ما را مثل زنبور نیش بزند. اشکال ما تهمت‌ها و افتراهایی است که به یکدیگر می‌زنیم و از یکدیگر کاریکاتورهایی درست می‌کنیم که سبب می‌شود تا حتی زمان محبت کردن هم، با یکدیگر همچون با کاریکاتورها رفتار می‌کنیم. اشکال ما تمام این کارهای بچگانه و زشت و مزخرف است. پطرس می‌فرماید: "این رفتارهای بچگانه را کنار بگذارید و به طرف نجات رشد کنید. به‌خاطر مسیح رشد کنید."»

ملیت، مقام و منزلت، نژاد، ترجیح جنسی و این‌که "شخص مقابل" ذاتاً فردی دوست داشتنی است یا خیر، حکم عیسی را دربارهٔ محبت به یکدیگر محدود نمی‌کنند. همان‌طور که مَثَل سامری نیکو به‌وضوح تعلیم می‌دهد، شخص مقابل ما هر کسی هم که باشد باید محبت خود را نثارش کنیم. عیسی پس از این‌که مَثَلِ سامری نیکو را تعریف کرد از حاضران پرسید: «به‌نظر شما کدام یک از این سه نفر همسایهٔ مردی بود

که به‌دست دزدان افتاد؟» به او جواب دادند: «آن‌که به او ترحم کرد.» عیسی نیز در پاسخ گفت: «پس بروید و شما نیز همچنان کنید.»

موضوعِ قالب در تقریباً تمامِ تعلیمات عیسی این است که از ملکوت خدا، رحم و شفقت، بدون هیچ‌گونه تبعیضی به‌سوی انسان‌ها جاری می‌شود.

مقصود از رحم و شفقتی که تبعیض قایل نمی‌شود چیست؟ «به یک گل سرخ نگاه کنید. آیا گل سرخ می‌تواند بگوید که من بوی خوش خود را فقط برای آدم‌های خوب پخش می‌کنم و آدم‌های بد ول معطلند. یا می‌توانید چراغی را تصور کنید که نور خود را از شخص پلیدی که به آن احتیاج دارد، باز دارد؟ چراغ تنها در صورتی می‌تواند این شخص را از نور خود محروم کند که دیگر چراغ نباشد. همچنین می‌توان درختی را در نظر گرفت که بدون این‌که خودش تصمیم بگیرد و یا تبعیضی قایل شود، سایه‌اش را به همه می‌بخشد، به نیک و بد، جوان و مسن، بلند بالا و کوتاه قامت؛ به حیوانات و آدمیان و تمامی موجودات زنده و حتی به کسی که تیشه بر ریشهٔ آن می‌زند. اولین ویژگی رحم و شفقت همین است که بین انسان‌ها تبعیض قائل نمی‌شود.»

چندی پیش، یک روز به خودم تعطیلی دادم و دست همسرم را گرفتم و با هم به گردش در محلهٔ فرانسوی‌های نئواورلئان رفتیم. در رستوران آنجا غذایی فرانسوی صرف کردیم و بستنی خوشمزه‌ای هم خوردیم که لذتی فراوان هر چند کم‌دوام داشت.

سر راه دختری را دیدیم که تقریباً بیست و یک ساله بود و در گوشهٔ خیابان با لبخندی مهرآمیز ایستاده بود. وی به طرف ما پیش آمد و گلی به یقهٔ نیمتنهٔ ما زد و پرسید که آیا مایل هستیم برای خدمت بشارتی او اعانه بدهیم. وقتی از او پرسیدم که برای کجا اعانه جمع‌آوری می‌کند، جواب داد: «کلیسای اتحاد» به او گفتم: «مؤسس کلیسای شما دکتر سان میونگ مون است و با این حساب باید از پیروان مون باشید؟» جواب داد: «بله، درست حدس زدید.»

آشکارا در زندگی این دختر خانم دو اشکال اساسی وجود داشت. اول این‌که در بی‌ایمانی زندگی می‌کرد، زیرا هنوز عیسای مسیح را به‌عنوان

خداوند و نجات‌دهندهٔ خود نپذیرفته بـــود. دوم این‌که دخترِ کوتاه فکر و ساده لوحی بود که رهبر شـــارلاتانِ کلیسایِ بدعتکارِ مون، شستشوی مغزی‌اش داده و آلت دستش ساخته بود.

به او گفتم: «می‌دانی ســـوزان، من تو را به‌خاطر صداقتت و این‌که به وجدان خود وفادار هســـتی، تحسین می‌کنم. تو به‌خاطر چیزی که به آن اعتقاد داری توی خیابان‌ها داری می‌گردی و اعانه جمع می‌کنی. به‌نظرم تو به هر کس که ادعا می‌کند مسیحی است، درس خوبی می‌توانی بدهی.»

همســـرم جلو رفت و سوزان را در آغوش کشید و من هم هر دوشان را بغل کردم. سوزان پرسید: «شما مسیحی هستید؟» همسرم جواب داد: «بله.»

سوزان سرش را پایین انداخت و قطرات اشک از چشمانش سرازیر شـــد و به‌روی کفِ پیاده‌رو فرو افتاد. یک دقیقه بعد گفت: «الآن هشـــت روز اســـت که در این خیابان مشغول جمع آوری اعانه هستم. شما اولین مسیحیانی هســـتید که با من به مهربانی رفتار کرده‌اند. مسیحیان دیگر یا نگاهـــی تحقیرآمیز به من انداخته‌اند و یا ســـرم داد زده و گفته‌اند که دیو دارم. حتی زنی با کتاب‌مقدسش کوبید توی سرم.»

آنچه باعث آمدنِ ملکوت خدا می‌شـــود رحم و شـــفقتی اســـت که از صمیـــم قلب جاری می‌گـــردد و برای آن مرزبندی‌ها، برچســـب‌ها، دســـته‌بندی‌ها و انشـــقاق‌هایِ فرقه‌ای، معنا و مفهومی ندارد. عیسی که چهرهٔ بشری خدا بود، ما را به تأملی ژرف دربارهٔ مأهیتِ شاگردیِ حقیقی فرامی‌خواند و از ما می‌خواهد تا با تمـــام وجود خود همچون *فرزندِ اَبّا* زندگی کنیم.

فصل پنجم

فریسی و فرزندِ آبّا

فیلسوف معروفی به‌نام برتراند راسل در کتاب خود به‌نام "چرا مسیحی نیستم" می‌گوید: «یکی از عجیب و غریب‌ترین خصوصیاتِ مسیحیت این است که از زمان ظهور آن، نابردباری نسبت به همنوع نیز در سراسر جهان گسترش یافته است.»

تاریخ گواه بر این است که افراد خشکه‌مذهبی تنگ‌نظر هستند. خشکه‌مذهبی بودن به‌جای این‌که ظرفیت ما را برای زندگی و شور و شعف و رویارویی با اسرار روحانی بیشتر کند، اغلب آن را محدود می‌سازد. هر چه بیشتر به بحثهای الهیاتی پرداخته می‌شود، حقایق الهی کمتر انسان را به حیرت می‌آورند. تضادها و امور به‌ظاهر تناقض‌آمیز زندگی و پیچیدگی‌های حیات، تدوین و دسته‌بندی می‌شوند و خودِ خدا نیز در صفحات کتابی جلد چرمی محدود و محصور و به بند کشیده می‌شود. به این‌ترتیب، کتاب‌مقدس دیگر نه داستانِ مهر و محبت خدا به انسان، بلکه دفترچه راهنمایی با توضیحاتِ مفصل به‌شمار می‌آید.

هر بار که عیسای مسیح با فریسیان رو در رو می‌شد، دسیسه‌چینی‌های این افراد که به اسم مذهب بر سر مردم شیره می‌مالیدند آشکار می‌شد. یکی از این برخوردها اهمیت ویژه‌ای دارد که برای درک کامل تأثیر آن باید دید که روز سبت در نزد یهودیان چه مفهومی داشت.

در درجهٔ اول، روز سبت قبل از هر چیز یادآور خلقت بود. کتاب پیدایش می‌فرماید: «و خدا هر چه ساخته بود دید و همانا بسیار نیکو بود و در روز هفتم، خدا از همهٔ کارهای خود که ساخته بود، فارغ شد. و در روز هفتم از همهٔ کار خود که ساخته بود، آرامی گرفت. پس خدا روز

هفتم را مبارک خواند و آن را تقدیس نمود، زیرا که در آن آرام گرفت، از همهٔ کارِ خود که خدا آفرید و ساخت» (پیدایش ۳۱:۱ و ۲:۲-۳).

روز هفتم، تکمیل کارِ خلقت را بزرگ می‌دارد و برای خداوند مقدس است. سبت روز مقدسی اسـت که به خدا تخصیص یافته است و زمان مشـخصی را وقف او می‌سـازد. این روزِ یادبود در نزد یهودیان، به آن یگانه‌ای وقف یافته اسـت که فرمود: «من خداوند، خدای شما و خالق شـما هستم.» روز سبت در حکم اعلام رسمی این امر بود که خدا دارای حقوق مطلق اسـت و جامعهٔ یهودیان با تخصیص این روز به خداوند، در واقع اذعان می‌داشـت که زندگی و وجود خـود را مدیون وجودی دیگر یعنی خدا است. بنابراین، روز سبت به‌عنوان روز یادبودِ خلقت، به معنی پرستش و ستایش خدا به‌خاطر تمامی نیکوئی‌هایش و نیز به‌خاطر تمام آن چیزی بود که هویتِ یهودیان و دارایی‌شـان را تشـکیل می‌داد. استراحت و فراغت از کار، در درجهٔ دوم اهمیت قرار داشت.

پس می‌توان گفـت که یک روز فکر نکردن به پول و تمتعات مادی، در حکم به‌دست آوردنِ چشم‌اندازی مناسب در خصوص رابطه با خالق بود. در روز سـبت، یهودیان دربارهٔ اتفاقات هفته‌ای که گذشـته بود به تأمل می‌نشسـتند و با توجه به جریان وقایع می‌توانستند به خدا بگویند: «تو حاکم حقیقی هسـتی و من جز مباشرِ تو نیستم.» سبت روزی برای صداقت کامل و تأمل دقیق بـود، روزی بود برای ارزیابی کارهای خود و سبک‌سـنگین کردن روش زندگی خود و از نو ریشه دواندن در خدا. یهودیان در روز سـبت یاد گرفته بودند کـه چنین دعا کنند: «قلب ما در تمام طول هفته نا آرام اسـت تا این‌که در ایـن روز در تو آرام می‌گیرد.» روز سبت به‌عنوان روز بزرگداشتِ خلقت، سایه‌ای بود از یک‌شنبهٔ عهد جدید که بزرگداشت خلق دوبارهٔ ما در عیسای مسیح است.

دوم این‌که روز سـبت یاد و خاطرِ عهدِ خـدا را با قوم خویش زنده می‌کرد. زمانی که در کوه سـینا، خدا دو لوح سنگی ده فرمان را به موسی عطا کرد، به مردم چنین تعلیم داد: «پس بنی اسرائیل سبت را نگاه بدارند نسـلاً بعد نسـل سـبت را به عهد ابدی مرعی دارند. این در میان من و

بنی‌اسرائیل آیتی ابدی است، زیرا که در شش روز، خداوند آسمان و زمین را ساخت و در روز هفتمین آرام فرموده، استراحت یافت» (خروج ۱۶:۳۱–۱۷). بنابراین، هر سبت فرصتی بود برای نو شدن عهد خدا با قوم برگزیده‌اش. مردم وقف خود را به خدمت خدا تجدید می‌کردند و هر سبت به‌خاطر این وعدهٔ او شادی می‌کردند: «اکنون اگر آواز مرا فی‌الحقیقت بشنوید، و عهد مرا نگاه دارید، همانا خزانهٔ خاص من از جمیع قوم‌ها خواهید بود. زیرا که تمامی جهان از آن من است. و شما برای من مملکت کهنه و امت مقدس خواهید بود» (خروج ۱۹:۵–۶).

باز هم مشاهده می‌کنیم که هدف اصلی نگهداشتنِ روز سبت فراغت از کار نبود. نگهداشتن روز سبت، هم مکمل پرستش بود و هم در خود، شکلی از پرستش بود. مع‌هذا، عبادت و پرستش عنصر اصلی بزرگداشت روز سبت باقی ماند.

سالها بعد، اشعیای نبی از روز سبت همچون "روز شادمانی" نام برد. در این روز روزه گرفتن و عزاداری ممنوع بود. در روز سبت مردم می‌بایست لباس‌های سفیدِ جشن به تن می‌کردند و موسیقی شاد نواخته می‌شد. به‌علاوه، جشن و شادی فقط به فضای معبد محدود نمی‌شد. روز سبت مهمترین جشنِ خانواده‌های معتقد یهودی محسوب می‌شد و هنوز هم همین‌طور است؛ امروز نیز روز سبت، اساس و شالودهٔ خانواده‌های با ثبات یهودی و نیز اساسِ صمیمیتی است که قرن‌ها مشخصهٔ خانواده‌های معتقد یهودی بوده است. در این روز همهٔ اعضای خانواده دور هم جمع می‌شدند و مهمان هم دعوت می‌کردند و بخصوص کسانی را به خانهٔ خود دعوت می‌کردند که فقیر، غریبه یا مسافر بودند. (در باب هفتم انجیل لوقا می‌بینیم که عیسی که واعظی سیار بود در روز سبت به خانهٔ شمعون فریسی دعوت می‌شود.)

روز سبت در شامگاه روز جمعه، در حالی آغاز می‌شد که مادر خانواده به‌گونه‌ای آیینی شمع‌ها را می‌افروخت. سپس پدر خانواده بر جام شراب دعای شکرگزاری می‌خواند و دست بر سر هر یک فرزندانش می‌گذاشت و هر یک را با دعایی برکت می‌داد. این مراسم و بسیاری از

مراسم مشـــابه که در کنار عبادت رسمی صورت می‌گرفت، نه فقط روز سبت را تقدیس می‌کرد، بلکه همچنین خانهٔ یهودیان را تقدیس می‌نمود و از آن mikdash یعنـــی عبادتگاه کوچکی می‌ســـاخت که در آن، والدین حکم کاهنان را داشتند و سفره در حکمِ مذبح بود.

متأســـفانه بعد از تبعید یهودیان به بابِل، مفهوم اصلی سبت مخدوش شـــد. در زمان رهبران ضعیف یهودی، تغییری ظریف در مفهومِ ســـبت حاصل شد. فریسیان که سپرشـــان عادل دانستن خود بود و شمشیرشان قضاوت دربارهٔ دیگران، روز ســـبت را تبدیل کردند به رســـمی ســـرد و بی‌روح و قانون‌زده. این کار به آنها مقام و منزلت می‌بخشـــید و از طرفی باعث می‌شد که بتوانند مردم را تحت تسلط خود در بیاورند. از آن طرف هم، ایمانداران یهودی خاطر جمع می‌شـــدند که اگر دستورات مربوط به روز ســـبت را مو به مو درست رعایت کنند یک‌راست به بهشت خواهند رفت. تصویر غلطی که فریســـیان از خدا ارائـــه کرده بودند، از او دفتردارِ تنگ‌نظری ساخته بود که با رعایت دقیق قوانین و مقرراتِ شریعت می‌شد نظر لطفش را جلب کرد. به این‌ترتیب، دین در دســـتِ فریســـیان به‌جای وسیله‌ای برای رهایی و تقویت مردم، تبدیل شد به راهی برای ارعاب و به بند کشـــیدن آنان. فریسیان به یهودیان متدین آموخته بودند که توجه خود را بر جنبهٔ ثانوی سبت یعنی دست کشیدن از کار متمرکز سازند.

به این‌ترتیب، دیگر مانند زمان انبیا، روز ســـبت به یادگار آفرینش و عهد بستن خدا با قوم جشـــن گرفته نمی‌شد. سبت تبدیل شد به روزی برای اجرای سفت و ســـخت شریعت. حال دیگر وسیله به هدف تبدیل شده بود. (ذات شریعت‌گرایی همین است که جای مسائل اصلی و فرعی را با هم عوض می‌کند.) آنچه از این شـــریعت‌گرایی زاده شـــد مجموعهٔ درهم و برهمی بود از بایدها و نبایدها که روز ســـبت را تبدیل کرد به بارِ سنگینی که وسواس و تشویش ایجاد می‌کرد، همان نوع سبتی که عیسای ناصری سخت از آن انتقاد کرد.

هفده قرن بعد، تفســـیر فریسی‌گونهٔ روز ســـبت به نیوانگلند [شمال شـــرقی ایالات متحده م.] راه یافت. در مجموعه قوانین ایالت کانتیکات

که از ایالاتِ نیوانگلند اســت، می‌خوانیم: «هیچ‌کس نباید در روز سبت بــدود، یا در باغ خود و یا در هر جای دیگری قدم بزند، مگر زمانی که به جلســهٔ کلیسایی می‌رود، آن هم با کمال وقار و متانت. هیچ‌کس نباید در روز ســبت، مسافرت کند، غذا بپزد، رختخوابش را مرتب کند یا خانه را جارو بزند و یا موهای ســر و صورتش را اصلاح کند. اگر مردی در این روز زنش را ببوســد یا زنی شوهرش را ببوسد، طرف مقصر بنا به حکمِ دادگاه مجازات خواهد شد.»

اتفاقاً آنچه رابطهٔ خدا و انســان را مخدوش می‌کند، ســختگیریِ بی‌اساس در مسائل اخلاقی و زهد و پرهیزکاری کاذب است. روسپیان و خراج‌گیران نیستند که توبه کردن را بسیار دشوار می‌یابند، بلکه این افرادِ به اصطلاح متدین و دیندار هستند که چون خیال‌شان آسوده است قوانین روز سبت را زیر پا نگذاشته‌اند، نیازی به توبه احساس نمی‌کنند.

اشــخاصی که مثل فریســیان عمل می‌کنند توجه خود را به ظواهرِ مذهب مثل مراسم و شــیوهٔ اجرای آئینها معطوف می‌سازند و اشخاصی به‌ظاهر مقدس و پرهیزکار به‌بار می‌آورند که مدام دربارهٔ دیگران قضاوت می‌کنند، اعمال‌شــان ماشینی و بی‌روح اســت و نسبت به دیگران همان اندازه فاقد گذشت و تحمل هستند که نسبت به خودشان. منشِ این افرادِ خشـــن درست بر ضدِ قدوسیت و محبت اســت. «اینها جزو مذهبیونی هســتند که به روحانیت و معنویت خود زیادی مطمئن هستند و آخر سر هم کارشان به مصلوب کردنِ ماشیح (مسیح موعود) می‌انجامد.» عیسی به‌دســت چاقوکشــان و تجاوزکاران و اراذل و اوباش کشته نشد، بلکه به‌دست تطهیر شده و غســـل گرفتهٔ مؤمنانی به‌قتل رسید که محترم‌ترین قشر جامعه را تشکیل می‌دادند.

در آن زمان عیســی در روز شــبات (ســبت) از میان مـــزارع گندم می‌گذشت. شاگردان او به‌علت گرسنگی شروع به چیدن خوشه‌های گندم و خوردن آنها کردند. فریســیان چون این را دیدند به او گفتند: «نگاه کن، شــاگردانت کاری انجام می‌دهند که در روز شبات جایز نیست.» پاسخ داد: «مگر نخوانده‌اید که داوود چه کرد، آنگاه که خود و یارانش گرســنه

بودنـــد؟ به خانهٔ خدا درآمد و خود و یارانش نان تقدیمی را خوردند، هر چند خوردن آن برای او و یارانش جایز نبود، زیرا فقط کاهنان بدان مجاز بودنـــد. یا مگر در تورات نخوانده‌اید که در روزهای شـــبات، کاهنان در معبد، حرمت شـــبات را نگاه نمی‌دارند، و با این همه بی‌گناهند؟ به شما می‌گویم کسی در این‌جا اســـت که بزرگتر از معبد است! اگر مفهوم این کلام را درک می‌کردیـــد که می‌گوید: "طالب رحمتـــم، نه قربانی" دیگر بی‌گناهان را محکوم نمی‌کردید. زیرا پســـر انسان صاحب شبات است.»
(متی ۱۲:۱–۸)

موضوع عنوان شده در این‌جا ساده نیست. فریسیان تأکید می‌کنند که اجرای مو به موی شریعت از هر چیز دیگری مهم‌تر است. به این ترتیب، شـــأن و منزلت انسانی و نیازهای اساسی بشـــر، در برابر اهمیت اجرای شریعت رنگی ندارد. با این همه، عیسی تأکید دارد که شریعت به خودی خود هدف نیست، بلکه وســـیله‌ای برای رسیدن به هدف است: اطاعت عبارت است از دوست داشـــتنِ خدا و همسایه؛ در نتیجه، هرگونه زهد و تقوایی که مانع از محبت شـــود، مانع از رابطه با خدا می‌شود. این نوع آزادی، دستگاه دینی یهود را به مبارزه می‌طلبید. با این‌حال، عیسی فرمود که نیامده است شریعت را باطل کند، بلکه تا آن را به تحقق رساند. آنچه عیسی عرضه داشت، شریعتی جدید نبود، بلکه طرز فکر جدیدی دربارهٔ شریعت بود که بر اساس محبت کردن قرار داشت.

امروزه روح فریسی‌گری در کسانی ظاهر می‌شود که از مذهب برای سلطه بر دیگران اســـتفاده می‌کنند و مردم را در کلافِ قوانین و مقررات تمام‌ناشدنی می‌پیچانند؛ ســـپس، بی‌آن‌که دست یاری به‌سوی‌شان دراز کنند یک گوشه می‌ایســـتند و به تلاش و تقلای آنها نگاه می‌کنند. کندی اظهار داشـــت: «قدرت فریسیان از بارهایی منشـــاء می‌گیرد که بر پشتِ یهودیانِ صادق توده می‌کنند؛ اســـباب لذتِ آنها را هم سوءاســـتفاده از ترسی فراهم می‌سازد که مردم از ناراضی کردن خدا دارند.» کلیسایی که بر دَرَش تابلو می‌زند: «ورود هم‌جنس‌گرایان به این مکان ممنوع است!» کارش به همان اندازه زننده و تحقیرآمیز اســـت که برخی از مغازه‌ها در

دهۀ ۱۹۴۰ بر ویترین خود این علامت را نصب می‌کردند: «ورود سگ‌ها و سیاه‌پوستان ممنوع!»

سخنان عیسی که می‌فرماید: «طالب رحمتم نه قربانی»، خطاب به تمام مردان و زنانِ تمامی اعصار بیان شده است. یوجین کندی می‌گوید: «در تاریخ هر کس که قانون و مقررات و سنت را مهم‌تر از اشخاص رنجمند قرار داده است، با فریسیان در یک ردیف قرار دارد و مثل آنها با خودپسندی بی‌گناهان را محکوم می‌کند.»

چه بسیار زندگی‌هایی که به‌نام خشکه‌مذهبی‌بازی های تنگ‌نظرانه و بی‌تحمل ویران شده است!

تخصص فریسی در هر عصری، سرزنش کردن، متهم کردن و معذب نمودن وجدان مردم است. عطای فریسی این است که پرکاه را در چشم دیگران ببیند و الوار را در چشم خود نبیند. فریسی که از جاه‌طلبی خود کور شده است و نمی‌تواند سایۀ خود را ببیند، آن را روی دیگران می‌بیند. این کار، عطای او است، امضای او است و واکنشِ قابل پیش‌بینی و قطعی او است.

هفتۀ قبل در حالی‌که به مراسم خاکسپاریِ خواهر دوستم می‌رفتم با سرعت پنجاه و پنج مایل در ساعت از روی پلی عبور کردم. ناگهان متوجۀ علامتی شدم که حداکثر سرعت مجاز را شصت و پنج مایل در ساعت نشان می‌داد. فوراً پدال گاز را فشار دادم و سرعت را به هفتاد مایل رساندم که پلیس متوقفم کرد. افسر پلیس سیاه‌پوست بود. برای او توضیح دادم که علت تند رفتن عجله‌ای بود که برای رسیدن به مراسم خاکسپاری داشتم. او به حرف‌هایم چندان اعتنایی نکرد و نگاهی به گواهینامه‌ام انداخت و به‌خاطر سرعت غیرمجاز جریمه‌ای سنگین برایم نوشت. در ذهنم بلافاصله او را متهم به نژادپرستی و انتقام‌جویی کردم و او را به‌خاطر این‌که ممکن بود دیر به کلیسا برسم، سرزنش کردم. به این‌ترتیب، فریسی‌ای که در درونم پنهان است زنده بودن و سلامت خود را اعلام کرد.

هرگاه کسی را سرزنش می‌کنیم، در واقع دنبال کسی می‌گردیم که تقصیر گرفتاری‌های خود را به گردن او بیندازیم. با سرزنشِ دیگران،

به‌جای این‌که زندگی خود را صادقانه ارزیابی کنیم و از شکست‌های خود برای رشد و از خطاهای‌مان برای بهتر شناختنِ خود استفاده کنیم، دست به دفاع از خود می‌زنیم. توماس مور گفته است: «سرزنش کردنِ دیگران، اساساً راهی است برای شانه خالی کردن از مسئولیت خطایی که می‌دانیم مرتکب شده‌ایم.»

یهودیت وابسته به فریسیان، گروه نسبتاً کوچکی از "جداشدگان [فریسی به معنی جدا شده است. م.]" را تشکیل می‌داد که تقریباً دو قرن پیش از تولد مسیح، برای حفظ ایمان یهودی از بی‌رنگ شدن آن به‌دست خارجیان، زندگی خود را وقفِ اجرای سفت و سختِ شریعت موسی کرده بودند. «زندگی آنها در حکم تمرین و ممارستی طولانی بود، ارکستر سمفونی‌ای بود که نت‌های رنج‌آورِ شریعت را بلاانقطاع می‌نواخت.»

پیش از تبعید یهودیان، زمانی که روحِ عهد زنده بود، یهودیان در سایهٔ محبت خدا احساس امنیت می‌کردند. در دورهٔ فریسیان، همراه با درک نادرست یهودیان از کتاب‌مقدس، آنها امنیت خود را در زیر سایهٔ شریعت یافتند. بدیهی است که در چنین اوضاع و احوالی، انجیل فیضی که نجار ناصری عرضه داشت، غیر قابل تحمل بود.

فریسی فکر می‌کند که با حفظ شریعت نزد خدا عزیز می‌شود. وی معتقد است که پذیرفته و مقبول شدنش در نزد خدا بستگی به رفتار او دارد. اما، آنچه عیسی تعلیم می‌دهد کاملاً مغایر با این دیدگاه است. او می‌فرماید که شاگرد، اول به‌وسیلهٔ خدا پذیرفته می‌شود و مورد محبت قرار می‌گیرد و این امر به او انگیزه می‌بخشد تا شریعت را به‌جا آورد. «ما محبت می‌کنیم زیرا او نخست ما را محبت کرد» (اول یوحنا ۱۹:۴).

فرض کنید که بچه‌ای تا به‌حال از والدینش محبت ندیده است. یک روز، دخترکی را می‌بیند که والدینش هر چه از مهر و محبت در چنته دارند نثارش می‌کنند. او که از محبت محروم مانده است به خود می‌گوید: «من هم می‌خواهم مثل این دخترک محبت ببینم. تا به‌حال که از محبت محروم مانده‌ام، اما حالا می‌روم و آن‌قدر خوب رفتار می‌کنم تا پدر و مادرم مرا دوست داشته باشند.» به این‌ترتیب، وی برای برانگیختن

مهر و محبت والدینش، دندان‌هایش را مسواک می‌زند، رختخوابش را مرتب می‌کند، مدام لبخند می‌زند و هر حرفی را قبل از گفتن در دهانش خوب مزه مزه می‌کند، هیچ‌وقت غر نمی‌زند و گریه نمی‌کند، هرگز از احتیاجاتش چیزی نمی‌گوید و احساساتِ تلخ خود را در سینه پنهان می‌کند.

روش فریسیان چنین است. آنها می‌کوشند تا برای جلب محبت خدا، دستورات شریعت را مو به مو اجرا کنند. در رابطه با خدا، خودشان پیش‌قدم می‌شوند. تصویری که آنها از خدا دارند، طبیعتاً دست و پای‌شان را به‌وسیلهٔ الهیاتی مبتنی بر اعمال می‌بندد. اگر خدا وجودی عیب‌جو است که مدام در انسان‌ها به‌دنبال عیب و نقص می‌گردد، پس فریسی باید طوری زندگی کند که تا جای ممکن قصور و خطا را کاهش دهد. به این‌ترتیب، در روز بازپسین می‌تواند با حساب پاک در حضور خدا بایستد و خدا هم دیگر ناچار است او را قبول کند. فریسی شیفتهٔ مذهبی می‌شود که مبتنی است بر شستنِ بیرون ظروف و هفته‌ای دو روز روزه‌داری و ده‌یک دادن برای نعناع و شوید و زیره.

عجب بار غیر قابل تحملی! به‌راستی که تلاش برای جلب توجه خدایی دور و کمال‌گرا دشوار و فرساینده است. شریعت‌گرایان هرگز نمی‌توانند مطابق انتظاراتی که به خدا نسبت می‌دهند، زندگی کنند «زیرا همواره شریعت جدیدی وجود خواهد داشت با تفسیری جدید، مویی تازه وجود خواهد داشت که با قوی‌ترین ذره‌بین کلیسایی باید از ما است بیرون کشیده شود.»

فریسیِ درون، چهرهٔ مذهبیِ شخصیت کاذب است. خویشتنِ آرمان‌گرا، کمال‌گرا و مضطرب، با مخالفتِ آن چیزی روبرو می‌شود که به تعبیرِ آلن جونز "تروریست مذهبی" است. وجدان فریسی را ناراحتی مبهمی از این‌که هیچ‌گاه در رابطهٔ صحیحی با خدا نباشد، معذب می‌کند. این اشتیاقِ تشویش‌آمیزِ فریسی برای کمال، از نیاز شدید او برای احساس امنیت در حضور خدا مایه می‌گیرد. این خودکاویِ بی‌اختیارِ فریسی که بلاانقطاع خود را با توجه به معیارهای اخلاقی محک می‌زند، هیچ‌گاه

نمی‌گذارد تا احساس کند که خدا او را پذیرفته است. فریسی با دیدن ناکامی‌هایش به‌طرز خطرناکی دچار خودکم‌بینی می‌شود و این امر او را به دامانِ تشویش و ترس و افسردگی می‌اندازد.

فریسیِ درون، خویشتن حقیقی مرا وقتی تسخیر می‌کند که ظاهر را به واقعیت ترجیح می‌دهم، حاضرم خوب جلوه کنم تا خوب باشم، از خدا می‌ترسم و به‌جای آن‌که در اتحاد با عیسی زندگی کنم، زمامِ روح و جانم را به‌دست قوانین و مقررات مذهبی می‌دهم. توماس مرتون می‌گوید: «اگر پیامی برای معاصران خود داشته باشم، آن عبارت خواهد بود از اینکه: هر چه می‌خواهید باشید، دیوانه، الکلی، ولی به هر قیمتی که شده است از یک چیز دوری کنید: "موفقیت".» البته، منظور مرتون از موفقیت، پرستشِ دیوانه‌وار آن است، همان شیفتگی فریسیان به حرمت و قدرت که سبب می‌شود تا یک نفس بکوشند که تصویرِ شخصیت کاذب را در نظرِ تحسین‌کنندگانش با شکوه‌تر سازند. در مقابل، وقتی فروتنیِ دروغینِ من، حاضر نیست لذت موفقیت را بچشد و تمجید و تحسینِ دیگران را خوار می‌شمارد، من از فروتنی خود مغرور می‌شوم، با انسان‌های واقعی بیگانه و از آنها منزوی می‌شوم و تاخت و تاز شخصیت کاذب باری دیگر شروع می‌شود!

فریسیِ درونم بیش از همه زمانی بر من غلبه دارد که خود را از نظر اخلاقی بالاتر از نژادپرستان، تندرویان و کسانی می‌دانم که از هم‌جنس‌گرایان متنفرند. در این‌حال، وقتی واعظی از فراز منبر به کوبیدن بی‌ایمانان، لیبرال‌ها، طرفداران عقاید بدعت‌آمیز و کلاً کسانی می‌پردازد که عقایدشان با ما جور نیست، من سر خود را به علامت تأیید تکان می‌دهم و واعظ همچنان با عتاب و خطاب فیلم‌های هالیوود، تبلیغات تلویزیونی، پوشیدن لباس‌های جلف، موسیقی راک و غیره را به‌شدت محکوم می‌کند.

با این‌حال، منی که چنین از واعظ خشمگین طرفداری می‌کنم کتابخانه‌ام پر از تفسیرهای کتاب‌مقدس و کتاب‌های الهیاتی است. به‌علاوه، مرتباً در جلسات کلیسا شرکت می‌کنم و دعای روزانه‌ام ترک

نمی‌شود. تصویری از عیسای مصلوب به دیوار خانهٔ خود آویخته‌ام و صلیبی نیز در جیبم دارم. همه چیز زندگی‌ام رنگ و بوی مذهبی دارد. جمعه‌ها از خوردن گوشت خودداری می‌کنم. به سازمان‌های مسیحی اعانه می‌دهم و مبشری هستم که خود را وقفِ خدا و کلیسا کرده است.

وای بر شما ای علمای دین و فریسیان ریاکار! شما از نعناع و شوید و زیره ده‌یک می‌دهید، اما احکامِ مهمتر شریعت را که همانا عدالت و رحمت و امانت است، نادیده می‌گیرید ای راهنمایان کور! شما پشه را صافی می‌کنید، اما شتر را فرومی‌بلعید! وای بر شما ای علمای دین و فریسیان ریاکار! شما همچون گورهایی هستید سفیدکاری شده که از بیرون زیبا به‌نظر می‌رسند، اما درون آنها پر است از استخوان‌های مردگان و انواع نجاسات! به همین سان، شما نیز خود را به مردم پارسا می‌نمایید، اما در باطن مملو از ریاکاری و شرارتید (متی ۲۳:۲۳–۲۴ و ۲۷–۲۸).

در مَثَلِ فریسی و خراج‌گیر، فریسی در معبد می‌ایستد و چنین دعا می‌کند: «خدایا تو را شکر می‌گویم که همچون دیگر مردمان دزد و بدکاره و زناکار نیستم، و نه مانند این خراج‌گیرم. دوبار در هفته روزه می‌گیرم و از هر چه به‌دست می‌آورم ده‌یک می‌دهم» (لوقا ۱۸:۱۱–۱۲).

دعای این شخص نمودی بارز از دو عیب فریسیان است. اول، می‌بینیم که وی به تقوا و تدین خود خیلی مطمئن است. در نتیجه، دعای او تماماً تشکر از خدا به‌خاطر چیزهایی است که دارد و دربارهٔ آنچه ندارد و نیست، تقاضایی مطرح نمی‌سازد. عیب او در ایمانش این است که به بی‌عیب بودن خود ایمان دارد. او خود را تحسین می‌کند. عیب دومِ وی به عیبِ اولش مربوط است: او از دیگران بیزار است و چون معتقد است که بر آنها برتری دارد، درباره‌شان قضاوت و محکوم‌شان می‌کند. فریسی شخصی است که به عادل بودنش مطمئن است و دیگران را در کمالِ بی‌عدالتی و بی‌انصافی محکوم می‌کند.

آن فریسی که خود را عفو می‌کند، محکوم می‌شود. اما خراج‌گیر که خود را محکوم می‌کند، بخشوده و از گناهانش پاک می‌گردد. انکار کردنِ فریسی درون، کاری مهلک است. لازم است که با او دوست شویم، با او

گفتگو کنیم و بپرسیم که چرا برای به‌دست آوردن آرامش و سعادت به منابعی بیرون از ملکوت خدا نظر دارد.

چندی پیش در جلسهٔ دعایی که شرکت کرده بودم، قبل از همه مردی حدوداً شصت‌وپنج ساله ایستاد و این‌طور دعا کرد: «خدایا شکرت می‌کنم که امروز هیچ گناهی مرتکب نشده‌ام تا از آن توبه کنم.» همسرش که این دعا را شنید زیر لب غرغری کرد. این مرد می‌خواست بگوید که آن روز مرتکب گناهانی چون اختلاس، کفرگویی و زنا نشده و هیچ‌یک از احکام ده‌گانه را نشکسته بود. وی خود را از زنا، مستی، بی‌بند و باری جنسی و نظایر اینها دور نگاه داشته بود. با این‌حال، هیچ‌گاه از تجربه‌ای که پولس، آزادی باطنیِ فرزندان خدا می‌خواند، برخوردار نشده بود.

اگر مدام در این فکر باشیم که کدام کارمان نتیجهٔ قداست و کدام شقاوت است و از این حقیقت غفلت کنیم که فریسی بودن با فرزند خدا بودن مغایرت کامل دارد، رشد روحانی‌مان سخت دچار رکود و سکون خواهد شد.

برخلاف درک فریسیان از خدا و مذهب، درک کتاب‌مقدس را از انجیل فیض می‌توان به وضعیتِ دخترکی تشبیه کرد که تا به‌حال چیزی جز محبت از والدینش ندیده است و حالا سعی دارد در پاسخ به این محبت هر چه از دستش برمی‌آید برای آنها انجام دهد. هر وقت که او خطایی مرتکب می‌شود می‌داند که والدینش به‌خاطر ارتکاب این خطا محبت خود را از او دریغ نخواهند کرد. او هرگز فکر این را نیز به ذهنش راه نمی‌دهد که اگر یک روز اتاقش را مرتب نکند والدینش دیگر او را دوست نخواهند داشت. ممکن است والدینش از بی‌انضباطی او ایراد بگیرند، ولی محبت آنها منوط به‌کارهای او نیست.

فریسی همواره بر تلاش و دستاورد شخص تاکید می‌کند. اما تاکید انجیل فیض بر تقدم و برتری محبت خدا است. فریسی از رفتار بی‌عیب و نقص خوشش می‌آید، اما فرزند خدا از مهربانی و عطوفتِ پایان‌ناپذیر خدا لذت می‌برد. خواهرِ ترزا اهل لیزیو [یا ترزای کوچک از قدیسه‌های معروف کاتولیک – م.] از او پرسید که منظورش از گفتن این‌که باید

در حضور خدای نیکو کودکی کوچک ماند، چیست. ترزا در پاسخ گفت:

«کودکی کوچک ماندن به این معنی است که بپذیریم هیچ هستیم و تمام خواسته‌های خود را به حضور خدا ببریم، درست مانند کودکی که هر چه بخواهد به پدرش می‌گوید؛ نیز به این معنی است که نگران هیچ چیز نشویم و تلاش نکنیم که سرنوشت‌مان را خود، رقم بزنیم. کوچک بودن همچنین به این معنی است که فضایلی را که داریم از خود ندانیم، طوری که انگار خودمان آنها را به‌دست آورده‌ایم، بلکه فضایل خود را در حکم گنج‌هایی بدانیم که خدای نیکو در دستان کودکانش قرار می‌دهد تا هر وقت احتیاج شد از آنها استفاده کنند، ولی در هر حال این گنج‌ها همواره به خدای نیکو تعلق دارند. و بالاخره، کودکی کوچک ماندن در حضور خدا به این معنی است که هیچ‌گاه به‌خاطر اشتباهاتی که مرتکب می‌شویم دست و پای خود را گم نکنیم، چون بچه‌ها اغلب زمین می‌خورند، ولی کوچک‌تر از آن هستند که لطمه‌ای جدی به خود بزنند.»

والدین بچهٔ خود را حتی قبل از این‌که بزرگ بشود و کار مهمی انجام دهد، دوست دارند. هیچ مادری نوزادش را این‌طور به همسایه‌ای که برای دیدنش آمده است معرفی نمی‌کند: «این هم دختر کوچولوی من که در آینده باید وکیل شود.» بنابراین، موفقیت‌های آیندهٔ کودکانی که از محبت والدین خود مطمئن هستند، نتیجهٔ تلاش آنها برای پذیرفته و مقبول شدن نیست، بلکه نتیجهٔ محبتی است که دیده‌اند.

حال که فریسی چهرهٔ مذهبیِ شخصیت کاذب است، کودکِ درون نیز چهرهٔ مذهبیِ خویشتنِ حقیقی است. کودک، خویشتنِ حقیقی مرا و فریسی، خویشتنِ کاذب و غیر اصیل مرا نشان می‌دهد. در این‌جا شاهدِ

پیوند جالبِ روانکاوی و روحانیت هستیم. هدف روانکاوی این است که اختلالات روانی بیمار را تشخیص بدهد، بیمار را از دید غلطی که دربارهٔ خود دارد و آمیخته به پیچیدگی‌های کاذب است برهاند و وی را به‌طرف این نقطه سوق دهد که مثل یک کودک پذیرای واقعیت باشد، یعنی همان حالتی که عیسی ما را به قرار گرفتن در آن تشویق می‌کند و می‌فرماید: «باید مانند یکی از این کودکان باشید.»

کودک درون از احساسات خود آگاه است و آنها را همان‌طور که هست ابراز می‌کند، در حالی‌که فریسی احساساتش را سانسور می‌کند و در برابر شرایط مختلف زندگی واکنش‌های کلیشه‌ای نشان می‌دهد. وقتی ژاکلین کندی برای اولین‌بار به واتیکان رفت، پاپ ژانِ بیست و سوم از وزیر امور خارجه خود، جوزپه کاردینال مونتینی پرسید که چطور باید همسر رئیس جمهور آمریکا را خطاب کند. کاردینال مونتینی جواب داد: «باید به او بگویید "سرکار خانم" یا "خانم کندی". وزیر امور خارجه این را گفت و از اتاق خارج شد. دقایقی بعد، خانمِ رئیس جمهور در آستانهٔ در ظاهر شد. برقی از شادی در چشمان پاپ درخشید و وی به آرامی خود را به خانم رئیس جمهور رساند و به صدای بلند گفت: «ژاکلین جان!»

کودک عواطف خود را جا به‌جا بروز می‌دهد، اما فریسی عواطفش را محتاطانه سرکوب می‌کند. مسئله این نیست که شخصی درون‌گرا یا برون‌گرا، بشاش یا در خود فرورفته هستیم؛ موضوع این است که آیا احساساتِ حقیقی و اصیل خود را بروز می‌دهیم یا سرکوب می‌کنیم. جان پاوول یک‌بار با دلی غمگین اظهار داشت که می‌خواسته است بر سنگ قبر والدینش این جمله را حک کند: «در این‌جا دو کس خفته‌اند که هیچ‌گاه یکدیگر را نشناختند.» پدرِ پاوول هیچ‌وقت نتوانسته بود احساساتش را با همسرش در میان بگذارد، در نتیجه مادر پاوول هیچ‌گاه شوهرش را نشناخته بود. این‌که شخص قلب خود را به‌روی دیگری بگشاید و دردِ تنهایی و ترس‌های خود را از او پنهان نسازد و صادقانه احساسات و عواطف خود را بروز بدهد، نیز این‌که به دیگران بگوید که

آنها چقدر برای او مهم هستند، پیروزی کودک بر فریسی و نشانهٔ فعالیت روح‌القدس در زندگی او اســت. «هر جا روحِ خداوند باشد، آنجا آزادی است» (دوم قرنتیان ۱۷:۳).

نادیده گرفتن، سرکوب کردن و واپس‌زدنِ احساسات خود در حکم این است که گوش خود را به‌روی آنچه روح‌القدس دربارهٔ احساسات‌مان می‌گوید، ببندیم. عیســی به ایــن صدا گوش فــرا داد. در انجیل یوحنا می‌خوانیم که عیسی دستخوشِ احساسات عمیقی شد (۳۳:۱۱). در انجیل متی می‌خوانیم که عصبانیت عیســی فواره زد و این کلمات را بر زبانش جاری ســاخت: «ای ریاکاران! اشــعیا دربارهٔ شما چه خوب پیش‌گویی کــرد، آنگاه که گفت: "ایــن قوم با لب‌های خود مــرا حرمت می‌دارند، اما دل‌شــان از من دور اســت. آنان بیهوده مرا عبادت می‌کنند."» (متی ۱۵:۷-۹) عیسی جماعت را به دعای شفاعتی فراخواند زیرا «چون انبوه جماعت‌ها را دید، دلش بر حال آنان ســوخت زیرا همچون گوسفندانی بی‌شبان، پریشــان‌حال و درمانده بودند» (متی ۳۶:۹). هنگامی که عیسی بیوه‌زن نائینی را دید «دلش بر او بســوخت و گفت: "گریه مکن".» (لوقا ۱۳:۷). آیا اگر عیسی احساسات خود را سرکوب کرده بود، پسر این زن به زندگی باز می‌گشت؟

عیســی وقتی از دور اورشلیم را دید، احساسی از غم و سرخوردگی قلبش را فشــرد. می‌خوانیم: «به اورشلیم نزدیک شد و شهر را دید، بر آن گریســت و گفت: "کاش که تو، حتی تو، در این روز تشخیص می‌دادی که چه چیز برایت صلح و ســلامت به ارمغان می‌آورد". » (لوقا ۴۱:۱۹) در جایی دیگر می‌خوانیم که عیســی بدون هیچ‌گونه خودداری عواطف خود را بروز داد و غرش‌کنان بانگ زد: «شما به پدرتان ابلیس تعلق دارید و در پی انجام خواســته‌های اویید» (یوحنا ۴۴:۸ و ۴۵). عیسی وقتی در بیت‌عنیا در خانهٔ شــمعون شــام می‌خورد، با حالتی بیش از تکدر خاطر به حاضران توپید کــه: «او را به‌حال خود بگذارید. چرا می‌رنجانیدش؟» (مرقــس ۶:۱۴). در جایــی دیگر عیســی گله‌ای می‌کند کــه حاکی از سرخوردگی شدید است: «تا به کِی با شما باشم و تحمل‌تان کنم؟» (متی

۱۷:۱۷). عصبانیت شدید عیسی را زمانی می‌بینیم که به پطرس می‌گوید: «دور شو از من ای شــیطان! تو مانع راه منی» (متی ۲۳:۱۶). حساسیت فوق‌العادهٔ عیسی را زمانی می‌بینیم که می‌گوید: «کسی مرا لمس کرد! زیرا دریافتم که نیرویی از من صادر شد!» (لوقا ۴۶:۸). خشم سوزان او نیز در ایـــن اعتراض نمایان می‌گردد: «اینها را از این‌جا بیرونْ ببرید و خانهٔ پدر مرا محل کسب مسازید!» (یوحنا ۱۶:۲).

ما چندان چهرهٔ عیســای واقعی را در زیر خاکستر پنهان کرده‌ایم که دیگـــر فروغ و جلای حضور او را نمی‌بینیم. او طوری انسان بود که ما فراموش کرده‌ایم که انسان این‌طور هم می‌تواند باشد: او صادق، ساده و بی‌شیله پیله، عاطفی، بی‌مکر و حیله، حساس و پر از رحم و شفقت بود؛ به‌عبارتی، کودکِ درون او چندان از قید و بندها رسته بود که برای عیسی گریه کردن عملی خلاف مـــردی و مردانگی نبود. او در برخورد با مردم صراحت و صداقت داشت و زیر بار هیچ توافقی که صداقتش را به خطر اندازد نمی‌رفت.

انجیل، تصویر فرزند اَبّا را به شــکل شخصی ترسیم می‌کند که کاملاً در هماهنگی با احساســاتش عمل می‌کند و در ابراز آنها جلوی خود را نمی‌گیرد. پسر انسان احساسات و عواطف را تمسخر نکرد و دربارهٔ آنها نگفت که زودگذر و غیر قابل اعتماد هستند. از نظر او احساســات در حکم گیرندهٔ عاطفی حساســی بودند که با گــوش دادن دقیق به آنها می‌توانستِ ارادهٔ پدر خود را بفهمد و رفتار و گفتارش را یکی سازد.

تقریباً هر وقت که من و همســرم بخواهیم برای شام بیرون برویم، او می‌گوید: «یک دقیقه صبر کن به‌ســر و وضعم برسم، بعد برویم.» فریسی همیشـــه باید نقاب مذهبی خود را به چهره بزند. اشــتهای سیری‌ناپذیر فریســی برای جلب توجه و شــنیدن تعریف و تمجید از دیگران او را وا می‌دارد بـــه این‌که چهره‌ای پســندیده از خود به نمایــش بگذارد و منتهای تلاش خــود را برای اجتناب از خطا و شکســت به‌عمل آورد. در این وضعیت، عواطف سانسور نشــده می‌تواند کاملاً دردسر آفرین شود.

با این‌حال، عواطف ما، مستقیم‌ترین واکنشی هستند که ما نسبت به درکی که از خود و نیز دنیای اطراف‌مان داریم نشان می‌دهیم. احساسات ما خواه منفی باشند و خواه مثبت، ما را در تماس با خویشتنِ حقیقی‌مان قرار می‌دهند. احساسات ما نه خوب هستند و نه بد، بلکه فقط گویای آن چیزی هستند که در درون ما می‌گذرد. کاری که ما با احساسات خود می‌کنیم، نشان خواهد داد که آیا زندگی ما بر اساس صداقت قرار دارد یا روی و ریا. وقتی زمام عواطف ما به‌دستِ عقل و منطقی سپرده شود که در تسلط ایمان قرار دارد، تبدیل به راهنمایِ قابل اعتمادی خواهد شد که به ما زمان مناسب برای اقدام و خودداری از اقدام را نشان خواهد داد. انکار، جا به جایی و سرکوبِ احساسات مانع از این می‌شوند که انسان با خودش صمیمی شود.

فریسیِ درونم از طریق ترفندی به اسم "روحانی کردن" راهی برای تهی کردنِ خویشتنِ حقیقی‌ام، انکار انسان بودنم و پنهان داشتنِ عواطف‌ام ابداع کرده است. گریز زدنِ زیرکانهٔ ذهنـم به رفتار به‌ظاهر مذهبی و روحانی، از مـن در برابر احساساتم، به‌خصوص آنها که از ابرازشان بیم دارم نظیرِ عصبانیت، ترس و احساسِ گناه محافظت می‌کند. مـن با توجیهات به ظاهر منطقی، از عواطف منفیٰ، دریافت‌های باطنی و بینش‌های خود فاصله می‌گیرم.

تابستان گذشته به سفیدپوستِ متعصبی می‌خواستم بگویم: «هی یارو اگر دسـت از این صحبتات برنداری می‌گیرم خفه‌ات می‌کنم و بعد روی درختِ کریسمس آویزانت می‌کنم.» اما به‌جـای گفتن این حرف پیش خودم چنین استدلال کردم: «خدا این بـرادر را که ذهنش هنوز تاریک است به‌سوی من آورده است و رفتار و منشِ زنندهٔ او بدون تردید نتیجهٔ اختلالات دوران کودکی او است. من با وجـود هر رفتاری که از خود نشـان دهد باید او را دوست داشته باشـم.» (مگر می‌شد با این استدلال مخالفت کرد؟ اگر متعصبان سفیدپوسـت حالشـان از سیاه‌پوستان بهم بخـورد و حال من هم از آنها، در این صورت بـا آنها چه فرقی خواهم داشـت؟) ولی کاری که من کردم این بود که از احساسات واقعی خود

فرار کردم و آنها را در زیر پوششی از روحانیت تصنعی پنهان ساختم. من مثل روحی که از بدن جدا شده باشد در برابر احساسات خود واکنش نشان دادم و از خویشتنِ حقیقی خود بیگانه شدم.

وقتی یکی از دوستانم می‌گوید: «دیگر ازت خوشم نمی‌آید، چون به حرف‌هایم هیچ‌وقت گوش نمی‌دی و همیشه هم تحقیرم می‌کنی،» من به‌جای این‌که ناراحت شوم، فوراً از احساسِ دل‌شکستگی و اندوه و طردشدگی به طرف استدلال‌های به‌ظاهر روحانی فرار می‌کنم و می‌گویم: «این آزمایش الهی است.» وقتی کف گیرم به ته دیگ می‌خورد و دلم شور می‌افتد به خود یادآوری می‌کنم که «عیسی می‌فرماید نگران فردا نباشید. بنابراین، عیسی از طریق این مشکل مالی جزئی می‌خواهد مرا محک بزند.»

انتخابِ خویشتنِ نقاب‌زدهٔ خود و انکار احساسات واقعی‌مان نشان می‌دهند که حاضر نیستیم محدودیت‌های انسانی خود را بپذیریم. به این‌ترتیب، آن‌قدر که بر احساسات خود سرپوش می‌گذاریم تبدیل به شخصی بی‌عاطفه می‌شویم. روابط ما با دیگران و واکنش‌های ما در برابر موقعیت‌های مختلف زندگی سانسور شده، قراردادی و مصنوعی می‌شوند. این روحانی سازیِ تصنعیِ احساسات و غیره هزار چهره به خود می‌گیرد که هیچ‌یک از آنها نه قابل توجیه است و نه سالم. اینها لباس‌های مبدلی هستند که کودکِ درون را خفه می‌کنند.

همسرم روزلین وقتی دوران کودکی خود را در دهکدهٔ کوچک و کم‌جمعیتی در ایالت لویزیانا می‌گذراند، همبازی‌اش دخترِ خردسالِ کلفتِ سیاه‌پوست‌شان بود که بِرتا نام داشت. آنها به اتفاق همدیگر در راهروی منزل عروسک‌بازی می‌کردند، بر ساحل رودخانه کیک‌های گلی درست می‌کردند، شیرینی می‌خوردند و از زندگی خود برای همدیگر تعریف می‌کردند و در عالم خیال برای خودشان قصرها می‌ساختند.

یک روزِ شنبه، از برتا خبری نشد و دیگر هیچ‌وقت برای بازی با روزلین برنگشت. روزلین می‌دانست که موضوع بیماری و آسیب‌دیدگی و مرگ در میان نیست، چون اگر بود مادر برتا حتماً به او می‌گفت.

بنابراین، روزلین که نه سال بیشتر نداشت از پدرش پرسید که چرا برتا دیگر برای بازی با او نمی‌آید. پدر جواب داد: «این کار دیگر صلاح نیست.» این جواب را روزلین هیچ‌وقت از یاد نبرده است.

چهرهٔ کودک، چهرهٔ واقعی او است و چشمانی که از این چهره به دنیا نگاه می‌کنند، خود را برای دیدن برچسب‌هایی نظیرِ سیاه‌پوست و سفیدپوست، کاتولیک و پروتستان، کاپیتالیست و سوسیالیست، آسیایی و آمریکای لاتینی و غیره تنگ نمی‌کنند. برچسب‌ها، برداشت ایجاد می‌کنند و مثلاً می‌گویند فلانی دارا و بهمانی ندار است. این مرد، تیزهوش و آن یک کندذهن است. این زن، زیبا و آن یک بدقیافه است.

برداشت‌ها به نوبهٔ خود تصاویری از اشخاص در ذهن‌مان می‌سازند که نهایتاً از این تصاویر عقاید تعصب‌آمیز زاده می‌شوند. آنتونی دملو می‌گوید: «اگر آدم متعصبی باشید، دیگران را از چشمِ تعصبات خود خواهید دید. به بیانی، دیگر آنها را به چشمِ انسان نخواهید دید.» فریسیِ درون، بیشتر وقت خود را صرف واکنش در مقابل برچسب‌هایی که خود و دیگران زده‌اند، می‌کند.

می‌گویند که یک روز مردی پیش کشیش کاتولیکی رفت و گفت: «پدر روحانی، لطفاً برای سگ من دعا بکنید.»

کشیش عصبانی شد و گفت: «یعنی چه برای سگ من دعا کنید؟»

مرد گفت: «خوب، این سگ برای من خیلی عزیز بود و خواستم برایش دعا شود.»

کشیش جواب داد: «ببین حضرت آقا، ما این‌جا برای سگ جماعت دعا نمی‌کنیم. حالا اگر خیلی دلت می‌خواهد می‌توانی بروی به کلیسای آن سرکوچه. یک وقت دیدی برای سگ هم دعا کردند.»

مرد در حالی‌که کشیش را ترک می‌کرد به او گفت: «من واقعاً سگم را دوست داشتم و حاضر بودم که یک میلیون دلار به‌خاطر این دعا به کلیسا هدیه کنم.»

کشیش این را که شنید گفت: «بابا صبر کن. کجا با این عجله؟ تو بایستی به من می‌گفتی که سَگَت کاتولیک بوده است.»

در آن هنگام شاگردان نزد عیسی آمدند و پرسیدند: «چه کسی در پادشاهی آسمان بزرگتر است؟» عیسی کودکی را فراخواند و او را در میان ایشان قرار داد و گفت: «آمین به شما می‌گویم، تا دگرگون نشوید و همچون کودکان نگردید، هرگز به پادشاهی آسمان راه نخواهید یافت. پس، هر که خود را همچون این کودک فروتن سازد، در پادشاهی آسمان بزرگتر خواهد بود» (متی ۱۸:۱-۴).

شاگردان چون نیاز داشتند که به چشم دیگران مهم و با اهمیت جلوه کنند، با هم بر سر این‌که کدام‌شان از بقیه بزرگتر است بحث می‌کردند. مفسری گفته است: «هر وقت که شاگردان درگیر این بحث‌های جاه‌طلبانه می‌شوند، عیسی کودکی را در میان ایشان قرار می‌دهد یا شروع می‌کند به صحبت دربارهٔ کودکان.»

به پاسخ تند و تیزی که عیسی در متی ۱۸ می‌دهد هیچ‌گاه توجه شایسته‌ای مبذول نشده است. عیسی می‌فرماید که در ملکوت آسمان چیزی به اسم بزرگترین وجود ندارد. اگر می‌خواهیم که در ملکوت خدا بزرگترین باشیم، باید نوکر و خادم همه شویم؛ باید به دوران بچگی خود بازگشت نماییم تا در ملکوت آسمان در جایگاه اول قرار بگیریم. عیسی به بلندپروازی چندان میدان نمی‌دهد و توسل به قدرت، هیچ جایی در نزد او ندارد. «نباید فراموش کرد که نوکران و بچه‌ها قدرتی ندارند.»

بازی‌های قدرتی که فریسی به‌راه می‌اندازد، خواه بزرگ وخواه کوچک، برای این است که بر مردم و وضعیت‌های مختلف تسلط پیدا کند و از این طریق برشان و منزلت و نفوذ و شهرت خود بیافزاید. اَشکال مختلف سوءاستفاده از مردم، سلطه‌گری، ستیزه‌جوئیها و مخالف‌خوانی‌ها از همین جنگِ قدرت مایه می‌گیرند. برای فریسی زندگی عبارت است از مجموعه‌ای از حرکاتِ زیرکانه و حرکات واکنشی. فریسیِ درون، سیستم راداری بسیار مجهزی را ایجاد کرده است که نسبت به تحرکاتِ هر شخص یا وضعیتی که حتی از دور موقعیت و قدرت او را تهدید می‌کند، حساس است.

سیستم عاطفی ما برای جبرانِ عجـز و ناتوانی‌هایی که در کودکی داشته‌ایم، طوری عمل می‌کند که ممکن است سخت دلباختهٔ قدرت‌مان ســازد، حال این قدرت ممکن است دارائی‌های مادی باشد یا استفاده از اهرم‌های اقتصادی و سیاسـی برای زیر نفوذ قـرار دادن مردم. همچنین ممکن است که شخص به انگیزهٔ کسبِ قدرت، مدام در فکر مال اندوزی باشـد و یا برای این‌که مردم در او به‌چشـم فردی "جالب‌توجه" بنگرند، مدام بر معلومات خود بیافزاید. فریسـی می‌دانـد کـه در قلمرو مذهب، دانش و معلومات می‌تواند در حکم قدرت باشـد. فریسی این را خوب می‌دانـد کـه قبل از هرگونه تصمیم‌گیری نهایـی، مردم نظر متخصص را جویا می‌شوند. این جنگ قدرت که هدفش یکه‌تازی در میدان است، از تبادل نظر جلوگیری می‌کند و روح رقابت و جنگ و ســتیزی را به‌وجود می‌آورد که با روحیـهٔ بی‌آلایشِ کودکانه در تضاد اسـت. آنتونی دمیلو می‌گوید: «وقتی که به چشـمان کودکان نـگاه می‌کنیم، اولین چیزی که توجه‌مان را ســخت به خود جلب می‌کند، معصوم بودن این چشـمان است؛ این خصلتِ دوست‌داشتنی آنها است که نمی‌توانند دروغ بگویند، نقاب به چهره زنند یا تظاهر به چیزی کنند که نیستند.»

ترفندهای فریسـی بـرای کسـبِ قدرت، قابل پیش‌بینی هسـتند. با این‌حال، قدرت‌طلبی فریسـیان چندان زیرکانه است که از چشم پنهان می‌ماند. در نتیجه ممکن اسـت مـردم متوجهٔ آن نشـوند و درباره‌اش حرفی به آنها نزنند. فریسی که اشتهایی سیری‌ناپذیر برای همهٔ اشکال قدرت دارد، در کسـبِ قدرت، جمع کردن پیروانی برای خود، کسـب دانش و معلومات و به‌دسـت آوردن مقام و منزلت و کنترلِ دنیای خود موفق می‌شـود، اما با کودکِ درونش بیگانه می‌گردد. او زمانی که یکی از زیردستانش می‌خواهد روی دسـتش بلند شود می‌هراسد، موقعی که از مردم عکس‌العمل منفی می‌بیند بدبین می‌شـود، وقتی خود را در معرض تهدید می‌بیند، به همه شک می‌کند، وقتی نگران است مضطرب می‌شود، در برابر شرایط سخت که قرار می‌گیرد، خواب به چشمش نمی‌آید و اگر شکست بخورد دنیا روی سرش خراب می‌شود. شخصیت کاذب که در

جنگ قدرت گرفتار است، زندگی به‌ظاهر مقدسی در پیش می‌گیرد که از بیرون بسیار موفقیت‌آمیز جلوه می‌کند، اما از درون، او دلتنگ است و مضطرب و تهی از محبت. واکنش‌های عاطفی مورد بحث در پی آن هستند که به‌جای کنترل شدن به‌وسیلهٔ خدا، خدا را تحت کنترل خود دربیاورند. خویشتن حقیقی، معصومیت کودک‌وار خود را از این طریق می‌تواند حفظ کند که اولاً همواره هویت اصلی خود را به‌یاد داشته باشد و ثانیاً به‌وسیلهٔ همتایانش ارعاب و آلوده نشود؛ منظور از همتایان کسانی هستند که به معنی واقعی کلمه زندگی نمی‌کنند، بلکه مدام در فکر این هستند که مورد تعریف و تمجید دیگران واقع شوند؛ حاضر نیستند که خودشان باشند و با شادی و شادکامی زندگی کنند، بلکه با حالتی عصبی مدام در حال مقایسه کردن خود با دیگران و رقابت هستند و سخت در تقلای رسیدن به آن چیزهای پوچ و بی‌ارزشی هستند که موفقیت و شهرت نام دارند؛ آنها برای رسیدن به این دو چیز، حتی از شکست و تحقیر و نابود کردن همسایگان‌شان نیز ابایی ندارند.

جان برادشاو یکی از کسانی است که مطالبِ حکیمانه‌ای دربارهٔ اهمیت ارتباط با کودکِ درون بیان داشته است. در این عصرِ پیچیدگی‌های بی‌حد و حصر، دستاوردهای عظیم و دل‌زدگی‌ها، کشف مجددِ روحیهٔ کودک‌وار، اهمیت فوق‌العاده‌ای دارد و همان‌گونه که ویلیام مک نامارا گفته است: «از این روحیه، تنها کودکانی که لوس نیستند، مقدسانی که رسماً قدیس اعلام نشده‌اند، حکیمانِ بی‌نام و نشان و دلقک‌های غیر رسمی، می‌توانند برخوردار شوند. [منظور کسانی هستند که هرچند کارهای‌شان مثل قدیسان و حکمت‌شان مثل حکیمان و بامزگی‌شان مثل دلقکان است، عملکردشان به‌خاطر تعریف و تمجید مردم و کسب وجهه در اجتماع نیست. م.]»

تا کودکِ درون خود را باز نیابیم، خویشتن حقیقی خود را نخواهیم شناخت و آهسته آهسته شخصیت کاذب ما همان کسی خواهد شد که خیال می‌کنیم هستیم. هم روانشناسان و هم نویسندگانِ ادبیات روحانی بر این نکته تاکید دارند که باید کودکِ درون‌مان را تا جای ممکن خوب

بشناسیم و او را همچون قسمتی دوست داشتنی و ارزنده از وجودمان در آغوش کشیم. ویژگی‌های مثبتِ کودک، نظیر باز و پذیرا بودن، تکیه و اعتماد کردن، اهل بازی و تفریح بودن، سادگی و برخورداری از عواطف حساس، مانع می‌شوند از این‌که ایده‌های جدید را نپذیریم یا فقط در فکر منفعت باشیم. به‌علاوه، ما را پذیرای کارهای عجیب روح‌القدس و نیز فرصت‌های مخاطره‌آمیز برای رشدِ روحانی می‌سازند. فارغ از خود بودنِ کودک، ما را از خودکاوی بیمارگونه، تفتیشِ نفس‌های تمام‌نشدنی و شیفتگی زیان‌بار به کمال‌گراییِ روحانی حفظ می‌کند.

با این حال، کار ما با بازگشت به کودک درون تمام نمی‌شود. همان‌گونه که جف ایمباک می‌گوید: «اگر در باطنِ خود، جز کودکِ درون چیزی نیابیم، همچنان در انزوا و تنهایی خویش خواهیم ماند. اگر فقط خودمان را از نو بیابیم، در باطن‌مان به احساس صمیمیت دست نخواهیم یافت.» هنگامی که در سیر و سلوک روحانی خود کودکِ درون را می‌جوییم، نه فقط معصومیت بلکه همچنین آن چیزی را می‌یابیم که ژان گیل "کودکِ سایه‌نشین" می‌خواندش. کودکِ سایه‌نشینِ درون، بی‌انضباط و خطرناک، خودشیفته و خودرأی و سرکش است و چه بسا بر سر سگِ خانه یا بچه‌های دیگر بلایی بیاورد. ما این ویژگی‌های ناخوشایند را بچه‌گانه می‌خوانیم و یا انکار و از فکر خود بیرون‌شان می‌کنیم.

زمانی که من با قسمت تاریک کودکی خود روبرو شدم، دیدم که قسمت اعظم آن را ترس‌هایم تشکیل می‌داد. من از والدینم، کلیسایم و از تاریکی می‌ترسیدم. نویسندهٔ رومانی به‌نام شاید قدیس، دربارهٔ شخصی به‌نام ایان بدلو که سرپرستی عده‌ای کودک را بر عهده داشت و در حکم پدرشان بود، می‌گوید: «ظاهراً فقط ایان از احساس این بچه‌ها خبر داشت. فقط او می‌دانست که هر لحظه از زندگی چقدر برای آنها ترسناک است. آخر بچه بودن سرتاپایش ترسناک است! مگر نه این‌که کابوس‌های بزرگسالان نظیر دویدن و به هیچ‌جا نرسیدن، سر جلسه امتحان نشستن و آماده نبودن و نمایش تئاتر در پیش داشتن و تمرین نداشتن، انعکاسِ همان ترس‌های کودکی است؟ انعکاس همان عجز و ناتوانی و همان

بازنده بودن. این ترس‌ها در سرمان به نجوا از چیزی حرف می‌زنند که همه می‌دانند جز ما.»

کشف کودکِ درون‌مان، به خودی خود هدف نیست، بلکه ما را به‌سوی اعماقِ اتحادمان با خدایی که در ما ساکن است، هدایت می‌کند؛ این کشف، ما را در پُری رابطه‌مان با اَبّا غرق می‌کند و سبب می‌شود که با درک پرشورِ این حقیقت زندگی کنیم که کودک درون‌مان، فرزند اَبّا است و اَبّا او را چه در نور باشد و چه در سایه، محکم به آغوشش فشرده است.

به سخنان ذیل از فردریک بوکنر توجه کنید:

> «شاید از لحظه‌ای به فرزند بودن خود واقف می‌شویم که می‌فهمیم خدا ما را به‌عنوان فرزندانش دوست دارد و محبت او به ما از آن سبب نیست که ما شایستگی محبتش را داشته یا نداشته‌ایم؛ به این سبب هم نیست که برای به‌دست آوردن محبت او کوشیده‌ایم یا فهمیده‌ایم که این کوشش بی‌نتیجه است؛ او ما را دوست دارد، چون تصمیم گرفته است که دوست‌مان بدارد. ما فرزندان او هستیم، چون او پدر ما است و تمام تلاش‌هایی که برای انجام دادن کارهای نیک، بیان حقیقت و درک امور به‌عمل می‌آوریم، از باثمر گرفته تا بی‌ثمر، در حکم تلاش‌های فرزندانی است که با وجودِ بلوغِ زودرس‌شان، هنوز فرزند هستند، چون قبل از این‌که ما او را دوست بداریم، او ما را به‌عنوان فرزندان، از طریقِ عیسای مسیح، محبت کرد.»

فصل ششم

حضور زندهٔ مسیح

یک‌بار در حالی‌که جی. کی. چسترتون[1] در گوشهٔ خیابانی در لندن ایستاده بود، گزارشگری به او نزدیک شد و پرسید: «قربان، اطلاع دارم که اخیراً حضرت عالی به مسیح ایمان آورده‌اید. می‌توانم سؤالی از شما بکنم؟»

چسترتون جواب داد: «البته، بفرمایید.»

«اگر مسیحِ قیام‌کرده همین الآن ظاهر می‌شد و پشت سرتان می‌ایستاد، شما چه کار می‌کردید؟» چسترتون مستقیماً در چشمان گزارشگر نگاه کرد و گفت: «همین الآن هم ایستاده است.»

آیا این جواب چسترتون صرفاً بازی با کلمات، خواب و خیال و یا پاسخی زاهدانه نبود؟ خیر، آنچه چسترتون گفت، واقعی‌ترین حقیقتِ زندگی ما و اصلاً خود زندگی ما است. عیسایی که در جاده‌های یهودیه و جلیل راه می‌پیمود، همان است که در کنار ما حضور دارد. عیسای تاریخ، عیسای ایمان نیز هست.

تمرکز الهیاتِ کتاب‌مقدس بر رستاخیز، فقط برای دفاع از ایمان مسیحی نیست، یعنی امروز دیگر رستاخیز فقط در حکم بهترین مدرک برای اثبات حقانیت ایمان مسیحی نیست. ایمان به این معنی است که پیام انجیل را به‌عنوان عاملی پویا بپذیریم که ما را به‌صورت و شباهت خدا درمی‌آورد. پیام انجیل، شنونده را از طریق قدرت پیروزی عیسی بر مرگ، از نو شکل می‌دهد. انجیل اعلام می‌دارد که قدرتی پنهان در

---

۱ نویسندهٔ کاتولیک که رمان‌های پلیسی هم نوشته است و برخی از آنها مانند "صلیب طلایی" به فارسی ترجمه و به چاپ رسیده‌اند. م.

جهان وجود دارد و آن عبارت است از حضورِ زندهٔ مسیحِ قیام‌کرده. این قدرت، انسان‌ها را از اسارتی که صورت و شباهت خدا را در آنها تیره و تار می‌سازد، می‌رهاند.

چه چیز به تعالیم عیسی قدرت می‌بخشد؟ چه چیز بین تعالیم عیسی و بودا و سخنان حکیمانهٔ کنفوسیوس تفاوت ایجاد می‌کند؟ مسیح زنده. اگر عیســـی از میان مردگان قیام نکرده بود، می‌توانستیم موعظهٔ سرکوه را دروس فوق‌العاده‌ای در زمینهٔ اخلاق به‌شمار آوریم. حال که او برخاسته اســـت، دیگر نمی‌توان از این دید به موعظهٔ سرکوه نگاه کرد. حال دیگر، موعظهٔ سرکوه تصویری از سرنوشت نهایی ما است. قدرت دگرگون‌کنندهٔ کلام خـــدا در خداوندِ قیام‌کرده حضور دارد، خداوندی که در کنار کلام خود می‌ایستد و بدین‌طریق به آن معنایی می‌بخشد که هم نهایی است و هم برای زمان حاضر.

باید تکرار کنم که قدرت پویا و دگرگون‌کنندهٔ پیام انجیل از رستاخیز ناشی می‌شود. نویسندگان عهد جدید نیز همین حقیقت را بارها گفته‌اند. پولس رسول فرمود: «می‌خواهم مسیح و نیروی رستاخیزش را بشناسم» (فیلیپیان ۳:۱۰).

وقتی با ایمان می‌پذیریم که عیســـی دقیقاً همان کسی است که خود می‌گوید، مسیح قیام‌کرده را تجربه می‌کنیم.

خدا عیسی را برخیزانید. این حقیقتی است که رسولان به آن شهادت دادند. مطابق کتاب‌مقدس، ایمان ما به رستاخیز از دو حال خارج نیست، یا به رســـتاخیز ایمان داریم و در نتیجه به عیسای ناصری هم ایمان داریم و یا منکرِ رستاخیز هستیم و به عیسای ناصری هم ایمان نداریم.

از نظر من مهمترین دعوت ایمان مسیحی این است که با شجاعت به حضور زندهٔ مسیح، لبیک و آمین بگوییم. بیش از سی‌وهشت سال است که به مسیح ایمان آورده‌ام و دیده‌ام که چطور آن شور و اشتیاقِ روزهای اولِ ایمان، به‌مرور خاموش شده است.

آن‌قدر عمر کرده‌ام که بتوانم با قطع و یقین بگویم که زندگی مسیحی بیش از آن‌که در اوج کامیابی سپری شود در سریر ناکامی می‌گذرد؛ ایمان

هیچ‌گاه خالی از شک نیست و هر چند خدا خود را در طبیعت و تاریخ مکشوف کرده است، مطمئن‌ترین راه برای شناختِ خدا این است که به‌قول توماس آکویناس او را tamquam ignatum یعنی به‌غایت غیر قابل شناخت بدانیم. فکر او در هیچ ذهنی جا نمی‌شود؛ وصف او در هیچ کلمه‌ای نمی‌گنجد؛ او فراتر از همهٔ توصیفات و توضیحات عقلی و منطقی ما است.

لبیک گفتنِ من به مسیح زنده که در او پری الوهیت تجسم یافته ترسناک است، چون زندگی شخصی‌ام را تحت تأثیر قرار می‌دهد. در زمان دلتنگی و رهاشدگی، موقع مرگ یکی از عزیزان، در تنهایی و ترس، با وجود آگاهی از فریسی درون و نیز با وجود رفتارهای عجیبِ شخصیت کاذب، لبیک گفتن به حضور زندهٔ مسیح، مستلزم شجاعت و تهور و جدیت کامل است.

این لبیک گفتن، عملی از روی ایمان و پاسخی است با تمام وجود به عیسای قیام‌کرده که در کنارمان، در برابرمان، در اطراف‌مان و در درون‌مان حضور دارد؛ این لبیک گفتن، فریاد اطمینان ما است از این‌که ایمان ما به عیسی نه فقط از ما در برابر مرگ حفاظت می‌کند، بلکه ما را از تهدیدی به مراتب بدتر از مرگ که شرارت و پلیدی خودمان است، محفوظ می‌دارد. این لبیک را نه یک بار، بلکه صدها بار باید در این زندگی که یک‌دم از تغییر نمی‌ایستد، گفت و باز گفت.

آگاهی از حضورِ مسیح قیام‌کرده، پوچی و بی‌معنایی را از زندگی ما می‌زداید. مقصود از پوچی، این فکر هراس‌انگیز است که وقایع زندگی ما نه ارتباطی به یکدیگر دارند و نه حاصلی. به این‌ترتیب، آگاهی از حضور مسیحِ قیام‌کرده به ما کمک می‌کند تا تمامِ زندگی خود را همچون یک کلِ واحد ببینیم و طرحی را از زندگی خود مشاهده کنیم که قبلاً هرگز ندیده بودیم.

آیا این نشانه‌های حضورِ زندهٔ عیسی را در زمان حال می‌بینیم؟

اگر رستاخیز عیسی را صرفاً واقعه‌ای به‌شمار آوریم که در گذشته روی داده است، تأثیر خود را بر زمان حال از دست خواهد داد. یک

الهیدان انگلیکن به اسم اچ. آ. ویلیامز، در کتاب خود به‌نام رستاخیز حقیقی می‌نویسد: «از آنجا که واقعه رستاخیز را از نظر زمانی دور و بی‌ارتباط با خودمان می‌دانیم، رستاخیز عموماً برای ما چندان معنایی ندارد و به همین دلیل است که برای بیشتر مردم، رستاخیز از بیخ و بن بی‌معناست. مردم حق دارند که نسبت به عقایدی که در تجربهٔ حاضر آنها محلی از اِعراب ندارند، بدبین باشند.»

از سوی دیگر، اگر رستاخیز را امیدی صرفاً مربوط به آینده بدانیم که متضمنِ رستاخیز ما است و نیز این‌که روزی ما هم با مسیح در جلالش حکومت خواهیم کرد، در این صورت مسیحِ قیام‌کرده را بی‌سر و صدا از زمان حاضر بیرون خواهیم راند. رستاخیز را خواه به گذشته محدود کنیم و خواه به آینده، حضور زندهٔ مسیح در زمان حاضر بی‌معنا خواهد شد و این امر سبب خواهد گردید که خود را از جریانات زندگی روزمره کنار بکشیم. چنین طرز فکری همچنین مانع از این می‌شود که هم اکنون با عیسای زنده مشارکت داشته باشیم.

به بیان دیگر، حضور زندهٔ مسیح را در حال حاضر و در زندگی هر روزهٔ خود باید تجربه کنیم. مسیحِ قیام‌کرده خطاب به شاگردان فرمود: «اینک من هر روزه تا پایان این عصر با شما هستم» (متی ۲۸: ۲۰). اگر این سخنان مسیح را جدی بگیریم آنگاه باید انتظار این را داشته باشیم که او فعالانه در زندگی ما حضور داشته باشد. اگر ایمان ما زنده و روشن باشد، آن مواقع و لحظاتی را که قدرت رستاخیز زندگی‌مان را تحت تأثیر قرار می‌دهد، تشخیص خواهیم داد. ما چندان که غرق در عوالم خود و بی‌اعتنا به حضورِ زندهٔ مسیح هستیم، متوجهٔ روش‌های ظریفی که عیسی برای جلب توجه‌مان به‌کار می‌گیرد نمی‌شویم.

ویلیام بری چنین می‌گوید: «ما باید طوری خود را تربیت کنیم که تأثیر لمس خدا را بر زندگی خود که بعضی به آن شایعهٔ دخالت فرشتگان می‌گویند، از بین تمام تأثیرات دیگر تشخیص بدهیم.» اجازه بدهید منظور خود را با مثالی بیان کنم.

یک روزِ شنبه تا دیروقت در کلیسا کار می‌کردم. موقعی که به منزل رفتم، پیغامی کوتاه و صریح روی دستگاه پیام‌گیر ضبط شده بود به این مضمون: «خانم فرانسس برنان در حال احتضار است و می‌خواهد شما را ببیند.»

روز بعد به سمت شیکاگو پرواز کردم. به فرودگاه که رسیدم تاکسی گرفتم و حول و حوش ساعت نه به خانهٔ سالمندانِ حضرت مریم رسیدم. به طبقهٔ چهارم رفتم و از پرستار شب پرسیدم که آیا خانم برنان هنوز در اتاقش اسـت. پرستار جواب داد: «بله، تشـریف ببرید آخر راهرو، اتاق ۴۲۲.»

در اتاق، خانم نود و یک سـاله‌ای بر تخت خواب دراز کشیده بود و راهبه‌ای در کنارش نشسـته و زیر لب دعا می‌خواند. این خانم در چهل سال گذشـته مثل مادر مرا تر و خشک کرده بود و حتی در ۱۹۶۰ رسماً نام خانوادگیش را به من داده بـود. خواهر روحانی وقتی مرا دید گفت: «خوب شد آمدید، چشم به راهتان بود.» به‌روی صورتِ مادر خم شدم، بوس‌های بر پیشانی‌اش نشاندم و گفتم: «مادر، دوستت دارم.» مادر، دست راسـتش را دراز کرد و لب‌هایش را نشان داد. یکی دو ثانیه طول کشید تا منظـورش را فهمیدم. مادر، تمام نیرویی را که در بدن نزار و ضعیفش مانده بود جمع کرد و سرش را بلند کرد و سه مرتبه همدیگر را بوسیدیم. تبسمی بر لبش نشست. چند ساعت بعد مادر چشم از جهان فروبست.

در حالی‌که قلبم از اندوه فشـرده می‌شـد، همراه دوستانم به سمت شـیکاگو به‌راه افتادم تا ترتیب مراسم خاکسپاری را بدهم. تصمیم گرفتم که شـب را در مُتلی بگذرانم که در نزدیکی محل خاکسپاری واقع بود. بعد از مراجعه به پذیرش هتل، کلید اتاق را گرفتم و با آسانسـور به طبقهٔ چهارم رفتم. سـپس به انتهای راهرو رفتم و کلید را از جیبم در آوردم و در قفل چرخاندم. ناگهان نگاهم به شمارهٔ اتاق افتاد: ۴۲۲.

متعجب و حیران، وسایلم را زمین گذاشتم و خود را به‌روی صندلی راحتی انداختـم. در این متل، ۱۶۱ اتاق دیگر هـم جز این یکی وجود داشـت. آیا تصادف محض باعث شـده بود که اتاقی با همان شـمارهٔ اتاق مادر مرحومم به من داده شـود؟ در این افکار بودم که مثل صدای

زنگی که در اعماق روح و جانم طنین افکند، صدای این کلمات در ذهنم پیچید: «چرا زنده را در میان مردگان می‌جویید؟» در بیرون، ابری از آسمان گذشت و از پس آن نور خورشید به درون اتاق تابید. ناگهان تبسمی فراخ به لب آوردم و گفتم: «مامان، تو زنده هستی. خانهٔ جدیدت مبارک!»

شاید همان‌طور که جان شی می‌گوید مرز بین این زندگی و زندگی جاودانی باریک‌تر و نفوذپذیرتر از چیزی است که فکر می‌کنیم. جان شی می‌گوید: «مردم با علایمی از زندگی پس از مرگ، گاه در جریان اتفاقات عادی زندگی و گاه طی تجربیاتی خارق‌العاده، روبرو می‌شوند. البته می‌توان دربارهٔ این تجربیات بحث کرد و آنها را رد و تکذیب نمود، ولی کسانی که تحت تأثیر آنها قرار می‌گیرند راهی جز پذیرفتن‌شان ندارند. این علایم و تجربیات، ثابت می‌کنند که عمیق‌ترین و در عین حال شکننده‌ترین امید ما که باعث می‌شود به عزیزان‌مان بگوییم "تو نخواهی مرد"، امیدی بی‌پایه و اساس نیست.»

صدای تردیدها و شک‌های درونم به نجوا می‌گویند: «برنان پایت یواش‌یواش به لب گور نزدیک می‌شود.» اما ایمان من که از رستاخیز مایه می‌گیرد، صدای بال‌های فرشتگان را می‌شنود و فروغی از مسیح قیام‌کرده می‌بیند؛ مسیحی که به‌قول آگوستین قدیس با ما صمیمی‌تر از خود ما است.

در زیر دو مورد از تجربه‌های فردریک بوکنر نقل شده‌اند که ممکن است مواردی از نشانه‌های یاد شده باشند و شاید هم اصلاً چیز مهمی نباشند. بوکنر تصمیم‌گیری در این‌باره را به خواننده می‌سپارد.

یکی از این اتفاقات زمانی افتاد که دیروقت به بوفهٔ فرودگاه رفته بودم تا چیزی بنوشم. من از پرواز کردن بیزارم و خوردن یک نوشیدنی معمولاً از اضطراب پرواز می‌کاهد. غیر از من کسی در بوفه نبود و همهٔ صندلی‌ها خالی بودند. روی یکی از صندلیها نشستم. جلوی این صندلی هم که رو به پیشخوان قرار داشت، منوی غذا را گذاشته بودند. بالای منو شیئی بود که با کمی دقت معلوم شد گیره‌ای است که برای ثابت نگاه داشتن

کراوات به آن می‌زنند. روی گیره حروفِ اول اســم من حک شــده بود، یعنی س. ف. ب. دهانم از فرط تعجب باز ماند. اگر فقط حرف ب حک شــده بود، می‌گفتم که تصادف جالبی اســت؛ اگر ف و ب با هم بودند، می‌گفتم جداً که عجیب است، ولی احتمال این‌که سه حرف اول اسم من آن‌هم با ترتیب درست، تصادفی بر روی این گیره حک شده باشند، یک در میلیون اســت. من این قضیه را پیش خودم چنین تعبیر کردم که حتماً در زمانی مناسب، از مسـیری صحیح، عازم به انجام رساندن مأموریتی صحیح هستم. چه پیشامد پوچ و بی‌ارزشی، ولی گفتن این حرف به این سادگی‌ها هم نیست.

یک‌بار هم خوابِ دوستی را دیدم که به‌تازگی فوت کرده بود. در این خوابی که چندان هم به خواب شــباهت نداشت دوست متوفی خود را در حالی دیدم که در اتاق ایستاده بود. به او گفتم: «از دیدنت خوشحالم. دلم برایت تنگ شده است.» دوسـتم گفت: «بله، می‌دانم.» گفتم: «ببینم، تو واقعاً آنجا ایســتاده‌ای؟» جواب داد: «البته، که این‌جا ایستاده‌ام.» گفتم: «می توانی ثابت کنی؟» پاسخ داد: «البته که می‌توانم.» این را گفت و رشته نخ آبی رنگی را به طرف من پرتاب کرد. آن را گرفتم و این صحنه چندان واقعی بود که از خواب پریدم. صبــح، موقع صبحانه خوابی را که دیده بودم برای همسـرم و بیوهٔ آن مرد تعریف کردم. همسـرم گفت: «خیلی عجیب اســت. امروز صبح نخ آبی رنگی را روی فرش دیدم.» می‌دانستم که همچو نخی دیشـب روی فرش نبود. به‌سـرعت به طبقهٔ بالا رفتم و رشــته نخ آبی رنگی را روی فرش دیدم. این مورد را هم یا باید تصادف صرف به حساب آورد و یا پذیرفت که اتفاقی نظیر این، علامت کوچکی اســت دال بر این واقعیت که وقتی از رسـتاخیز بدن صحبت می‌کنیم، حقیقتی در پس آن نهفته است!

وقتی سالها پیش رویدادنامهٔ اقوام سلت را می‌خواندم چیزی که خیلی باعث تعجبـام شــد این بود که در قرون وسـطی، کلیسای ایرلند تمام رویدادها را از چشم ایمان می‌دید. مثلاً هرگاه راهبی می‌دید که گربه‌اش از آب‌های کم عمق ماهی گرفته است، فریاد بر می‌آورد: «قدرت خداوند

بر پنجهٔ گربه‌ام قرار گرفت.» در رویدادنامهٔ مذکور، سخن از راهبانی رفته است که مدام در حال سفر در اقیانوس اطلس بودند و فرشتگان خدا را در حال نزول و صعود از سواحلِ غربی اقیانوس می‌دیدند و صدای آوازشان را می‌شنیدند. برای انسانِ اهل علم امروز، این فرشتگانی که راهبان می‌دیده‌اند چیزی جز پرندگان دریایی و بومی سواحل اقیانوس اطلس نبوده‌اند، ولیکن راهبان در دنیایی زندگی می‌کردند که در آن هر پیش آمد و اتفاقی، کلامی از خدا بود. آنها در دنیایی زندگی می‌کردند که مهربانی و عطوفت خدا، در رویدادهای تصادفی، دریافت‌های شبانه و اتفاقاتِ عادی روزمره تجلی می‌یافت.

اگر برای پدر عیسی سقوط پرنده‌ای از آسمان یا افتادن تار مویی از سرمان مهم است، پس برای پسر قیام‌کرده‌اش نیز کسرشأن نیست که نقشی در قضیهٔ شماره اتاق هتل، حروف حک شده بر گیرهٔ کراوات و رشته نخِ افتاده بر روی فرش، ایفا کرده باشد.

ایمان به حضور زندهٔ عیسی، روال زندگی روزمرهٔ ما را که عاری از لطافت است به‌کل دگرگون می‌کند. به‌منظور حفظ روشنی و انسجام بحث خود، اول باید نگاهی به مفهوم پنطیکاست بیاندازیم. پنطیکاست، عیدی برای بزرگ داشتن روح‌القدس نیست، بلکه عیدی است مربوط به مسیح، یعنی همان مرد یهودی که عیسای ناصری نام داشت. پنطیکاست عبارت است از سهیم شدن کلیسا در عید قیام. به‌عبارت دیگر پنطیکاست، عیدِ انتقال یافتنِ قدرت و جلالِ عیسای مسیح به پیروانش است.

یوحنا اظهار می‌دارد که وقتی عیسی هنوز بر روی زمین بود، «روح هنوز عطا نشده بود، از آن‌رو که عیسی هنوز جلال نیافته بود» (یوحنا ۳۹:۷). در جای دیگری از انجیل یوحنا چنین می‌خوانیم: «رفتنم به سود شماست. زیرا اگر نروم، آن مدافع نزد شما نخواهد آمد؛ اما اگر بروم او را نزد شما می‌فرستم» (یوحنا ۷:۱۶). بنابراین، پولس رسول می‌نویسد: «انسانِ اول، یعنی آدم، نفسِ زنده گشت؛ آدم آخر روح حیات‌بخش» (اول قرنتیان ۴۵:۱۵).

مطابق انجیل چهارم، عطیهٔ روح‌القدس نه پنجاه روز پس از قیام [یعنی پنطیکاست م.] بلکه، همان روز قیام عطا شد. به عبارتی، روح‌القدس،

هدیه‌ای بود که عیسی در روز قیام به شاگردانش داد. در انجیل یوحنا چنین می‌خوانیم: «شامگاه همان روز که نخستین روز هفته بود عیسی آمد و در میان ایشان ایستاد و گفت: ”سلام بر شما!“ چون این را گفت، دمید و فرمود: ”روح‌القدس را بیابید. اگر گناهان کسی را ببخشایید، بر آنها بخشیده خواهد شد؛ و اگر گناهان کسی را نابخشوده بگذارید، نابخشوده خواهد ماند“.» (یوحنا ۱۹:۲۰، ۲۲-۲۳)

در قدیمی‌ترین نسخهٔ رسالهٔ دوم قرنتیان ۳: ۱۷، خود عیسای قیام‌کرده، pneuma یعنی روح‌القدس خوانده شده است: «اکنون این خداوند، روح‌القدس است و هر جا روح خداوند هست، آنجا آزادی است.»

باید به‌یاد داشت که ایمان پولس به قیام مسیح، فقط به دلیل شهادت رسولان نبود، بلکه خودش هم با حضور زندهٔ عیسی شخصاً روبرو شده بود (اعمال ۹). مسیحیت صرفاً یک پیام نیست، بلکه تجربهٔ ایمانی است که به پیام تبدیل می‌شود و صریحاً امید، آزادی از اسارت و امکانات جدیدی به انسان می‌بخشد. روژه گارودی، فیلسوف معروف کمونیست، یک‌بار دربارهٔ عیسای ناصری چنین گفت: «من چیز زیادی دربارهٔ این مرد نمی‌دانم، ولی این یک چیز را دربارهٔ او می‌دانم که تمام زندگی او حاوی این پیام است: هر کس در هر زمانی می‌تواند از نو شروع کند.»

حضور زندهٔ مسیح به‌عنوان "روح حیات‌بخش" متضمن این حقیقت است که ما با هر وضعیتی می‌توانیم خود را وفق بدهیم. ما به‌حال خود رها نشده‌ایم. «دعا می‌کنم تا به قدرت عظیم روح او که در دسترس ما است پی ببرید.» (نقل تفسیری افسسیان ۱:۱۸-۱۹). وقتی به‌جای توانایی‌های محدود خود، بر قدرت نامحدودِ مسیح قیام‌کرده تکیه کنیم، نه فقط می‌توانیم بر شخصیت کاذب و فریسی درون خود غلبه کنیم، بلکه همچنین می‌توانیم این فکر را که هر روز به مرگ خود نزدیک‌تر می‌شویم بی‌تأثیر بسازیم. «زیرا او باید تا زمانی که پا بر همهٔ دشمنانش بگذارد، حکم براند. دشمن آخر که باید از میان برداشته شود، مرگ است» (اول قرنتیان ۱۵:۲۵-۲۶).

امید ما به‌طرز تفکیک‌ناپذیری به آگاهی ما از حضور زندهٔ مسیح مربوط است. یک روز صبح زود، در حالی‌که مشغول نوشتن بودم، به دلیلی نامعلوم احساسی از غم و دلتنگی به من دست داد و کم‌کم در تمام وجودم پراکنده شد. دست از نوشتن کشیدم و شروع به خواندن فصل‌های اول دست‌نوشته‌ام کردم. به‌قدری نوشته‌ام دلم را زد که خواستم کل کار را کنار بگذارم. از خانه خارج شدم تا بعضی کارهای مربوط به اتومبیل‌ام را انجام دهم، ولی ادارهٔ مربوطه تعطیل بود. گفتم بروم کمی ورزش کنم. نزدیک دو کیلومتر بر کنارهٔ رودخانه دویدم، ناگهان باران گرفت و در حالی‌که خیس شده بودم باد نعره‌کشان چنان هلم داد که تقریباً به داخل رودخانهٔ میسی‌سیپی پرت شدم. بر چمن بلند کنارهٔ رودخانه نشستم و به‌طرز مبهمی می‌دانستم که به‌دست‌هایی که با میخ سوراخ شده بودند، چسبیده‌ام [منظور نویسنده این است که احساسی هرچند کم‌رنگ از حضور مسیح داشته است. م.] در حالی‌که سردم بود با تن و بدنی خیس به دفتر کارم بازگشتم و همان موقع همسرم تلفن کرد و بگومگو شروع شد. احساسات تلخی چون یاس، ترس، عصبانیت، نفرت، دلسوزی به‌حالِ خود و افسردگی وجودم را پر کرده بودند. مرتب به خود می‌گفتم: «احساسات من با خودم فرق دارند.» اما آرام نمی‌شدم. به‌خود گفتم: «این نیز بگذرد.» این هم فایده‌ای نکرد.

ساعت ششِ عصر آن روز خود را تالاپ در صندلی راحتی‌ام انداختم و زیر لب شروع به زمزمهٔ این دعا کردم: «ای خداوند عیسای مسیح، بر من گنهکار ترحم فرما.» به این‌ترتیب، حضور حیات‌بخش مسیح را می‌طلبیدم. کم‌کم ولی به‌طرزی محسوس متوجهٔ حضور مقدس مسیح در کنار خود شدم. احساس تنهایی‌ام ادامه داشت. اما رفته‌رفته از تأثیر آن کاسته می‌شد، غم و اندوهم هنوز به‌جای خود باقی بود، اما رفته‌رفته سنگینی خود را از دست می‌داد. عصبانیت و نفرت ناپدید شدند.

بله، روز سختی از سر گذراندم. بله، پریشان و آشفته بودم. اما چنین نبود که نتوانم خود را با اوضاع وفق دهم. روح حیات بخش خداوندِ قیام‌کرده چگونه در روزهایِ سختی نظیر این خود را ظاهر می‌سازد؟

روح حیات‌بخشِ خداوند موقعی خود را ظاهر می‌سازد که تصمیم می‌گیریم قرص و محکم بایستیم و حاضر نمی‌شویم فرار کنیم یا رفتارهایی مخرب در پیش بگیریم. قدرت رستاخیز به ما قوت می‌بخشد تا با عواطف لجام‌گسیختهٔ خود با تمام قدرت مقابله کنیم و وجود دردی را که در سینه داریم، هر اندازه هم که شدید باشد، به‌جای انکار، بپذیریم. در جریانِ مبارزهٔ خود، درمی‌یابیم که تنها نیستیم و چون می‌دانیم که حضور زندهٔ مسیح با ما است، می‌توانیم محکم و با صلابت بایستیم و در شاگردی خود، کامل‌تر، عمیق‌تر و غنی‌تر شویم. به این‌ترتیب، مشاهده می‌کنیم که از آنچه قبلاً تصور می‌کردیم بهتریم. از این گذشته، نه فقط ناملایمات را تحمل می‌کنیم، بلکه مجبور می‌شویم تا مرزهای دیدی را که از خود داریم گسترش دهیم.

کولسیان ۲۷:۱ می‌گوید: «رازی که همانا مسیح در شماست، که امید جلال است.» امید می‌داند که با اجتناب از آزمون‌های بزرگ، کارهای بزرگ هم انجام نخواهند گرفت و از رشد به سمتِ عظمتِ روح بازخواهیم ماند. بدبینی و انفعال و قبول شکست، هرگز ثمرهٔ روحِ حیات‌بخش مسیح نیستند، بلکه عدم آگاهی ما را از حضور زندهٔ مسیح نشان می‌دهند.

ممکن است با یک تلفن که به ما شود ضرب‌آهنگِ آرام زندگی ناگهان به هم بخورد. شاید کسی به ما تلفن بزند و بگوید: «همسر شما تصادف کرده و حالش وخیم است. الآن هم در قسمت مراقبت‌های ویژه بستری است.» یا «متأسفم از این‌که باید خبر بدی بهتان بدهم. پسرتان به‌خاطر خرید و فروش مواد مخدر دستگیر شده است.» یا «دختر سه سالهٔ شما با دختر من لب استخر بازی می‌کردند و من فقط یک دقیقه ترک‌شان کردم و وقتی برگشتم دخترتان ...»

هنگامی که فاجعه، چهرهٔ کریه خود را نمایان می‌سازد و گوش ما صدایی به‌جز ناله و زاری‌های‌مان نمی‌شنود، هنگامی که شجاعت‌مان از پنجره بیرون می‌رود و دنیا به چشم‌مان خصمانه و تهدیدآمیز جلوه می‌کند، زمانی است که وارد جتسیمانی خود شده‌ایم. در این شرایط، هیچ

حرفی هر چند صادقانه، ما را آرام نمی‌کند. شـب بدی است. ذهن‌مان از کار می‌افتد، قلب‌مان خالی می‌شود و اعصاب‌مان به‌هم می‌ریزد. از خود می‌پرسیم که این شبِ آشـفته را چطور به صبح خواهیم رساند؟ خدای این سـفری که به تنهایی رفته‌ایم، سـاکت و خاموش است. با این‌حال، ممکن است که در چنین روزهای تلخ و تاریکی دست سوراخ‌شدهٔ مسیح قیام‌کرده، دست ما را بگیرد، طوری که هیچ توجیه منطقی برای آن نباشد. اتی هیلسـان، بانوی هلندی تباری که در ۳۰ نوامبر ۱۹۴۳ در آشـویتس جان سـپرد، چنین نوشته اسـت که ما می‌توانیم «آن قسمت کوچکی از خدا را که در ما اسـت محافظت کنیم» و به یاس و ناامیدی میدان ندهیم. به این‌ترتیب، می‌توانیم از ظلمت شـب بگذریم و به نور صبح برسـیم. وقایع مصیبت‌بار، مسیر زندگی ما را به‌کلی تغییر می‌دهند، ولی موقعی که آسـیب‌پذیر و بی‌دفاع هستیم، قدرت عیسی را از طریق حضور زنده‌اش تجربه می‌کنیم.

حضور زندهٔ مسـیح از معمای حیات پرده برمی‌دارد. در رمان شاید قدیس، مادر اِیان بدلو شخص بسیار خوش‌بینی است که زندگی منظم و مرتبی دارد. دائم لبخند بر لب دارد و مدام مثل فشفشه در جنب و جوش است. اما پس از مرگِ پسـر بزرگش مدتی را در تأمل عمیق می‌گذراند. روز یکشنبه در بازگشت از کلیسا، در اتومبیل به شوهرش می‌گوید:

«همه چیزمان را از دست داده‌ایم و سطح زندگی‌مان تنزل کرده است. چطور به این زندگی ادامه می‌دهیم؟ پسـر بزرگ‌مان مرده و دیگر هرگز او را نخواهیم دید. زندگی‌مان هم ویران شـده رفتـه! با این‌حال، هنوز هم لباس می‌خریم، گرسنه‌مان می‌شـود و پای تلویزیون می‌نشینیم و به برنامه‌های طنز آن می‌خندیم. این عجیب نیست؟»

شوهر جواب می‌دهد: «عزیزم باید ساخت.»

مادر ایان می‌گوید: «ما مشکلاتِ غیر عادی از سر گذرانده‌ایم و همین هم از ما انسـان‌های عادی سـاخته اسـت. هضم این موضوع برای من دشوار است. مُرد آن روزهایی که خانواده‌ای منحصر به فرد بودیم.»

«این حرف را نزن عزیزم. هنوز هم منحصر به‌فرد هستیم.»

«حالا به آدمهای نگران تبدیل شده‌ایم.»

«بی، عزیزم.»

«این عجیب نیست؟»

پس از این گفتگو، بی به خودش مسلط می‌شود و مثل سابق وجودش را شیرینی و نور فرا می‌گیرد. بسیاری از ما عادت کرده‌ایم به این‌که زندگی را مجموعه‌ای از اتفاقات نامربوط بدانیم. بنابراین، در اتفاقات و تجربیاتی که از سر می‌گذرانیم، هیچ‌گونه پیوستگی و طرحی نمی‌یابیم. به این‌ترتیب، وقایع زندگی‌مان فاقد انسجام و پیوستگی جلوه می‌کنند و به عنوان‌های خبریِ صبح می‌مانند که از افت سهام، جاری شدن سیل، عملیات ناموفق خراب‌کاران، راه جدید جلوگیری از ســرطان و رویدادهای دیگری خبر می‌دهند که به یکدیگر ارتباط ندارند. مجموعهٔ وســیع اطلاعات، وقایع، عواطف و تجربیات، ما را به‌ســوی انفعال ســوق می‌دهند. ظاهراً خود را راضــی کرده‌ایم به این‌که زندگی را همچــون مجموعه‌ای از اتفاقاتِ نامرتبط تلقی کنیم. مهمان می‌آید و می‌رود، افکار و احساســات مختلف می‌آیند و می‌روند، هر سال تولدها و سالگرد ازدواج را جشن می‌گیریم، بیماری و ضرر و زیان بدون هیچ هشــدار قبلی سر می‌رسند و به‌نظرمان هیچ‌یک از این اتفاقات به هم مربوط نیستند.

این تلقی به‌ویژه در موردِ گذر عمــر صدق می‌کند. زمانی که به‌قول شکسپیر "خوش‌خوشــانِ جوانی" بود، زندگی شــور بیشتری داشت، اتفاقاتِ زندگی‌مان بیشــتر حامل معنی و مفهوم بــود و انگار هر روزی که می‌گذشــت طرح و شــکلی داشــت. اما حالا که دیگــر آن روزها گذشــته، دوست داریم به خود بگوییم که نگاهمان به زندگی رنگ و بوی فلسـفی‌تری یافته اســت. به‌علاوه، مباهات می‌کنیم به این‌که در مکتبِ ناملایماتِ روزگار، شیوهٔ جلوگیری از ضرر و زیان را یاد گرفته‌ایم. اینک با نگاهی ترحم‌آمیز، به گذشته نگاه می‌کنیم و پیش خودمان می‌گوییم که آن وقت‌ها مسائل را چقدر ساده می‌انگاشتیم و چه راه‌حل ساده‌ای برای معمای زندگی داشتیم. اما حالا، جا افتاده و بالغ هستیم و بالاخره به جایی رسیده‌ایم که می‌توانیم زندگی را آن طور که واقعاً هست ببینیم.

واقعیت این اسـت که اگر نخواهیم با آگاهی از حضور زندۀ عیسـی زندگی کنیم، بـرای ما زندگی بی‌معنا، تمام فعالیت‌هـا، بی‌فایده و تمام روابط، بیهوده خواهند بود. جدای از مسیح قیام‌کرده، در دنیایی از معمای ناگشودنی و پیچیدگی‌های درنیافتنی زندگی خواهیم کرد، دنیایی بی‌معنا، دنیایـی از پدیده‌هایی که هر دم تغییر می‌کننـد؛ دنیایی از مرگ، خطر و تاریکی و ظلمت؛ دنیایی از پوچـی و بیهودگیِ وصف‌ناپذیر؛ دنیایی که هیچ چیز آن به هم مربوط نیسـت؛ دنیایی کـه در آن هیچ‌کاری ارزش ندارد، چون هیچ‌چیز ماندنی نیست. همه چیز آن در حد ظواهر است. در این دنیا، جز پژواک‌هایی که بر شانۀ باد می‌میرند، صدایی شنیده نمی‌شود. هیچ عشـق و محبتی پایدار نیسـت. همه‌اش قیل و قالِ بیهوده است و خشم و خروشِ بی‌فایده.

معمای تاریک حیات فقط در عیسی گشوده می‌شود؛ معنا، مقصود و هـدفِ هر چه بر ما می‌گذرد و راهِ تبیین و ارزیابی آنها را فقط می‌توان از عیسی که راه و راستی و حیات است آموخت.

زندگی در حضور زندۀ عیسـی، روشـی برای تسـکین دادنِ افراد خسـته‌خاطر و یا نوعی مکانیسم دفاعی برای سـازگار ساختن خود با فشـارها و ناملایماتِ زندگی نیسـت، بلکه کلیدِ گشودنِ معنای هستی اسـت. خدا هر روز ما را به مسیح شبیه‌تر می‌سازد. او از تمام اتفاقاتی که در زندگی ما روی می‌دهد برای رسـیدن به همین منظور استفاده می‌کند. هیچ چیز نمی‌توانـد بدون حضورِ خداوند، هستی داشته باشد («زیرا همه چیز به‌واسطۀ او آفریده شد و برای او آفریده شدند» کولسیان ۱۶:۱). هیچ چیز نمی‌تواند با حضور خداوند نامرتبط باشـد و هیچ چیز نمی‌تواند در حضورِ او بی‌اهمیت باشد.

هر وجودی در حضورِ مسـیح قیام‌کرده که به‌قول چسـترتون پشت سر ما ایسـتاده اسـت، حیات می‌یابد. هر چیزی بزرگ، کوچک، مهم، بی‌اهمیـت، دور یا نزدیک، جا، معنا و ارزش خـود را دارد. بر اثر اتحاد با او (که به‌قول آگوسـتین از ما به ما نزدیک‌تر است)، هیچ کاری بیهوده نمی‌ماند و از بین نمی‌رود. در زندگی ما لحظه‌ای نیسـت که ارزش ابدی

نداشته باشد اقدامی نیست که بی‌نتیجه بماند، محبتی نیست که ثمر نیاورد و دعایی نیست که پاسخ گفته نشود. «در حق آنان که خدا را دوست می‌دارند و بر طبق ارادهٔ او فراخوانده شده‌اند، همهٔ چیزها با هم برای خیریت در کار است» (رومیان ۸:۲۸).

بدبیاری‌ها اعم از منتظره و غیرمنتظره، پیشامدهای ناگواری چون بیماری، سوءتفاهمات و حتی گناهان‌مان نمی‌توانند مانع از شکوفایی نهاییِ زندگی‌مان شوند که با مسیح در خدا پنهان است.

آگاهی از حضور زندهٔ مسیح، اراده و دریافت‌های باطنی، عقل و احساس ما را به هم پیوند می‌زند. به این‌ترتیب، دیگر کمتر به ظواهر می‌پردازیم و هر بار که در محیط جدیدی قرار می‌گیریم کمتر به انگیزهٔ مقبول ساختن خود، رنگ عوض می‌کنیم. دیگر در خانه، شخصی متفاوت از محل کار و در کلیسا، شخصی متفاوت از آنچه در ترافیک هستیم، نمی‌شویم. دیگر روزهای خود را به بطالت نمی‌گذرانیم و برای گذر زمان دنبال سرگرمی‌های بیهوده نمی‌رویم؛ هرگاه می‌رنجیم و عصبانی می‌شویم، احساس خود را انکار نمی‌کنیم و به‌جای این‌که در تار شرایطِ زندگی گرفتار شویم و بگذاریم شرایط از ما بهره کشی کند، ما، زندگی را به خدمت خود در می‌آوریم. بدین‌سان، هر چه می‌گذرد به افراد پخته‌تر و بالغ‌تری تبدیل می‌شویم که توانائی‌ها و استعدادهای‌شان با یکدیگر هماهنگ و تلفیق می‌شوند.

وقتی عیسی گفت که هر که او را دیده است، پدر را دیده است، مخاطبانش بی‌اندازه حیران شدند. ما آن‌قدر این گفتهٔ مسیح را شنیده‌ایم که دیگر به شنیدن آن دچار حیرت نمی‌شویم. با این‌حال، این سخن قادر است تصاویر غلطی را که از خدا در ذهن خود پرداخته‌ایم در هم بکوبد. عیسی اذعان داشت که در او تمام احساسات و طرزِ فکر خدا نسبت به انسان، تجسم یافته‌اند. خدا وجودی مگر آن چه در شخصِ عیسی دیده شد، نیست. همان‌طور که کارل رانر می‌گوید «عیسی چهرهٔ انسانی خدا است.»

معجزهٔ محوری و اصلی در اناجیل، نه زنده کردن ایلعازر است، نه غذا دادن معجزه‌آمیز مسیح به پنجهزار نفر و نه حتی تمامِ شفاهای

حیرت‌انگیزی که به‌دست مسیح انجام گرفت؛ معجزهٔ انجیل عبارت است از مسیحِ قیام‌کرده و جلال‌یافته که در همین لحظه به فکر ما است، به‌دنبال ما است، در ما است و حاضر است که در سفر زندگی همراه‌مان باشد!

خدایی که به‌قول کاترین اهل سیئنا، pazzo d' amore (مجنون از عشق و محبت) و ebro d' amore (سرمست از عشق و محبت) است، در عیسی تجسم یافته و در ما سکونت گزیده است. پولس رسول می‌فرماید: «همهٔ ما که با چهرهٔ بی‌حجاب، جلال خداوند را چنان‌که در آیینه‌ای، می‌نگریم، به‌صورت همان تصویر، از جلال به جلالی فزونتر دگرگون می‌شویم؛ و این از خداوند سرچشمه می‌گیرد که روح است» (دوم قرنتیان ۱۸:۳). ترجمهٔ موسوم به کتاب‌مقدس اورشلیم، این چهار نکتهٔ مفید را دربارهٔ این آیه بیان می‌دارد: ۱- نگریستن بی‌حجاب به جلال خدا همان‌طور که برای موسی مقدور بود، برای ما نیز مقدور است. ۲- می‌توانیم به تأمل و تعمق دربارهٔ خدا بپردازیم. ۳- فروغ و تابناکیِ خداوند، همان جلالِ عیسای قیام‌کرده و جلالِ صورتِ مسیح است (۴:۶). ۴- تأمل دربارهٔ خدا که در مسیح ظاهر شده است، ما را به شباهت او در می‌آورد (رومیان ۲۹:۸ و اول یوحنا ۲:۳).

پولس به جرأت می‌توانست افتخار کند به این‌که فکر مسیح را دارد (اول قرنتیان ۱۶:۲). زندگی او ثابت کرد که افتخار او بی‌جهت نبود. پولس از وقتی توبه کرد، تمام توجه‌اش را به مسیح قیام‌کرده معطوف ساخت. عیسای مسیح قدرتی داشت که پولس دائماً شاهد عملکرد بی‌وقفهٔ آن بود (فیلیپیان ۲۱:۳). عیسی شخصی بود که پولس می‌توانست صدایش را بشنود (دوم قرنتیان ۳:۱۳)، هم او بود که در زمان ضعف به او قوت می‌بخشید (۹:۱۲) و باز او بود که فکر وی را تنویر می‌بخشید و تسلی‌اش می‌داد (دوم قرنتیان ۱:۴-۵). پولس، دلشکسته از اتهاماتِ توهین‌آمیز رسولان دروغین، اذعان کرد به این‌که رویاها و مکاشفاتی از عیسای خداوند داشته است (دوم قرنتیان ۱:۱۲). شخصیتِ عیسی پرده از معنای زندگی و مرگ برداشت (کولسیان ۳:۳).

آتیکوس فینچ در رمان خود به‌نام "کشتنِ مرغ مقلد" می‌گوید: «افکار و عوالمِ هیچ‌کس را نمی‌توانیم بفهمیم مگر آن‌که خود را به‌جای او قرار دهیم و به دنیا از چشمان او نگاه کنیم.» پولس آن‌قدر به خودش و دیگران و دنیا از چشمان عیسی نگاه کرد که مسیح به خویشتنِ او تبدیل شد «دیگر من نیستم که زندگی می‌کنم، بلکه مسیح است که در من زندگی می‌کند» (غلاطیان ۲:۲۰). دیدیموسِ اسکندرانی می‌گوید: «پولس پر از مسیح بود.»

تأمل عبارت است از نگریستن به جلالِ بی‌حجاب خدا در مسیحِ قیام‌کرده و جلال‌یافته. «دعای تأمل‌آمیز بیش از هر چیز دیگر عبارت است از نگریستن به شخصیت عیسی.» دعای توأم با آگاهی از حضور زندهٔ مسیح؛ یعنی نیازی نیست که در دعا حضور مسیح را بطلبیم، چون همین حالا حضور او با ما است. دعای تأمل‌آمیز، چشمان ما را به‌روی آنچه داریم می‌گشاید. در جریان تأمل، وقتی به مسیح می‌نگریم و عشق و محبت خود را نثارش می‌کنیم، نه فقط با او صمیمیت می‌یابیم، بلکه زندگی‌مان نیز دگرگون می‌شود.

نتنائیل هاوترن داستانِ کوتاه معروفی دارد به‌نامِ صورتکی بر کوه که در آن پسربچه‌ای به‌صورتکی که بر دیوارهٔ کوه حک شده است، خیره می‌شود و از جهانگردانی که به شهرشان می‌آیند می‌پرسد که آیا صاحب آن چهره را می‌شناسند. ولی کسی نمی‌شناسد. پسرک همچنان که با گذشت سال‌ها، از بچگی به مردانگی و سپس به میانسالی و آخر به کهنسالی قدم می‌گذارد، از هر فرصتی استفاده می‌کند و به دیدن صورتک می‌رود. سرانجام یک روز، جهانگردی در حال عبور از آن دیار، خطاب به وی که زمانی پسربچه بود و اینک پیرمردی با سر و صورت آفتاب سوخته، می‌گوید: «صورتک روی کوه خودتی دیگر!» آگاهی از حضور زندهٔ مسیح و تأمل دربارهٔ او، ما را به شباهت او در می‌آورد و به اشخاصی تبدیل‌مان می‌کند که خدا می‌خواهد باشیم.

حضور زندهٔ مسیح، برای خدمت انگیزه می‌بخشد. «چون انبوه جماعت‌ها را دید، دلش بر حال آنان سوخت زیرا همچون گوسفندانی

بی‌شبان، پریشان‌حال و درمانده بودند» (متی ۳۶:۹). این آیاتِ آکنده از مهر و عطوفت، گوشه‌ای از عواطف انسانیِ عیسی را به ما می‌نمایانند و نشان می‌دهند که عیسی چه احساسی نسبت به انسان‌ها دارد. در این آیات می‌بینیم که چطور وقتی عیسی با اشخاصی روبرو می‌شد که به دنبال محبت و سعادت در جای نادرستی می‌گشتند، از عتاب و خطاب و قضاوت دربارهٔ آنها خودداری می‌کرد. در این آیات، قلب عیسی را می‌بینیم که دیروز، امروز و تا به ابد به یک اندازه آکنده از مهر و محبت می‌تپد.

در اناجیل می‌خوانیم که هر بار دل عیسی به‌حال مردم می‌سوزد، متعاقب آن اقدامی می‌کند، برخی را شفای جسمانی و برخی را شفای درون عطا می‌کند، عده‌ای را از اسارت‌های گناه‌آلود یا شیطانی آزاد می‌سازد، به مردم گرسنه خوراک می‌دهد یا به دعای شفاعتی می‌پردازد. از همه مهمتر این‌که عیسی از روی دلسوزی، تصاویر غلطی را که مردم از خدا و او در ذهن داشتند از بین می‌برد و مردم را از ظلمت و تاریکی به‌سوی نور هدایت می‌کند. این امر ما را به یاد نبوتِ اشعیاء نبی دربارهٔ مسیح موعود می‌اندازد: «او مثل شبان گلهٔ خود را خواهد چرانید و به بازوی خود بره‌ها را جمع کرده، به آغوش خویش خواهد گرفت و شیردهندگان را به ملایمت رهبری خواهد کرد» (اشعیاء ۱۱:۴۰).

رحم و شفقتِ عیسی او را وا می‌داشت به این‌که با مردم از محبتِ عظیم خدا سخن گوید. گاه به این فکر می‌کنم که اگر کسی دربارهٔ نجات و رستگاری با من سخن نمی‌گفت و برای معرفی عیسی به من وقت صرف نمی‌کرد، چه سرنوشتی پیدا می‌کردم. در این صورت، حتی اگر در اثر اعتیادی که به الکل داشتم نمی‌مردم، شخصیت کاذبم حسابی مجال جولان می‌یافت. همان‌طور که در بیانیهٔ سازمان الکلی‌های گمنام آمده است: «خود رأیی و لجاجت به طغیان و عصیان می‌انجامد.» چندی پیش از هرمان هوک[1] در رمانش به‌نام "درون و بیرون"، داستانی تأثیرگذار

1 Herman Wouk

خواندم. قهرمان داستان او شخصی است که به‌تازگی طی مراسم مخصوص یهودیان رسماً در سیزده‌سالگی به عضویت جامعهٔ یهود درآمده و به اصطلاح "بِنای بِریت" یعنی فرزند عهد شده است. وی چنین می‌گوید:

> «صبح روزِ بعد از مراسم به همراه پدرم به کنیسه بازگشتم. عجب تضادی! کنیسه نیمه‌تاریک، و ساکت و خالی بود؛ موریس الفنباین و چند نفر مرد مسن دیگر کلاه و ردایِ مخصوص نیایشِ یهودیان را در برداشتند.
> اگر به‌خاطر تلاش پدر نبود، از نکتهٔ اصلی غافل می‌ماندم. هر کسی می‌تواند مراسم تأیید باشکوهی به‌راه بیاندازد، منتها بایستی پول خرج کرد و پسری را یافت که حاضر باشد به شوقِ جشن و مهمانیِ بعد از مراسم، پیه یادگیریِ شرعیات یهود را به تنش بمالد. آنچه موجب تداوم موجودیت دین ما و شاید تمام ادیان دیگر در این عصر شوریدگی می‌شود، گروه کوچکی از آدم‌های سرسخت است که در عبادتگاهی تقریباً خالی، از روی عادت، وفاداری، خرافات، رخوت، احساسات یا شاید اعتقادِ حقیقی، ایمان دینی خود را حتی برای یک روز دیگر هم که شده، حفظ می‌کنند؛ کسی چه می‌داند انگیزه‌شان کدام‌یک از اینها است. پدرم این حقیقتِ تلخ را به من آموخت و آن در ذهنم مانده است، چنان‌که هنوز هم خود را به شتاب به کنیسه می‌رسانم، مخصوصاً وقتی باران یا برف می‌بارد و ممکن است تعداد حاضران برای تشکیل جلسهٔ عبادتی به حد نصاب نرسد.»

در این داستان، واقعهٔ کوه سینا را که کلید تفسیر تاریخ قوم یهود و درک هویت آنها است، ده پیرمرد سرسخت که عده‌شان از حد نصابِ تشکیلِ جلسات کنیسه فراتر نمی‌رود، در کنیسه‌ای تقریباً متروک، زنده

نگاه می‌دارند و به نسل‌های بعد انتقال می‌دهند. این افراد هر اندازه هم که انگیزه‌های مشوشی داشته و از بی‌اعتنایی و سردی جماعت دلسرد شده باشند، همچنان به بازگفتنِ داستان کوه سینا ادامه می‌دهند.

آنچه به ما انگیزه می‌دهد تا داستان نجات و رستگاری را برای دیگران تعریف کنیم، گوش دادن به ضربان قلب عیسـای قیام‌کرده است که در درون ما سـکونت دارد. برای تعریف این داستان حتماً لازم نیست که کشیش دستگذاری شـده باشیم یا از واعظانی باشیم که در کوی و برزن راه می‌افتند و موعظه می‌کنند. نیز لازم نیسـت کتاب‌مقدس را برداریم و مثل پتک بر سـر مردم بکوبیم و با ضربـات پی‌درپی خود آنها را به توبه بکشـانیم. بازگفتن داستان نجات به این معنی اسـت که خیلی ساده به دیگران بگوییم که قبلاً چگونه شخصی بودیم، بر اثر ملاقات با عیسی چه تغییری در ما حاصل شد و زندگی‌مان اکنون چگونه است.

شـخصیت کاذب از بازگفتن این داسـتان اجتنـاب می‌کند، زیرا از طردشـدن می‌ترسد. او عصبی و مضطرب اسـت، چون باید به خودش تکیه کنـد و قدرتش محدود به منابعِ بی‌ارزش و حقیرش اسـت. او از شکست می‌هراسـد. خویشتنِ حقیقی، مرعوب و وحشت‌زده نمی‌شود، بلکه قدرتی مافوق، آن را تقویت می‌کند و به پیش می‌برد؛ خویشـتن حقیقی، امنیتِ واقعی و بنیادین خود را در آگاهی از حضور زندهٔ عیسای مسیح می‌یابد. هسـتهٔ لاینفکِ خدمت، نه ما، بلکه همیشه عیسی است. «جـدا از من هیچ نمی‌توانید کرد» (یوحنا ۵:۱۵). همان لحظه که به عجز و ناتوانی خود معترف می‌شویم، همان‌دم به قلمرو رهاییِ‌بخشِ خداوند قیام‌کرده قـدم می‌گذاریم و از نگرانی دربارهٔ نتیجـهٔ خدمت خود آزاد می‌گردیم. به این‌ترتیب، اگر داستان نجات خود را تعریف می‌کنیم، صرفاً به‌علت درسـت بودن این کار است. شخصی گفته است: «تنها دلیل برای انجام دادن کارِ درست این اسـت که انجام دادنش درست است؛ مابقی دلایل، برای انجام دادن کاری غیر از آن است.»

یکی از کارگردانـان هالیوود به‌نام فرانک کاپرا چندی پیش چشـم از جهان بست. مشـهورترین اثر او فیلمی اسـت به‌نام "عجب زندگی

شگفت‌انگیزی"، محصول ۱۹۴۶. این فیلم، داستانی است خیالی دربارهٔ مردی که چون به‌نظرش تا به‌حال هیچ‌کار باارزشی انجام نداده است، از فرط ناامیدی اقدام به خودکشـــی می‌کند. اما فرشتهٔ نگهبان، او را نجات می‌دهد و از طریق رویایی تابناک و درخشـــان به او نشان می‌دهد که اگر مهربانی و نیکویی او نبود، خانواده و دوســـتان و مردم شـــهرش زندگی مصیبت‌باری می‌داشتند.

شاید موقعی که پردهٔ زندگی ما فروبیافتد، داستان نجات را فقط برای یک نفر تعریف کرده باشیم. خدا وعده می‌دهد که اگر حتی یک لیوان از آب حیات پر کنیم و به کسی بدهیم، کارمان بی‌اجر نخواهد ماند.

سقراط گفته است: «زندگی بدون آگاهی، ارزش زیستن ندارد.» برای آن‌که همچنان در آگاهی از حضور زندهٔ عیســـی زیســـت کنیم، بیش از هوش و خرد به تهور و شـــجاعت نیاز داریم. گاه وسوســـه می‌شوم که حضور مسیح را فراموش کنم و جدای از او تفریحی برای خود دست و پا کنم؛ یا مسیح را کنار بگذارم و خود را سخت مشغول برخی تجربیات و روابط کنم. آگاهی از حضور زندهٔ مسیح موقعی کم رنگ‌تر می‌شود که به‌علتِ قصور در انضباط روحانی، مثل افراد لاادری[۱] شـــویم؛ مقصود این‌که به‌دلیل عدم انضباط روحانی، خود را در معرضِ بمبارانِ رسانه‌های گروهی قرار دهیم، مطالعات ســـطحی و بی‌مایه داشـــته باشیم، سرگرم گفتگوهای بی‌ارزش شـــویم، برای رفع تکلیف دعا کنیم و حواس خود را تحت کنترل درنیاوریم. همان‌طور که در روابط انســـانی، بی‌توجهی و قصور، پایه‌های محبت، اعتماد و مشارکت را متزلزل می‌سازد، همان‌طور هم بی‌توجهی به خویشتن حقیقی که با مسیح در خدا پنهان است، آگاهی ما را از رابطه‌ای که با خداوند داریم، تیره و تار می‌ســـازد. ضرب‌المثلی هست که می‌گوید: «بر جادهٔ متروک خار و خس می‌روید.» به این‌ترتیب،

---

۱ لاادری گری Agnosticism دیدگاهی فلســـفی است که می‌گوید ما وجود و حقیقت هیچ چیزی را نمی‌توانیم به‌صورت قطع و یقین بدانیم. نویسنده می‌خواهد بگویدکه اگر حضور زندهٔ مسیح را به خود یادآوری نکنیم، رفتار ما طوری خواهد بود که انگار خیلی هم به این موضوع اعتقاد نداریم. یعنی در نوعی حالت بینابینی، بین شک و یقین به‌سر خواهیم برد. م.

قلبـــی که زمانی از نظر روحانی ســبز و خرم بود به تاکســتانی ویران و متروک تبدیل می‌شود.

هرگاه به‌ســوی راه دیگری نظر می‌افکنم و چشم دل خود را به‌روی عیســی می‌بندم، انگشتِ ســرد لاادری‌گری قلبم را لمس می‌کند. البته، لاادری‌گری من شــامل انکار وجود خدا نیست، بلکه در اثر بی‌توجهی‌ام به حضور مقدس مســیح، بی‌ایمانی مثل جلبک در قلبم می‌روید. روش پول خرج کردن و طرز برخوردی که معمولاً با دیگران داریم نشان‌دهندۀ میزان آگاهی ما از حضور مسیح زنده است.

اســکات پک در کتاب خــود به‌نام "راه کمتر پیموده شــده"، اظهار می‌دارد: «بدون انضباط قادر به حل هیچ مسئله‌ای نیستیم. با کمی انضباط می‌توانیم کمی مســائل را حل کنیم و با انضبــاط کامل قادر به حل تمام مسائل خواهیم بود.»

با گذشت زمان بر من مسلم‌تر می‌شود که انضباطِ زیستن در حضور زندۀ عیسی، رابطۀ تنگاتنگی با موضوعِ بازیابی شور و حرارت دارد.

فصل هفتم

بازیابیِ شور و حرارت

شـــور و حرارت یا passion اساساً به معنی تأثیر عمیق پذیرفتن است، و انرژی ذاتی روح و جان را تشـــکیل می‌دهد. شاید تا به‌حال فکر این را نکرده باشـــیم که قابلیت ما در تأثیرپذیـــری از چیزی به ما نیرو و انرژی بدهد. با این‌حال، مثال بسـیار جالبی از این حقیقت را می‌توان در انجیل متی ۱۳:۴ یافت.

یکی دیگر از آن روزهای طاقت‌فرسـا اســت. ناگهان گاو از حرکت بازمی‌ایستد و هر چه گاوآهن را می‌کشد بی‌فایده است. کشاورز تیغۀ گاو آهن را بیشـــتر در زمین فرو می‌کند و همین‌طور زمین را شیار می‌اندازد تا این‌که تیغه به جســـمی فلزی برخورد می‌کند. گاو متوقف می‌شـــود. مـــرد، گاو آهنِ ابتدایی خود را کنار می‌اندازد و بـــا عصبانیت زمین را با دست‌های خالیِ خود می‌کند. همین‌طور خاک است که به این طرف و آن طرف می‌پاشد. آخر سر، کشاورز دستش به‌دسته‌ای فلزی می‌خورد. آن را می‌گیرد و می‌کشد. ناگهان از زیر خاک صندوقچه‌ای خارج می‌شود. در حالی‌که دستانش از هیجان می‌لرزد، در صندوقچه را باز می‌کند و ناگهان جا به‌جا خشکش می‌زند. به صدای بلند می‌گوید: این‌جا را ببین! گاو به شنیدن این فریاد چشمکی می‌زند.

صندوقچه لب به لب پر از سکه و طلا، جواهر و نقره است. کشاورز دســـتش را داخل جواهرات فرو می‌برد و سکه‌های طلا و گوشواره‌های قیمتـــی و دانه‌های درخشـــان الماس از لای انگشـــتانش فرو می‌ریزند. وی دزدانـــه به اطراف نگاه می‌کند تا ببیند آیا کسـی او را می‌پائیده یا نه. خوشحال از این‌که کسـی آن دور و اطراف نبوده، یک توده خاک روی

صندوقچه کپه می‌کند و شیار کم عمقی روی آن می‌اندازد. سپس، سنگ بزرگی بر آن قرار می‌دهد تا بعداً بتواند محل گنج را پیدا کند.

او از کشف حیرت‌انگیز خود سخت تحت تأثیر قرار گرفته است. حالا دیگر فکری هست که مدام در سرش چرخ می‌زند، چندان‌که روزها موقع کار و شب‌ها موقع خواب از او دست‌بردار نیست. پیش خود مدام می‌گوید که مزرعه باید به تملکش درآید! ولی برای او که کارگر روزمزدی بیش نیست، ادعای مالکیت گنج ممکن نیست. پس پول خرید مزرعه را از کجا باید جور کند؟ دیگر قید حزم و احتیاط را می‌زند و دار و ندارش را به فروش می‌رساند. برای کلبه و چند گوسفندش پول نسبتاً خوبی به او می‌دهند. مایملکش را می‌فروشد و به‌سراغ در و همسایه، دوست و آشنا و قوم و خویش می‌رود و حسابی قرض می‌کند. صاحب مزرعه از قیمت پیشنهادیِ کلانِ خریدار چندان به شوق می‌آید که بی‌معطلی زمین را به او می‌فروشد.

زن و بچهٔ صاحب جدید مزرعه دایم بر سرش غر می‌زنند و دوستانش او را به باد ملامت می‌گیرند. همسایگان هم سرِ تأسف تکان می‌دهند و می‌گویند: «حتماً بیرون زیاد زیر آفتاب کار کرده.» با این‌حال، همگی از آن همه جنب و جوش او در حیرتند.

کشاورز با وجود موج اعتراضاتی که از هر سو به طرفش سرازیر است، آرامش دارد و حتی خیلی هم خوشحال است، چون می‌داند که شانس در خانه‌اش را زده و معاملهٔ چندان سودآوری کرده است که هروقت به نتیجهٔ آن فکر می‌کند، قند توی دلش آب می‌شود. صاحب قبلی این گنج احتمالاً قبل از شروع جنگ آن را زیر خاک مدفون کرده بود تا در امان باشد، ولی اجل مهلتش نداده بود. کشاورز گنج را به فروش می‌رساند و صد برابر خرجش سود می‌کند. به این‌ترتیب، وی تمام قرض‌هایش را می‌پردازد و خانه‌ای عیانی برای خود می‌سازد. کشاورز سادهٔ سابق، حالا برای خودش برو و بیایی دارد و دشمنانش به او حسادت می‌کنند، دوستان به او تبریک می‌گویند و با گنجی که یافته است تا عمر دارد نانش توی روغن است.

«پادشاهیِ آسمان همچون گنجی است پنهان در دلِ زمین که شخصی آن را می‌یابد، سپس دوباره پنهانش می‌کند و از شادمانی می‌رود و آنچه دارد، می‌فروشد و آن زمین را می‌خرد» (متی ۴۴:۱۳).

تاکید این مَثَل بر کشفِ شورانگیزِ ملکوت خدا است. یکی از دانشمندان کتاب‌مقدس به‌نامِ یوئاکیم جرمیاس دربارهٔ این مثل می‌گوید:

«هنگامی که این شـادیِ عظیم و بی‌قیاس به کسـی رو می‌کند، تا اعماق وجودش نفــوذ می‌نماید و تمام فکر و ذهنش را در اختیار خود می‌گیرد. حال دیگر، تمام دنیا در مقابل این گنج ارزشـی ندارد و هیچ بهایی برای به‌دست آوردن آن زیاد نیست. گذشـتن از ارزشمندترین چیزها، خیلـی معمولی جلوه می‌کند. نکتهٔ اساسـی این مثل این نیست که شخص برای رسـیدن به گنج چه چیزهایی را فدا می‌سازد، بلکه عبارت اسـت از دلیل وی برای اقدام به این کار؛ به عبارتی، تجربهٔ حیرت انگیزی اسـت که از این کشف ناشی می‌شـود. ملکوت خدا نیز چنین است. تأثیر خبرِ شـورانگیزِ نجات، قدرت عظیمی به شـخص می‌بخشد؛ قلب او را با شور و شادی پر می‌کند و زندگیش را از این رو به آن رو می‌کند و سـبب می‌شـود که وی با تمام وجود، نفْس خود را انکار کند.»

حال می‌خواهیم نمونه‌ای امروزی از این مثل ذکر کنیم. در دهم جولای ۱۹۹۳ لسـلی راینز که سی سال داشت و معلم دبیرستانی واقع در ایالت ویسکانسـین آمریکا بود، در بخت آزمایی برندهٔ جایزه‌ای به مبلغ یکصد و یازده میلیون دلار شد که بزرگترین جایزهٔ بخت‌آزمایی در تاریخ آمریکا بود. وی پس از برنده شدن در جایزه، فوراً از ویسکانسین به فلوریدا نزد نامزدش رفـت. وی در مصاحبه‌ای با خبرنگار یک روزنامه گفت: «یکی دو روز اول، من و نامزدم بیشتر وحشت‌زده بودیم تا ذوق‌زده. کم کم سر و صداها دارد می‌خوابد و بیشتر احساس آرامش می‌کنیم.»

آیا غیر از این است که لسلی و نامزدش تحت تأثیرِ بخت و اقبال بلند خود قرار گرفتند و برنده شـــدن در بخت‌آزمایی، شـــور و حرارت را در دلشـــان بیدار کرد؟ آیا از این لحاظ وضع آنها به کشاورز یادشده شباهت نداشت؟

رابینز ۶ ماه بعد از قرعه‌کشـــی فرصت داشت که جایزه‌اش را تحویل بگیرد. ولی حالا بیائید فرض کنیم که رابینز و نامزدش ســـخت دلباختهٔ ورزش هســـتند و آن‌قدر سرشان به مســـابقات گرم می‌شود که فراموش می‌کنند جایزه را تحویل بگیرند. مهلت آنها تمام می‌شـــود و از این پس ســـالانه ســـه و نیم میلیون دلار به‌مدت بیست ســـال از جایزه‌شان کسر می‌شود.

با این حســـاب، دربارهٔ این زوج جوان چه قضاوتی خواهیم کرد؟ آیا آنها را احمق و نادان نخواهیم دانست؟

من اگرچه ســـعی می‌کردم با درک و شـــفقت از تندی قضاوت خود بکاهم، ولی فکری جز این نمی‌کردم. من هم در گذشته مرتکب حماقتی مشابه شـــده‌ام. رابینز و نامزدش غلامِ چشم و گوش بستهٔ ورزش بودند و من بردهٔ الکل. حماقت آنها برای منِ قابل درک اســـت. آنها آیندهٔ خود را به‌خاطر فلان و بهمان تیم ورزشـــی از دســـت دادنـــد و من گنجی را که داشـــتم، سَرِ ودکا و عرق از دســـت دادم. در آن روزهای تلخ و تیره، زمانی که شیشه‌های ویســـکی را در کابینت حمام و داشبورد اتومبیل و در گلدان قایم می‌کردم، خود را در بین اشـــک‌ها و خنده‌های توخالی از خدا مخفی می‌ساختم. در تمام این مدت، جای گنج را می‌دانستم. کشف گنج یک چیز اســـت و این‌که شخص با عزمِ راسخ و تلاش پیگیر در پی تملک آن باشد چیز دیگری است. کم‌مایه بودن زندگی ما عمدتاً به‌علت دلباختگی‌مـــان به زرق و برق‌ها و افتخارات دنیای مادی و فانی اســـت. روابط نامشروع جنســـی، مواد مخدر، الکل، حرص زدن برای ثروت و لذت و قدرت و دینداری متظاهرانه، ولو یک‌ذره، مانع از احساسِ حضور زندهٔ مسیح می‌شوند. دینداری متظاهرانه، مقام و منزلتِ دنیوی و سیر در عالم مســـتی و نشئگی، نمی‌توانند بی‌معنایی موحش، تعصب و بدبینی و

بی‌اعتنایی موجود در کلیسا و جامعه را بپوشانند. اعتیاد ما به هر چه که باشد خواه رابطه‌ای نامناسب، وابستگیِ مخرب و یا تنبلی مانع از این می‌شوند که تحت تأثیر مسیح قرار بگیریم. تنبلی و کاهلی به این معنی است که از سیر و سلوک باطنی امتناع کنیم و نخواهیم شور و حرارت در ما برانگیخته شود. وقتی عمیقاً تحت تأثیرِ گنجی که به‌دست آورده‌ایم قرار نگیریم، به حضور مسیح بی‌اعتنا می‌شویم و زندگی پوچی در پیش می‌گیریم. اگر می‌خواهیم شور و حرارتی که در دل داریم به حسرتِ گذشته یا احساساتِ توخالی تغییر ماهیت ندهد، باید آن را مدام تجدید کنیم.

گنجی که داریم عیسای مسیح است. او آن ملکوتی است که در میان ما است. همان‌طور که ژزوئیت‌های یکی از ایالات آمریکا در سرود خود می‌خوانند:

ما گنجی داریم
که جنس آن از طلا نیست
در ظرف‌های خاکی است
ارزش آن حساب کردنی نیست.
یک گنج بیش نداریم
و آن خداوندمان مسیح است
که در ظرف‌های خاکی است.

داستانی دربارهٔ زوج یهودی بسیار دینداری وجود دارد که از روی عشق و محبت بسیار ازدواج کرده بودند و آتش عشق آنها هیچ‌گاه خاموش نمی‌شد. بزرگترین آرزوی آنها این بود که فرزندی داشته باشند تا ثمرهٔ عشق آنها در قالب کودکی بانشاط روی زمین راه برود. اما، مشکلاتی وجود داشت و از آنجا که خیلی دیندار و مؤمن بودند پیوسته دعا کردند و دعا کردند و دعا کردند. بعد از به هزار در زدن، بالاخره زوجهٔ یهودی حامله شد و موقعی که از حامله شدنش خبر دار شد از ساره نیز زمانی که اسحق را آبستن شد، بلندتر خندید. کودک در رحم او

بیش از یحیی در رحم الیصابات زمانی که مریم به ملاقاتش رفته بود، از شادی تکان خورد. نه ماه بعد، نوزاد ذکورِ شیرینی گریه کنان به دنیا آمد.

آنها اسم او را مردخای گذاشتند. او سرکش و پرشور بود و روز را به بازی و تفریح و شب را با فکر آن می‌گذراند. آفتاب و ماه اسباب بازیش بودند. او در حکمت و قامت و جمال رشد می‌کرد تا این‌که زمان آن رسید تا به کنیسه برود و کلام خدا را یاد بگیرد. شب قبل از شروع درس‌ها، والدینِ مردخای او را نشاندند و برای او از اهمیت کلام خدا گفتند. آنها تاکید کردند که بدون کلام خدا، او مثل برگ پاییزی در معرضِ بادِ زمستان خواهد بود. مردخای با چشم‌های گردکرده گوش می‌داد.

با این‌حال، روز بعد مردخای به‌جای این‌که به کنیسه برود، به جنگل رفت و در دریاچه شنا کرد و از درختان بالا رفت.

وقتی آن شب مردخای به منزل رسید، خبر نافرمانی او در همه جای روستای کوچک‌شان پیچیده بود. همه از کار شرم‌آور او خبر داشتند. والدین مردخای پاک خود را باخته بودند و نمی‌دانستند چه کنند. بنابراین، از مشاورانی کمک خواستند که کارشان تعدیلِ رفتار بود. مشاوران مزبور شروع به تعدیل رفتارهای مردخای کردند تا این‌که رفتار تعدیل‌نشده‌ای در او باقی نماند. اما روز بعد، باز هم مردخای در جنگل برای خودش می‌گشت و در رودخانه شنا می‌کرد و از درختان بالا می‌رفت. این‌بار والدینش از روانکاوان کمک گرفتند و امیدوار بودند که با برطرف شدنِ عقده‌های مردخای، مشکل روانی او حل شود. اما روز بعد، باز هم مردخای در جنگل بود و شنا می‌کرد و از درختان بالا می‌رفت. پدر و مادر سخت نگرانِ پسر محبوب خود بودند، چون ظاهراً آدم‌بشو نبود.

در همین زمان، رابی (معلم یهودی) اعظم برای بازدید از دهکده به آنجا آمد. پدر و مادر مردخای گفتند: «شاید رابی بتواند این بچه را سر عقل بیاورد.» این بود که مردخای را پیش رابی اعظم بردند و داستان را از سیر تا پیاز برای او تعریف کردند. رابی به صدای بلند گفت: «بگذارید پسرک پیش من بماند تا من یکی دو کلمه با او حرف بزنم.»

به کنیسه نرفتنِ مردخای برای والدینش به‌قدر کافی عذاب‌آور بود، ولی این‌که پسر محبوب‌شان را نزد چنین شخص قدر قدرتی تنها بگذارند، نگرانی‌شان را صد چندان دامن می‌زد. ولی، دیگر کار از کار گذشته بود و چاره‌ای نداشتند. مردخای در راهرو ایستاد و رابی بزرگ از داخل اتاقش با اشاره او را به درون خواند و گفت: «بیا این‌جا پسر جان.» مردخای با تن و بدنِ لرزان پیش رفت.

رابی بزرگ او را در آغوش گرفت و به آرامی به سینه‌اش چسباند. کمی بعد، والدین مردخای برای بردن او بازگشتند و به خانه‌اش بردند. روز بعد، مردخای برای یادگرفتنِ کلام خدا به کنیسه رفت. درسش که تمام شد برای تفریح به جنگل رفت. کلام خدا با کلماتِ جنگل یکی شد و کلماتِ جنگل با کلماتِ مردخای. مردخای سپس در رودخانه شنا کرد و کلام خدا با کلماتِ رودخانه یکی شد و کلماتِ رودخانه با کلماتِ مردخای. بعد از شنا، مردخای از درختان بالا رفت و کلام خدا با کلمات درختان یکی شد و کلماتِ درختان با کلماتِ مردخای.

مردخای بزرگ شد و اسم و رسمی به‌هم زد. اشخاصی که دچار هراس و اضطراب بودند پیش او می‌رفتند و آرامش می‌یافتند. کسانی که تنها بودند و مصاحبی نداشتند به‌نزد او می‌رفتند و در او مصاحبی برای خود می‌یافتند. کسانی که به بن بست رسیده بودند پیش او می‌رفتند و برای حرج خود فرجی می‌یافتند. هنگامی که این اشخاص به او مراجعه می‌کردند، مردخای به آنها می‌گفت: «من اولین‌بار زمانی کلام خدا را یاد گرفتم که رابی اعظم مرا در آغوش گرفت و به آرامی به قلبش چسباند.»

همیشه قلب را مرکز عواطف دانسته‌اند که احساساتِ نیرومندی چون محبت و نفرت از آن منشاء می‌گیرند. با این‌حال، اگر قلب را فقط مرکز عواطف بدانیم، آن‌را به یک جنبه از تمامیت وجودِ انسان محدود خواهیم کرد. بدیهی است که ما این تعریف را از قلب در نظر نداریم موقعی که در دعا می‌گوییم: «خداوندا در من قلب طاهر بیافرین.» خدا هم این تعریف محدود را در نظر نداشت زمانی که از دهان ارمیای نبی فرمود: «شریعت خویش را در باطن ایشان خواهم نهاد و آن را بر دل

ایشان خواهم نوشت» (ارمیا ۳۳:۳۱). عیسی نیز با در نظر داشتنِ تعریفی گسترده‌تر از قلب بود که فرمود: «خوشا به‌حال پاکدلان» (متی ۸:۵).

قلب نمادی است که ما برای بیانِ عمقِ گوهرِ شخصیت انسان به‌کار می‌گیریم. قلب نمادی است از آنچه در هستهٔ وجودمان نهفته است و ما را چنانکه واقعاً هستیم تعریف می‌کند. ما فقط از طریق ظاهر ساختنِ آنچه در قلب‌مان هست، می‌توانیم بشناسیم و شناخته شویم.

وقتی مردخای به ضربان قلبِ رابی اعظم گوش داد، چیزی بیش از انقباض و انبساطِ عضله‌ای تپنده شنید. او از این طریق، به خودآگاهی و ذهن رابی راه گشود و به شناختی از او رسید که منطق و احساسات را در خود جمع داشت و از آنها فراتر می‌رفت. قلب با قلب سخن گفت.[1] فیلسوفی به‌نام بلز پاسکال گفتهٔ معروفی دارد به این مضمون: «قلب دلایل خاص خود را دارد که ذهن از آنها بی‌اطلاع است.»

چندی پیش که به‌مدت پنج روز برای دعا و تفکر به خلوت رفته بودم، تمام وقت خود را صرف مطالعهٔ انجیل یوحنا کردم. هر وقت که به جمله‌ای برمی‌خوردم که به هیجانم می‌آورد قلمی بر می‌داشتم و آن را در دفتر یادداشت‌های روزانه‌ام می‌نوشتم. یادداشت‌هایم با این آیه شروع شد و به همان هم ختم گردید: «یکی از شاگردان که عیسی دوستش می‌داشت، نزدیک به سینهٔ او تکیه زده بود» (یوحنا ۲۳:۱۳ و ۲۵). نباید در جستجوی مکاشفه‌ای عمیق‌تر از کلام خدا، با عجله از این صحنه بگذریم و اگر نه مطلب بسیار مهمی را از دست خواهیم داد. یوحنا سر خود را بر قلب خدا تکیه می‌دهد، بر سینهٔ مردی که شواری نیقیه در تعریف شخصیت او گفت: «با پدر هم رتبه و هم‌ذات، خدا از خدا، نور از نور، خدای حقیقی از خدای حقیقی.» این آیات را نمی‌توان ذکر واقعه‌ای دانست که در گذشته روی داده و تمام شده است. آنچه این آیات می‌گویند می‌تواند تبدیل به ملاقاتی شخصی با خداوند شود، ملاقاتی که درک ما را از کیستی خدا و چگونگی رابطه‌مان با مسیح، عمیقاً متأثر سازد. خدا به

---

۱ ما در فارسی می‌گوییم: «سخن کز دل برآید لاجرم بر دل نشیند.» م.

مردخای جوان اجازه می‌دهد که در تب و تابِ بیست‌واندی سالگی‌اش، به سینهٔ او تکیه زند و به صدای قلبش گوش فرا دهد!

آیا تا به‌حال ذات انسانی عیسی را این‌طور از نزدیک دیده‌ایم؟

روشـــن است که یوحنا در حضور عیسی دچار ترس نشده بود. او از خداوند و استاد خود نمی‌ترسید. عیسایی که یوحنا می‌شناخت عارفی با لباس عجیب و غریب که ســـرش مدام گرمِ رویاهای آسمانی باشد، نبود. همچنین، صورت شـــبح‌گون و موهای بلند و ردای آویخته‌ای همچون تصاویرِ قدیسین نداشت. یوحنا عمیقاً تحت تأثیر عیسی، این مرد مقدس، قرار گرفته بود.

من از ترس این‌که مبادا از الوهیت غافل شـــوم از انســـانیت عیسی فاصله می‌گرفتم و از این نظرشـــبیه زائران دورهٔ عهد عتیق شده بودم که چشـــمان خود را می‌گرفتند تا نگاه‌شـــان به قدس‌الاقداس نیافتد. چنین ترس و تشویشی گواه بر این است که در اعتقاد خود دچار دودلی هستم و به‌جای ایمان به نجات‌دهنده‌ای که به من نزدیک است، به خدایی دور عقیده دارم.

یوحنا در همان حال که به سینهٔ عیسی تکیه می‌زند و به ضربان قلبِ رابی اعظم گوش می‌دهد، شـــناختی از او کســـب می‌کند که از شناختی صرفاً عقلی فراتر می‌رود.

حقا که بین دانستن دربارهٔ کسی و شناختنِ او یک دنیا فاصله هست! ممکن است دربارهٔ فردی تمام اطلاعات موجود را نظیرِ نام، محل تولد، خانواده، تحصیلات، عادات و شـــکل ظاهری - داشته باشیم، اما از این اطلاعات نمی‌توان فهمید که این شـــخص با خـــدا زندگی می‌کند، او را دوست دارد و با وی سلوک می‌نماید.

یوحنا باطناً درک می‌کند که عیســـی چهرهٔ بشـــری خدایی است که محبت اســـت. یوحنا بر اثر شـــناختی که از رابی اعظم کسب می‌کند، به هویت خودش هم پی می‌برد و می‌فهمد که شاگرد محبوب عیسی است. ســـال‌ها بعد، وی در یکی از نامه‌های خود چنین می‌نویسد: «در محبت ترس نیســـت، بلکه محبتِ کامل ترس را بیـــرون می‌راند؛ زیرا ترس از

مکافات سرچشمه می‌گیرد و کسی که می‌ترسد، در محبت به کمال نرسیده است» (اول یوحنا ۱۸:۴).

بئاتریس بروتو می‌گوید: «برای آن‌که شخصی را بشناسیم باید به درون او پا گذاریم و وارد عالم او شویم. به‌عبارتی، اندیشیدن ما مثل او شود. پولس رسول می‌فرماید: "همان طرز فکر را داشته باشید که مسیح عیسی داشت." (فیلیپیان ۶:۲)»

به‌نظرم این همان چیزی است که در اتاقِ بالاخانه اتفاق افتاد. شاگردِ محبوب عیسی نه فقط عیسی را شناخت، بلکه همچنین معنی و مفهوم تمام تعالیمی که عیسی داده بود، به ناگهان برای او روشن شد. «من اولین‌بار زمانی کلام خدا را یاد گرفتم که رابی اعظم مرا در آغوش گرفت و به آرامی به قلبش چسباند.» برای یوحنا قلب و جوهرهٔ مسیحیت، تعالیمی نبود که وی از دیگران شنیده باشد، بلکه پیامی بود که از تجربهٔ شخصی خودش زاده شد. وی به تجربه دریافت: «خدا محبت است» (اول یوحنا ۱۶:۴).

فیلسوفی به‌نام برنارد لانرگن گفته است: «کلِ تجربهٔ دینی در اساس خود عبارت است از ملاقات با وجودی که محبتِ بلاشرط و نامحدود است.»

بازیابیِ شور و حرارت با کشفِ دوبارهٔ این حقیقت که محبوب خدا هستیم، شروع می‌شود. اگر مسیح را پیدا کنیم، خودمان را خواهیم یافت و اگر خویشتنِ حقیقی خود را بیابیم، خداوند را خواهیم یافت. هدف و مقصود زندگی ما همین است. برای یوحنا عیسی مهمترین چیز در زندگیش نبود، بلکه تنها چیزِ مهم زندگیش بود. برای «شاگردی که محبوب عیسی بود» چیزی کمتر از این، ایمان محسوب نمی‌شد.

به عقیدهٔ من در همان شبی که شاگردان به اتفاق عیسی در بالاخانه جمع شده بودند، زندگی یوحنای رسول معنا و مفهوم خود را یافت. قریبِ شصت سال بعد از رستاخیز مسیح، یوحنای رسول مثل جویندهٔ طلایی که خاطرات خود را بکاود تمام اتفاقاتی را که در سه سال زندگیش با

عیسی روی داده بود، به رشتهٔ تحریر کشید. او به آن شبِ مقدسی که همه چیز در آن رخ داد، اشـــاره‌ای معنی‌دار کرد و سپس به هویت خود با این کلمات اذعان نمود: «آنگاه پطرس برگشـــت و دید آن شاگردی که عیسی دوستش می‌داشت از پی آنها می‌آید. او همان بود که در وقت شام بر سینهٔ عیسی تکیه زده بود» (یوحنا ۲۰:۲۱). اگر از یوحنا می‌پرسیدند: «هویت خود را اساسـاً چگونه تعریف می‌کنید و خود را چه کسـی می‌دانید؟» جواب نمی‌داد که: «من شاگرد و رسول و نویسندهٔ انجیل چهارم هستم» بلکه پاسخ می‌گفت: «من همان هستم که عیسی دوستش دارد.»

رویارویی صمیمانهٔ شاگرد محبوب با عیسی در پنجشنبهٔ پاشویان،[1] از نظر کلیسای اولیه دور نماند. یکی از پدران کلیسا به‌نام آیرنیوس (حدود ۱۸۰م.) ضمن تصدیق و تأیید این امر که انجیل چهارم را یوحنای رسول نوشته است، دربارهٔ او چنین گفت: «آخر از همه، یوحنا نیز، همان شاگرد خداوند که به ســینهٔ او تکیه داده بود، موقع اقامتش در افسس، انجیلی را به نگارش درآورد.»

اگـــر یوحنا ۲۳:۱۳-۲۵ را بدون ایمـــان بخوانیم، از مطالعهٔ خود هیچ فایـــده‌ای حاصل نخواهیم بــــرد. برای آن‌که زندگی روحانی پرشـــور و حرارتی داشـــته باشـــیم باید مانند یوحنا تحت تأثیر عیسی قرار بگیریم؛ باید با زندگی و نه حافظهٔ خود، در تجربهٔ یوحنا شـــریک شویم. تا وقتی ســـر خود را بر سینهٔ عیسی تکیه ندهم، به صدای قلبش گوش نکنم و در تجربهٔ عینی یوحنای رسول از عیسی شریک نشوم، روحانیت من نتیجهٔ ملاقاتِ شـــخصی با خداوند نخواهد بود. به این ترتیب، شخصیت کاذبِ حیله‌گر، تجربهٔ یوحنا را به‌عاریت خواهد گرفت و وانمود خواهد کرد که این تجربه از آنِ خود من است.

داستانی دربارهٔ پیرمردی وجود دارد که به‌علت سرطان روزهای آخر عمرش را می‌گذراند. دختر وی از کشیش کلیسای محل تقاضا کرده بود که به بالین پدر بیاید و برای او دعا کند. وقتی کشـــیش به آنجا رسید دید

---

۱ مقصود یادبودِ شام آخر است که طی آن عیسی پاهای شاگردان را شست. م.

که پیرمرد سرش را به دو بالشی که روی هم گذاشته بودند، تکیه داده است و در کنار تختش صندلی‌ای قرار دارد. کشیش پیش خود این‌طور فکر کرد که شاید قبلاً به پیرمرد آمدن او را اطلاع داده‌اند و گفت: «ظاهراً منتظر بنده بودید؟» پیرمرد جواب داد: «خیر، جناب‌عالی که باشند؟» کشیش جواب داد: «من کشیش جدید کلیسا هستم و وقتی صندلی را دیدم به‌نظرم رسید که لابد از آمدنم اطلاع داشته‌اید.»

پیرمرد زمین‌گیر گفت: «آها صندلی را می‌گویید. لطفاً در را ببندید می‌خواهم چیزی بگویم.»

کشیش که پاک گیج شده بود در را بست. پیرمرد به سخن ادامه داد: «مسئله‌ای هست که من تا به‌حال به هیچ‌کس حتی به دخترم هم نگفته‌ام و آن این‌که من در تمام عمر خود هیچ‌وقت دعا کردن را یاد نگرفته‌ام. روزهای یکشنبه که به کلیسا می‌رفتم، هرچه کشیش راجع به دعا کردن حرف می‌زد، سر در نمی‌آوردم چه می‌گوید. بالاخره یک روز از فرط ناامیدی و استیصال به کشیش گفتم که پدر روحانی، من از موعظات شما دربارهٔ دعا هیچی نمی‌فهمم. کشیش کشوِ پایینی میز تحریرش را باز کرد و کتابی از داخل آن بیرون کشید و گفت: "این کتاب را بخوان. نویسنده‌اش هانس اورس فون بالتازار، الهیدان سوئیسی است. این بهترین کتابِ قرن حاضر دربارهٔ دعا و تأمل است".»

پیرمرد به گفتهٔ خود چنین افزود: «کتاب را گرفتم و وقتی به خانه رسیدم شروع کردم به خواندنش. اما از شما چه پنهان برای خواندن سه صفحهٔ اولش دوازده مرتبه به فرهنگ لغت مراجعه کردم. این بود که کتاب را به کشیش پس دادم، از او تشکر کردم و زیر لب گفتم این هم بی‌فایده بود.»

پیرمرد در دنبالهٔ حرف‌هایش گفت: «به این‌ترتیب، دعا کردن را گذاشتم کنار. بالاخره، چهار سال قبل بهترین دوستم به من گفت: "رفیق، دعا کردن که ننه بابا ندارد، اگر با عیسی حرف بزنی می‌شود دعا کردن. حالا بیا و این کار را که می‌گویم بکن. یک صندلی جلوی خودت بگذار و روبروی آن بنشین و با ایمان عیسی را ببین که مقابلت نشسته است.

البته، این خرافات نیســت، چون خود عیســی قول داده که هر روز با ما باشــد. این کار را که کردی درســت مثل الآن که با من حرف می‌زنی، با عیسی حرف بزن و به حرف‌هایش گوش بده.» پدر روحانی، خدمت‌تان عرض کنم که من به این پیشــنهاد عمل کردم و چنان لذتی بردم که از آن زمان تا به‌حال روزی دو ســاعت همین کار را انجام می‌دهم. با این‌حال، مواظبم که دختــرم مرا در این‌حالت نبیند، چون اگــر ببیند پدرش دارد بــا صندلیِ خالی حرف می‌زند یا از عصبانیــت قاطی می‌کند و یا مرا به دیوانه‌خانه می‌فرستد.»

کشیش که ســخت تحت تأثیر حرف‌های پیرمرد قرار گرفته بود، او را تشــویق کرد که کار خود را ادامه دهد. سپس با او دعا کرد و با روغن تدهینش نمود و به منزل خود در کلیسا بازگشت.

دو روز بعد، دختر پیرمرد به کشیش زنگ زد تا خبر درگذشت پدرش را به اطلاع او برســاند. کشیش پرسید: «آیا در آرامش فوت کرد؟» دختر جواب داد: «بله، وقتی ســاعت دو بعد از ظهر می‌خواستم خانه را ترک کنــم، پدر مرا به بالینش خواند و یکی از آن لطیفه‌های بی‌نمکش را برایم تعریف کرد و گونه‌ام را بوسید. یک ساعت بعد که از مغازه برگشتم دیدم پدر فوت کرده است. ولی پدر روحانی، یک چیز در مرگ بابا غیر عادی بود. راســتش بالاتر از غیر عادی، عجیب و غریب بود. ظاهراً بابا قبل از مرگ خم شده و سرش را بر صندلی‌ای که کنارِ تختش قرار داشت، تکیه داده بود.»

مسیح ایمان در حضور زنده‌اش، همان‌قدر دسترسی یافتنی است که مســیحِ تاریخ در بدن جسمانیش برای شاگردِ محبوب خود بود. یوحنا با تاکید بر همین حقیقت، به نقل از خداوند می‌نویســد: «با این‌حال، من به شما راست می‌گویم که رفتنم به ســود شما است» (یوحنا ۷:۱۶). چرا؟ رفتن عیسی چگونه می‌توانســت به نفع جامعۀ ایمانداران باشد؟ اولاً به دلیل این‌که عیســی فرمود: «اگر نروم، آن مدافع نزد شــما نخواهد آمد.» ثانیاً، تا وقتی عیســی بر روی زمین حضوری مرئی و قابل رویت داشت این خطر بود که رســولان به‌قدری به دیدنِ بدن بشــری او عادت کنند

که یقینِ ایمان را با گواهیِ ملمـــوسِ حواس خود معاوضه نمایند. دیدن عیسی در بدن بشری او امتیازی خارق‌العاده بود، ولی عیسی فرمود خوشا به‌حال کسانی که او را ندیده‌اند و ایمان می‌آورند (یوحنا ۲۹:۲۰).

با توجه به تجربهٔ یوحنای رسول، نباید تعجب کرد که او خوانندگان انجیلـــش را در برابر این ســؤال محوری قرار می‌دهد: آیا عیســـی را که ماشیح و پسر خدا است دوست می‌دارید؟

معنی و پری حیات از پاســخِ این سؤال منشاء می‌گیرد و جز این پاسخ، هر چیز دیگری در این دنیا محکوم به فناست. همچنان که ادگار برونس در مقالهٔ خود به‌نام هنر و اندیشهٔ یوحنای رسول می‌گوید: «خوانندهٔ انجیل یوحنا وقتی پیامِ تابناک و درخشـــان آن را می‌خواند، مثل کسی می‌شود که مدتی طولانی بَه آفتاب نگاه کرده است و اینک چیزی غیر از نور آن نمی‌بیند.»

اتحاد با عیسی، موضوع غالب در انجیل یوحنا است. عیسی از طریقِ تمثیلِ تاک و شـــاخه‌ها ما را به زندگی در فضای جدیدی فرامی‌خواند که در آنَ می‌توانیم بدون ترس و تشویش زندگی کنیم. «در من بمانید، و من نیز در شـــما می‌مانم» (یوحنا ۴:۱۵). «کسی که در من می‌ماند و من در او، میوهٔ بسیار می‌آورد» (یوحنا ۱۵:۱۵). «همان‌گونه که پدر مرا دوست داشته است، من نیز شما را دوست داشته‌ام؛ در محبت من بمانید» (۹:۱۵).

شاعری به‌نام جان دان از طرف همهٔ ما چنین فریاد بر می‌آورد:

«مرا به آغوش خود ببر، در خودت حبس‌ام کن، زیرا من،
تا غلام و شیدایت نشوم، آزاد نخواهم بود،
زهد نیز پیشه نخواهم کرد مگر آن‌که مرا مفتون و شیدایت
سازی.»

نگاه کردن به عیسی از منشورِ ارزش‌های انجیل یوحنا، بینشی منحصر به‌فرد در مورد اولویت‌های شاگردی به ما می‌بخشد. رابطهٔ شخصی فرد با عیسی، هر مطلب دیگری را تحت‌الشعاع قرار می‌دهد. آنچه در جامعهٔ ایمانداران اهمیت دارد نه رســـول بودن اســـت و نه خدمت کلیسایی، نه القاب و عناوین است و نه حوزهٔ اقتدار فرد، نه عطایای روحانیِ زبان‌ها،

شفا، نبوت اسـت و نه موعظهٔ الهام‌یافته از روح، بلکه مهم، فقط و فقط جواب ما است به این سؤال عیسی که «آیا مرا دوست می‌داری؟»

انجیل یوحنا کلامی نبوتی را خطاب به کلیسای معاصر بیان می‌دارد، چون کلیسـا عادت کرده است که بین اشـخاص توانمند و دیگران یک دنیـا فرق بگذارد. کلام نبوتی فوق چنین اسـت: فقط محبتِ عیسـای مسیح اسـت که به ما مقام و منزلت می‌بخشد. پیش از این‌که پطرس به ردای اقتدار ملبس شـود، عیسـی نه یک‌بار بلکه سه‌بار از او پرسید: «آیا مرا دوست می‌داری؟» این سؤال نه فقط برانگیزاننده، بلکه در عین حال مکشوف‌کنندهٔ این حقیقت اسـت که «اگر به کسی قدرتی داده می‌شود، اساسِ آن باید دوست داشتنِ عیسی باشد.»

رهبریِ کلیسـا کارِ اسـتادان جمع‌آوری اعانه، دانشمندان برجستهٔ کتاب‌مقدس، مدیران کارکشـته یا واعظان مسحور کننده نیست، (اگرچه همهٔ این قابلیت‌ها برای کلیسا می‌توانند مفید باشند.) رهبری کار کسانی است که عشقی سوزان به مسـیح در سراپای وجودشان شعله می‌کشد؛ مردان و زنان دل‌سـوختهای که امتیاز و قدرت را در مقایسه با شناختن و دوست داشتن عیسی هیچ می‌شمارند.

هنری نیوون دربارهٔ این خصوصیاتِ رهبری مسیحی چنین می‌گوید:

> «رهبران مسـیحی نباید صرفاً کسانی باشند که دربارهٔ موضوعات داغ روز دیدگاه‌های پخته و سـنجیده دارند. رهبـری آنها بایـد در رابطهٔ دایمـی و صمیمانه با کلمهٔ مجسم خدا، یعنی عیسـی، ریشه داشته باشد و سخنان و مشورت و هدایت‌شـان باید از همین رابطه منشاء بگیرد پرداختن به موضوعات داغ روز بی‌آن‌که شخص در رابطهٔ شخصی عمیقی با خدا ریشـه دوانده باشد، به جدایی و نفـاق منجر می‌شـود، زیرا بی‌آن‌که متوجه شـویم خود بینی‌مان به‌نظراتی که ابراز می‌کنیم راه می‌گشاید. اما زمانی که به‌گونه‌ای مطمئن در رابطهٔ شـخصی صمیمانه‌ای با

منشاء حیات ریشه دوانده باشیم، امکان این وجود خواهد داشت که انعطاف‌پذیر باشیم بی‌آن‌که نسبیت‌گرایی پیشه کنیم، در موضع خود محکم بایستیم بی‌آن‌که خشک و خشن باشیم، اشتباه را بگوییم بی‌آن‌که خشونت به‌خرج دهیم، ملایم و باگذشت باشیم بی‌آن‌که نرمشِ بی‌دلیل نشان دهیم و شاهدان حقیقی خداوند باشیم بی‌آن‌که رفتارهای فریبکارانه در پیش بگیریم.»[۱]

کافی است نگاهی به شکاف‌ها و شقاق‌های بزرگ در تاریخ کلیسا، به دورانِ تلخِ نفرت و نزاع، نگاهی بیاندازیم تا متوجه شویم که نادیده گرفتنِ معیارِ یوحنای رسول برای خدمت، چه نتایج زیانباری می‌تواند در پی داشته باشد. وقتی به فجایعی نگاه می‌کنیم که شوالیه‌های صلیبی به‌نامِ حفظ ایمان صحیح مرتکب شدند، چیزی مگر چندش و انزجار احساس نمی‌کنیم.

در طی مدتی که برای دعا و تأمل خلوت اختیار کرده بودم و از یوحنای رسول به‌عنوان دوست و راهنمای خود کمک می‌گرفتم، از چیزی که خیلی تعجب کردم، افعال و قیدهایی بود که یوحنا به کمک آنها درکِ خودش و دیگران را از عیسی روایت کرده است. برای مثال، موقعی که مرتا از خواهرش مریم می‌شنود که عیسی به بیت‌عنیا آمده و خواهان دیدار او است، بلند می‌شود و به‌سرعت خود را به عیسی می‌رساند (۲۹:۱۱).

مریم مجدلیه وقتی قبرِ عیسی را خالی می‌یابد، غصه‌دار می‌شود و اشک می‌ریزد. اما زمانی که عیسی نام او را صدا می‌زند و مریم عیسی را می‌شناسد، عیسی را تنگ در بغل می‌گیرد «بر من میاویز، زیرا هنوز نزد پدر صعود نکرده‌ام» (۱۷:۲۰).

---

۱ مطالب فوق برگفته از کتابِ «در نام عیسی» است که در ایران تحت عنوان «رهبر مسیحی» بوسیلهٔ اینجانب به فارسی ترجمه شده است. م.

همین‌کــه موضوع قبر خالی به گوشِ پطرس و یوحنا می‌رسد، آنها بــا همدیگر به‌طرف قبر می‌دوند، ولی آن شـــاگرد دیگر تندتر از پطرس می‌دود و قبل از او به قبر می‌رسد (۳:۲۰-۴).

پطرس، انکارکنندهٔ عیسی، رفیق نارفیقی که به هنگام سختی، عیسی را تــرک گفت و همــان بزدلی که جلوی کلفتی در حیـــاطِ منزل کاهن، خودش را از ترس پاک باخته بود، وقتی یوحنا به او گفت که عیســی در ساحل دریاچه اســت، تقریباً لخت داخل آب پرید. «شاگردی که عیسی دوستش می‌داشت، به پطرس گفت: "خداوند است!" شمعون پطرس چون شنید که خداوند اســت، در دم جامهٔ خود را گرد خویش پیچید و خود را به دریا افکند» (۷:۲۱). یوحنا خاطرنشان می‌سازد که قایق نود متر از ساحل فاصله داشت.

این شخصیت‌های کتاب‌مقدس، صرف‌نظر از این‌که گذشته‌ای شفاف یا تاریک داشــته‌اند، اجازه ندادند که گذشته‌شان آنها را در پاسخِ حاضرِ خود به عیســی فلج کند. این افراد، شرم و خجالت خود را می‌بوسند و کنار می‌گذارند و به‌ســوی عیسی می‌دوند، یا او را در بغل می‌فشارند، یا به شـــوق دیدنش در آب می‌پرند و یا دوان‌دوان خود را به او می‌رسانند. پطرس عیسی را انکار و ترک کرد، ولی از او واهمه نداشت.

فرض کنید ناگهان متوجه می‌شــوید که تمــام انگیزه‌های‌تان برای خدمت اساســاً خودخواهانه بوده‌اند و یا فرض کنید که دیشــب مست کرده و مرتکب زنا شـــده‌اید و یا فرض کنید که به فریاد کسی که محتاج کمک بود نرســیدید و وی دست به خودکشـــی زد. در این صورت چه خواهید کرد؟

آیا اســیرِ احساسِ گناه می‌شوید و مدام خودتان را محکوم می‌کنید و از خود بیزار می‌شــوید و یا این‌که مثل پطرس داخل آب می‌پرید و برای رســیدن به عیسی، نود متر با منتهای سرعت شنا می‌کنید؟ آیا به احساسِ بی‌ارزش بودن چندان میــدان می‌دهید تا کاملاً تســخیرتان کند؟ آیا به ظلمــت و تاریکی مجالِ پیروزی می‌دهید؟ یا اجازه می‌دهید تا عیســی برای شما آن کسی شود که هست، یعنی نجات‌دهنده‌ای با رحم و شفقتِ

بی‌کران و صبر و شکیبِ بی‌پایان، عاشقی که حساب خطاهای‌مان را نگاه نمی‌دارد؟

انگار یوحنا می‌خواهد بگوید که شاگردان عیسی به‌سوی او دویدند چون دیوانه‌وار دوستش داشتند؛ یا همان‌طور که ریموند براون به لحنی موقر و سنگین می‌گوید: «در خاطرِ شاگردان، عیسی کسی بود که هر کاری می‌کرد از روی محبت بود و پیروانش از دل و جان دوستش داشتند.»

شاگردِ محبوبِ عیسی پیامی دارد هم برای گناهکارانی که از شرمِ کرده‌های خود در عذابند و هم برای کلیساهایی که چون می‌ترسند به آنها برچسبِ بی‌قید و بند و لیبرال زده شود، در بخشیدن گناهکاران بیش از حد دست به عصا هستند. عدهٔ کسانی که کلیسا را به‌خاطر صبور بودن و دل‌رحمی بیش از اندازه‌اش ترک کرده‌اند چندان نیست، ولی آمار کسانی که از دستِ روحیهٔ عدم بخششِ کلیسا گریخته‌اند سر به فلک می‌زند.

وقتی من و همسرم در بهارِ عشق خود بودیم، من از هر فرصتی برای دیدن او در نیواورلئان استفاده می‌کردم. در بهار ۱۹۷۸ پس از آن‌که در شهر آسیسیِ ایتالیا در همایشی ده‌روزه برای هفتاد روحانی آمریکایی و کانادایی موعظه کردم، به همراه گروه، به ایالت مینیسوتا پرواز کردم و ساعتِ سهٔ بعد از نیمه شب به آنجا رسیدم.

پرواز حسابی خسته‌ام کرده بود و صبح روز بعد هم می‌بایست برای موعظه به همایش دیگری در سان‌فرانسیسکو می‌رفتم. بنابراین، عاقلانه‌ترین کار این بود که بلیط بگیرم و یک‌راست به تگزاس پرواز کنم. ولی به‌جای این کار تا ساعت شش صبح در مینیپولیس ماندم و با اولین پرواز خود را به نیواورلئان رساندم. در آنجا با محبوبِ خود برای پیک‌نیک به ساحل رودخانهٔ پانچرترین رفتم و سپس راهی سان‌فرانسیسکو شدم. نیمه شب به آنجا رسیدم.

صبح روز بعد، شاد و سرخوش از عشق، سرحال و قبراق به سخنرانی پرداختم. من عاشقِ عشق شده بودم. (ریشهٔ کلمهٔ شیفتگی در زبان انگلیسی infatuation از کلمهٔ لاتینی in-fatuus است که "عقل بردن"

معنی می‌دهد). تجربه می‌گوید که زندگی همیشه ضرب‌آهنگی چنین عاشقانه ندارد. شور و هیجان باید سرانجام جا به حضوری آرام و معقول سپارد. عشق و شیفتگی باید در برابر جدایی، تنهایی، تضاد، کشمکش و دوره‌های خستگی و ملال تاب آورد. تاب آوردنِ عشق رویاییِ اولیه در گرو این است که پخته شود و به صمیمتی تبدیل گردد که مشخصهٔ آن از خود گذشتگی، قدردانی از محبوب و مصاحبت و مشارکت با او است.

همهٔ ما لحظاتی را به‌خاطر داریم که بر اثر ملاقاتی کاملاً غیر منتظره با عیسای مسیح، عمیقاً تحت تأثیر او قرار گرفته‌ایم و این ملاقات مایهٔ تسلی و شور و شعفِ قلبی عظیمی شده است. در این لحظات ما در شگفتی و عشق و محبت غرق شده‌ایم. به بیان ساده‌تر، واله و شیدای عیسی شده و عاشقِ عشق شده‌ایم. برای من این شیدایی و شیفتگی نه سال به‌طول انجامید.

در پایان این نه سال، اندک زمانی بعد از دست‌گذاری، فریب موفقیت را خوردم. غریوِ تشویق‌ها و تحسین‌هایی که به طرفم بلند می‌شد، صدای محبوبِ قلبم را در خود خفه کرد. در آن زمان سخت تشنه بودم؛ تشنهٔ این‌که تشویق و تأییدم کنند و بگویند که به حضورم احتیاج است! هر قدر بر میزان فعالیتم افزوده می‌شد از میزان صمیمیتم با مسیح کاسته می‌شد. برای توجیه این امر نیز می‌گفتم این بهایی است که برای پیشبرد ملکوت خدا باید سخاوتمندانه پرداخت کرد.

سال‌ها بعد، آوازهٔ شهرتم فرونشست و محبوبیتم رو به افول نهاد. وقتی طردشدگی و ناکامی برای اولین‌بار چهرهٔ کریه خود را نمایان ساختند، من باطناً فاقد آمادگی روحانی برای روبرو شدن با شکست بودم. تنهایی و اندوه به روح و جانم تاخت و من برای تغییر روحیه سراغ مشروب رفتم. با توجه به زمینه‌ای که از قبل داشتم، هجده ماه تمام در مستی و باده‌گساری گذراندم. من گنجی را که یافته بودم ترک کردم و از قدوسیت سادهٔ زندگی‌ام گریختم.

بالاخره، برای مداوا به مرکزی برای بازپروری در مینسوتا مراجعه کردم. وقتی خونم از الکل تصفیه شد، فهمیدم که جز یک‌جا برای رفتن

ندارم. این بود که در عمقِ روح و جان خود فرو رفتم و ساکت و خاموش به صدای قلبِ رابی گوش دادم.

البته، پس از این تجربه نیز باز شده است که از حضور زندهٔ مسیح غافل مانده باشم؛ زندگی من هرگز مسیری مستقیم به‌طرفِ پاکی و قدوسیت نبوده است. بارها دچار لغزش شده و به ورطهٔ آزردگی و ناامیدی فرو افتاده‌ام. گاه نیز دچار اضطراب و تشویش و خود کم‌بینی شدیدی شده‌ام. منتها خبر خوش این است که رفته‌رفته مدت کوتاه‌تری در این‌حالات گذرانده‌ام.

مقصودم از اعتراف به شکست‌های خود چیست؟ تجربیاتی که از خود نقل می‌کنم مایهٔ قوت‌قلب کسانی خواهد بود که خیال می‌کنند خدا فقط از طریق قدیسان کار می‌کند. این تجربیات حاملِ کلامی رهایی‌بخش برای تمام کسانی است که زندگی‌شان مصداقی از نبوت عیسی برای پطرس بوده است: «امشب پیش از بانگ خروس سه‌بار مرا انکار خواهی کرد.» تجربیات فوق برای همهٔ کسانی که در دام بدبینی، بی‌تفاوتی یا یاس و ناامیدی گرفتار آمده‌اند، امیدوارکننده است.

مسیح دیروز، امروز و تا به ابد همان است و تغییر نمی‌کند (عبرانیان ۸:۱۳). او همان رفتاری را با ما می‌کند که با پطرس، یوحنا و مریم مجدلیه نمود. شور و حرارتِ روحانی‌مان زمانی تجدید می‌شود که گنجِ روحانی خود را از نو می‌یابیم و زمانی ادامه می‌یابد که اجازه می‌دهیم تا رابی اعظم ما را به قلبش بچسباند. ثمرهٔ آن نیز تغییری است که در ما صورت می‌پذیرد و چه بسا خودمان متوجهٔ آن نشویم.

تعجبی ندارد که شخصیت کاذب وقتی درمی‌یابد که جدای از مسیح، فضایلش رذایلی بیش نیستند، کوچک و حقیر می‌شود.

فصل هشتم

بردباری و خیال‌پردازی

آنتونی دملو در کتاب خود به‌نام "راه محبت" صراحتاً چنین می‌نویسد:

«به زندگی خود نگاه کنید و ببینید که چطور خلاء آن را با مردم پر کرده و اختیارتان را به‌دست آنها داده‌اید. ببینید که چطور مردم با تأیید و تکذیبِ خود، رفتارتان را کنترل می‌کنند. به آنها اختیار این را داده‌اید که با دوستی‌شان تنهایی را بر شما سبک‌تر سازند و با تشویق‌های‌شان روح‌تان را در اوج آسمان‌ها به پرواز درآورند و یا با انتقاد و تحویل‌نگرفتن‌تان شما را به‌ورطهٔ غم و افسردگی فروبیاندازند.

ببینید که چطور کمابیش هر لحظهٔ روزتان صرفِ دلجویی و جلب رضایت مردم، از زنده و مرده می‌شود. دائماً مطابق معیارهای آنها زندگی می‌کنید و خود را با معیارهای‌شان تطبیق می‌دهید، جویای دوستی‌شان و مشتاق محبت‌شان هستید و از تمسخرشان واهمه دارید؛ تشنهٔ تشویق و تحسین‌شان هستید و هر گناهی که به گردن‌تان بیاندازند لب از لب باز نمی‌کنید؛ از این‌که بر خلافِ مد روز لباس بپوشید، حرف بزنید و یا حتی فکر کنید وحشت دارید. اغلب، حتی زمانی هم که مردم را کنترل می‌کنید، متکی به آنها و برده‌شان هستید. مردم

> چندان به قسمتی از وجودتان تبدیل شده‌اند که تصور زیستن بدون نفوذ و دخالت آنها برای‌تان محال است.»

در انجیل یوحنا می‌خوانیم که یهودیان نمی‌توانستند ایمان آورند، چون طالبِ احترام و تأیید از یکدیگر بودند (یوحنا ۴۴:۵). ظاهراً عزت و احترامی که از جانب انسان می‌آید با ایمانِ راستین به مسیح سازگار نیست. گاه برای ما سخنانِ تحسین‌آمیز یا حرف‌های استهزاءآمیز مردم مهمتر از تأیید مسیح است.

همان‌گونه که قبلاً نیز اشاره کردم، گناه عمدهٔ من این بوده است که از ترسِ طرد شدن به‌وسیلهٔ مردم، حاضر نشده‌ام طوری فکر و احساس و عمل کنم و عکس‌العمل نشان دهم که سازگار با شخصیتِ حقیقی‌ام باشد. منظور این نیست که به‌خاطر این ترس ایمان خود را به عیسی از دست داده‌ام. خیر، ایمانم به مسیح سرجای خود باقی است، ولی فشار دور و اطرافیان، محدودیت‌هایی برای ایمانم ایجاد کرده است. باز، منظورم این نیست که عیسی را دوست ندارم. من هنوز او را با جان و دل دوست دارم، ولی گاه چیزهای دیگر به‌خصوص چهرهٔ تابناکِ شخصیتِ کاذبم را بیشتر دوست دارم. هر گونه محدودیتِ خود خواسته‌ای در راه ایمان و محبت به عیسی حتماً به‌نوعی خیانت می‌انجامد. بدین‌طریق، من هم عیناً مثل رسولانِ وحشت‌زده می‌شوم که «ترکش کرده، گریختند» (متی ۵۶:۲۶).

نظرهای دیگران فشاری نامشهود اما مؤثر بر سخنانِ سنجیده و نسنجیده‌ام وارد می‌سازد؛ تصمیماتم نیز، اعم از رد و قبول، از این سلطهٔ جابرانهٔ همقطارانم تأثیر می‌پذیرد. از حرف دیگران در هراسم. پیتر ج. وانبریمان دربارهٔ چنین ترسی می‌گوید:

> «ترس از تمسخر، به مراتب بیشتر از حمله‌ای مستقیم یا انتقادی صریح و تند انسان را فلج می‌کند. چه بسا از ترس حرف مردم از نیکویی کردن بازمانده‌ایم! فکری

> که دست و پای‌مان را بسته این است که حالا مردم چه خواهند گفت؟ جالب این‌جا است که ما بیش از همه از نظر کسانی واهمه داریم که ارج و قربی برای‌شان قایل نیستیم؛ با این‌حال، همین اشخاص بیش از آنچه حاضر به قبول آن هستیم، زندگی‌مان را تحت تأثیر قرار می‌دهند. این ترسِ فلج‌کننده از هم‌قطاران‌مان می‌تواند ما را به طرف میان‌مایگی رقت‌انگیزی سوق دهد.»

وقتی آزادانه رازِ محبوب بودن خود را پذیرا شویم و هویت خود را به‌عنوان *فرزندِ اَبّا* بپذیریم، رفته‌رفته از نفوذ و تسلطِ دیگران خلاص خواهیم شد. به این‌ترتیب، رفتارهای‌مان به‌جای خارج، از داخل هدایت خواهند شد. البته، لذتِ زودگذرِ تشویق‌هایی که می‌شنویم یا دردی که از ناکامی و محرومیت می‌کشیم هر از گاهی به سراغ‌مان خواهند آمد، ولیکن دیگر قدرت آن را نخواهند داشت که ما را مجبور به خیانت به‌خود سازند.

شور و حرارت به معنی احساساتِ شدید نیست، بلکه تصمیمی است قاطعانه و از روی محبت برای این‌که دائماً در آگاهی از حضور زندهٔ مسیح زیست کنیم. نیز، عبارت است از ماندن در حقیقتِ هویت خود و آمادگی برای پرداخت بهای وفاداری. اگر می‌خواهیم در دنیایی که پر از صداهای مخالفِ انجیل است، مطابق خویشتن حقیقی خود زندگی کنیم به بردباری عظیمی نیاز داریم. در دههٔ اخیر با آن همه گفتگوهای مذهبی پوچ و توخالی و مطالعاتِ پر شاخ و برگِ کتاب‌مقدس، با آن همه فلسفه‌بافی‌های بیهوده و تظاهر به بزرگی و اهمیت، اگر هوشمندی و ذکاوت با تهور شجاعت عجین نشود، راه به جایی نمی‌برد. حقیقتِ ایمان اگر در عین حال، حیات دل نیز نباشد، ارزشی اندک دارد. یکی از الهیدانان قرن سیزدهم به‌نام آنتونی اهلِ پادوئا در شروع هر یک از کلاس‌هایش می‌گفت: «یادگیری‌ای که به محبت تبدیل نشود چه ارزشی دارد؟»

سورن کیِرکگارد با طنزی گزنده، کسانی را که مطالعات الهیاتی را به خودی خود هدف می‌دانند، به باد تمسخر می‌گیرد و می‌گوید:

> «ما که خدایِ به کوچهٔ علی‌چپ زدن هستیم، طوری رفتار می‌کنیم که انگار از عهد جدید هیچ سر درنمی‌آوریم، در حالی‌که به‌خوبی می‌دانیم عهد جدید از ما می‌خواهد که روش زندگی خود را کاملاً تغییر بدهیم. برای همین است که فیلم بازی کرده و چیزهایی نظیرِ "تعلیم و تربیتِ مذهبی" و "آموزهٔ مسیحی" را از خود درآورده‌ایم. ادا در می‌آوریم که درک عهد جدید خیلی مشکل است و تا به کشف‌الآیاتی دیگر، لغت‌نامه‌ای دیگر، چند کتابِ تفسیری دیگر و سه ترجمهٔ دیگر از عهد جدید نگاهی نیاندازیم، سر از آن در نخواهیم آورد. بله، ای خداوندِ عزیز، گفتن ندارد که همهٔ ما اعم از سرمایه‌داران، صاحب‌منصبان، کشیشان، خانه‌داران، گدایان و در یک کلمه کل جامعه اگر به برکتِ نظریه‌های عالمانهٔ الهیاتی نبود، تا به‌حال هزار مرتبه هلاک شده بودیم!»

یکی از بزرگترین چیزهایی که شعلهٔ شور و حرارت را در عیسی برمی‌افروخت، پدر آسمانی‌اش بود. عیسی رازی را در دل داشت که به او عظمت می‌بخشید و در عین‌حال باعث تنهایی‌اش می‌شد. در هر چهار انجیل می‌خوانیم که عیسی به‌خاطر صداقتش دچار زیان و خسران شد و بهای وفاداری خود را به شور و حرارت و شخصیت و ماموریتش پرداخت کرد. خانواده‌اش گمانِ دیوانگی به او برد (مرقس ۲۱:۳)، او را شراب‌خوار و شکم‌باره خواندند (لوقا ۳۴:۷)، رهبران مذهبی فکر می‌کردند که روح پلیدی در او خانه کرده است (مرقس ۲۲:۳) و رهگذران به باد ناسزایش می‌گرفتند. از محبوبانش تحقیر دید و بازنده به‌حسابش آوردند. آخر سر هم او را از شهر بیرون بردند و مثل یک مجرم به قتلش رساندند.

فرهنگ ما چندان ما را تحت فشار قرار می‌دهد تا از نظر مذهبی و سیاسی هم‌رنگ جماعت و جوّ موجود جامعه شویم که به‌قول یوهانس متز با «فقرِ حاصل از یکه و تنها بودن» روبرو می‌شویم. بر میزِ کارم که روی آن این کتاب را می‌نویسم، تصویری از توماس مرتون به‌طور قایم قرار داده شده که پای آن این گفتهٔ او نوشته است: «هر چیزی را هم که فراموش کردید، برای آینده همین یک جمله را به‌خاطر بسپارید: "از این به بعد هر کس باید روی جفت پاهای خودش بایستد".»

فقرِ حاصل از یکه و تنها بودن، دعوت عیسی است به این‌که وقتی ناچاریم برای موافقت با دیگران پا روی صداقت خود بگذاریم، چنین نکنیم و یکه و تنها بمانیم. این کار عبارت است از لبیکی که در تنهایی، به نجوایِ خویشتنِ حقیقی خود می‌گوییم و نیز چسبیدن به هویتِ محوری‌مان است زمانی که دیگران دوستی و مشارکت خود را به‌خاطر موضع‌گیری‌مان از ما دریغ می‌کنند. همچنین، به معنی تصمیمی دلیرانه است برای اخذ تصمیماتی که باب طبع عموم نیست و ما را طوری که هستیم و نه آن‌طور که خیال می‌کنیم باید باشیم یا دیگران می‌خواهند که باشیم، نشان می‌دهد. یکه و تنها ایستادن بر ارزش‌های خود، به این معنی است که آن‌قدر به عیسی اعتماد داشته باشیم که بدانیم با وجودِ اشتباهاتی که در این راه از ما سر بزند، همچنان حیات او در ما جریان خواهد داشت. این کار، در حکمِ تسلیمِ دردناکِ خویشتنِ حقیقی‌مان به یکه ماندنِ شخصیتِ منحصر به‌فرد و اسرارآمیزمان است.

در یک کلام، ایستادن روی جفت پاهای خود، اغلب عملی قهرمانانه و متهورانه است که از روی محبت صورت می‌گیرد.

شخصیتِ کاذبِ متوحش، ممکن است تحت عنوانِ حزم و احتیاط ما را وادارد که به هویت و مأموریت خود، هر چه که باشد، خیانت کنیم. ماموریت ما ممکن است ماندن در کنار یک دوست در روزهای سخت زندگی یا هم‌بستگی با مظلومان به بهای تمسخر شدن و یا خودداری از سکوت در برابرِ بی‌عدالتی باشد و یا وفاداریِ سفت و سخت به همسرمان و یا این باشد که در شبی زمستانی به تنهایی به انجام وظیفه بپردازیم. در این

شرایط چه بسا از هر طرف نصیحت‌مان کنند که: «اغتشاش ایجاد نکن، هر چه دیگران گفتند و کردند تو هم بگو و بکن. وجدانت را مطابقِ مدِ امسال بدوز. خواهی نشوی رسوا همرنگ جماعت شو. حرفی نزن که بگویند خل و چل هستی. سرت را بیانداز پایین و مثل بچهٔ آدم کارت را بکن. بیخودی مخالفت نکن، کپهٔ آنها پر زورتر است.» متز در این‌باره می‌گوید:

> «بدین‌طریق، اســتدلال می‌شود که باید هم‌رنگ جماعت بود و این اســتدلال همــه را ترغیب به ســطحی‌نگریِ بی‌فکرانه‌ای می‌کند که در لوای قانون، قراردادها و سخنان تملق‌آمیز جامعه استتار و محافظت می‌شود؛ جامعه‌ای که برای هر فعالیتی دنبال تأیید عموم است و با این‌حال، در گم‌نامی محو می‌شــود. در واقع، با این گمنامی همه چیز را به مخاطره می‌افکنــد و در عین‌حال چیزی را به خطر نمی‌اندازد، مگر تعهدی اصیل و آزادانه و شــخصی را. با این وصف، بــدون پرداختِ بهای فقر و فاقه که مقتضای چنین تعهداتی است، هیچ‌کس نخواهد توانست ماموریتِ انسانی خود را به انجام رســاند. فقط با پرداختِ این بها است که می‌توانیم خویشتنِ حقیقی خود را بیابیم.»

هر کس که به دفاع از منزلت انســانی، هر چند بدشکل و بدنما شده، برخاسته باشــد می‌داند که چطور دوستان سابقش از او رو برمی‌گردانند و حتی شــجاعت و تهورش را به باد انتقــاد می‌گیرند و به این‌ترتیب، او را در تنهایی‌اش وامی‌گذارند. این اتفاق هر روز برای کســانی که تصمیم می‌گیرنــد به‌خاطر ندای وجدان، حتی در امور کوچک و کم‌اهمیت رنج بکشــند، روی می‌دهد. آنها خود را تک و تنها می‌یابند. با این‌حال، هنوز مرد یا زنی را ندیده‌ام که از چنین مســئولیتی لــذت ببرد. ظرفیت ما در دفاع از حقیقت و تحملِ مخالفتِ کســانی که برای ما مهم هستند، میزانِ آگاهی عمیقِ ما را از حضور زندهٔ مسیح نشان می‌دهد. هر اندازه که شور و شــوق ما برای حقیقت بیشتر شود، به حرف و حدیث مردم بی‌اعتناتر

خواهیم شد. بدین‌طریق، هم‌رنگ جماعت نخواهیم شد و حرفِ دهان آنها را نخواهیم زد. صدای باطنی با گفتن این‌که «شجاع باش. من هستم. نترس.» به ما اطمینان می‌بخشد که امنیت داشتن ما در گروِ امنیت نداشتن است. وقتی بر دو پای خود بایستیم و مسئولیتِ خویشتنِ منحصر به‌فرد خود را قبول کنیم، در استقلال رأی، بردباری و آزادی از اسارتِ مخالف‌خوانی‌های دیگران، رشد خواهیم کرد.

ایرلندی‌ها داستان معروفی دارند که روحِ آزادی و رهاییِ فوق را منعکس می‌سازد. داستان از این قرار است که روزی یک جهانگرد در کوره‌راه‌های جای دورافتاده‌ای از ایرلند مشغول گشت و گذار بود و چون نمی‌خواست راهش را گم کند در اتومبیل خود ماند تا کسی از ساکنان آنجا را ببیند و از او راجع به مسیرِ بازگشت پرس و جو کند. پس از مدتی مدید، بالاخره سر و کلهٔ مردی از اهالی که سوار بر دوچرخه بود، پیدا شد. جهانگرد سلام و علیک گرمی با وی کرد و گفت: «خوب یارو، از دیدنت خوشوقت شدم. حالا بگو ببینم از کدام یک از این راهها می‌تونم به دهکده برگردم؟» مرد در جواب گفت: «از کجا فهمیدی اسمم یارو است؟» جهانگرد در جواب گفت: «همین‌طوری حدس زدم.» «خوب پس حالا هم همین‌طوری حدس بزن از کدوم راه به دهکده برگردی.» دوچرخه سوار این را گفت و با عصبانیت راهش را گرفت و رفت.

در بیست سال گذشته، هم روانشناسی و هم دین، تأکید خود را بیشتر متوجهٔ این موضوع کرده‌اند که کیستی ما مهمتر از اعمال‌مان است. اغلب از کشیش کلیسا، روان‌پزشک و همسایه‌مان شنیده‌ایم که «مهم، نه اعمال، بلکه کیستی تو است.» مسلماً در این گفته عنصری از حقیقت وجود دارد، چون نهایتاً این مهم است که در خدا چه کسی هستیم. کیستی شخص از کاری که می‌کند، حرفی که می‌زند یا خصایل و ویژگی‌هایش که مُعَرِف او است، مهم‌تر است.

ما در کلیساهای خود عکس‌العمل تندی در مقابل تأکید بر اعمال و نیز فریسی‌گری نشان داده‌ایم و معتقدیم که فریسی‌گری با افراط‌کاری‌هایش ایمان دینی را از مسیرِ حقیقی خود منحرف می‌سازد. به ما توصیه شده

است که هویت خود را به‌کار یا خدمت خود وابسته ندانیم، چون وقتی بر اثر کهولت سن، بیماری یا بازنشستگی، تغییری در روال زندگی‌مان ایجاد شود، خودمان را بی‌ارزش و بی‌فایده خواهیم دانست و درک روشنی از هویت خود نخواهیم داشت. ما هر وقت که کلیسا قدوسیت را منوط به اعمال می‌سازد، عکس‌العمل نشان می‌دهیم و از این‌که کلیسا اغلب بر اساسِ دستاوردهای مشکوکِ افراد برای آنها احترام قایل می‌شود، دل خوشی نداریم.

در این طرز فکر نیز حکمتی انکارناپذیر نهفته است. اگر بخواهیم بر اساس اعمال مذهبی‌مان هویتی برای خود شکل دهیم، به سهولت ممکن است در دامِ عادل پنداشتن خود گرفتار آییم. وقتی ارزش نفسِ خود را به خدمات خود نظیرِ کارهای خیریه، کمک به حفظ محیط زیست یا تعلیمِ امور مذهبی وابسته بدانیم، دربارهٔ زندگی طرز فکری عمل‌گرایانه خواهیم داشت و کار تبدیل خواهد شد به ارزشِ محوری زندگی‌مان. به این‌ترتیب، ارتباط خود را با خویشتنِ حقیقی‌مان و نیز ترکیبِ وجودی‌مان از دست خواهیم داد؛ ترکیبی که آمیزه‌ای است از منزلتی والا و مشتی خاکِ پر افاده [اشاره به خلقت انسان از خاک است. م.]

و با این‌حال ضمن تأیید حقایقی که در بالا به آنها اشاره شد می‌خواهم تأکید کنم که چه بسا اعمال ما، بیش از هر چیز دیگری نشان‌دهندهٔ هویت ما در مسیح باشد. البته، به هیچ‌وجه منظورم این نیست که یک عالمه کار خیر و ثواب انجام بدهیم تا به آسمان و ضیافتِ سماوی راه پیدا کنیم. ولیکن، کیستی ما حتی برای کارکشته‌ترین روان‌شناسان هم که عمیقاً به تفحص در روان انسان می‌پردازند، به آسانی قابل تشخیص نیست.

ایمان می‌گوید که فرزندانِ محبوبِ اَبّا هستیم. ایمان ما را از حضورِ زندهٔ عیسی مطمئن می‌سازد. با این وصف، همچنان که سباستین مور می‌گوید: «ما همیشه در مظان این اتهام هستیم که داستانِ محبت خدا را از خودمان درآورده‌ایم.» ایمان حقیقی سبب می‌شود که محبت خدا را بشناسیم، اقرار کنیم که عیسی خداوندمان است و به‌وسیلهٔ معرفتی که کسب کرده‌ایم متحول شویم.

روزی پیرزنی به‌شدت بیمار شد و در بیمارستان بستری گردید. صمیمی‌ترین دوستش اشعیاء ۲۵: ۶- ۹ را به صدای بلند برای او خواند. زن بیمار که به تسلی و حمایت نیاز داشت از دوستش خواست که دستش را بگیرد. در طرف دیگر تخت، شوهر وی که خود را خیلی متدین و مذهبی می‌دانست و افتخارش به این بود که پشت ماشین‌اش برچسب زده است: «اگر عیسی را دوست داری، بوق بزن!»، دستش را دراز کرد تا دست دیگر پیرزن را بگیرد. اما زنش دست خود را پس کشید و با غم و اندوه عمیقی گفت: «هربرت، تو ایماندار نیستی. سنگدلی و بی‌رحمی‌ات در طول چهل سال زندگی مشترک‌مان به من نشان داده است که ایمان تو توهمی بیش نیست.»

فرض کنید از دلال اتومبیلی که ماشین قراضه‌ای به شما انداخته است، دل پری دارید. اما همین که خبردار می‌شوید سکته کرده و در بیمارستان است، فوری به خانمش تلفن می‌زنید و به او می‌گویید که برای شوهرش دعا می‌کنید. سپس، با گل و شیرینی به عیادت طرف می‌روید. با این‌حال، هنوز از کرده‌اش دلخورید. شب وقتی سرتان را روی بالش می‌گذارید، چرا باید هنوز بـه دلخوری خود از او فکر کنید در حالی که می‌توانید به خوبی حیرت‌انگیزی بیاندیشید که در حق او کرده‌اید و فراتر از احساسِ دلخوری‌تان بوده است؟ در این مورد، آنچه می‌کنید مهم‌تر از آنچه هستید.

سیمون تاگول خاطرنشان می‌سازد: «شاید اعمال ما از انگیزه‌های روحی و روانی‌مان ارزنده‌تر و مؤثرتر باشند و هویتی را که در خدا داریم بهتر بنمایانند، زیرا چه بسا منطبق با هدف واقعی خدا باشند و در همان حال چیزی از اهداف خودمان در آنها منعکس نباشد.»

با وجود این، ممکن است کسی بگوید: «رفتن به عیادتِ دلالی که سرمان کلاه گذاشته است، ریاکاری و دورویی است.» ولی به عقیدهٔ من چنین کاری در حکمِ پیروزیِ عمل بر موضوعِ هویت (آنچه هستیم) است. وقتی عیسی فرمود: «دشمنان خود را دوست بدارید و به آنانی که به شما بدی می‌کنند، خوبی کنید» منظورش از خوبی کردن این نبود که برویم و با آنها گرم بگیریم.

جایگزین کردنِ مفاهیم الهیاتی به‌جای اعمال محبت‌آمیز، راهی است برای شانه خالی کردن از وظایف‌مان. این امر یکی از نتایج منفیِ تاکید بر این مسئله است که کیستی ما مهم‌تر از اعمال‌مان است. آیا عیسی همین اتهام را متوجه بزرگان دینیِ زمان خود نکرد؟

تعهد مسیحی امری ذهنی و خیالی نیست، بلکه روشی است ملموس، عینی، شجاعانه و باشکوه برای زندگی در جهان، و مبتنی است بر تصمیماتی که هر روزه در هماهنگی با حقیقتِ درونی خود اتخاذ می‌کنیم. تعهدی که خود را در خدمت فروتنانه، راه دشوار شاگردی و محبت خلاقانه نشان ندهد، توهمی بیش نیست. عیسای مسیح تحمل چنین توهماتی را ندارد و دنیا هم به دیدن امورِ انتزاعی بی‌علاقه است. «اما هر که این سخنان مرا بشنود و به آنها عمل نکند، همچون مرد نادانی است که خانهٔ خود را بر شن بنا کرد» (متی ۷:۲۶). اگر از کنارِ این سخنانِ رابی اعظم بی‌اعتنا بگذریم، زندگی روحانی‌مان چیزی مگر خیال نخواهد بود. کسی که حرف می‌زند، بالاخص اگر با خدا حرف می‌زند [کنایه از دعا است. م.] می‌تواند تأثیر زیادی روی مردم بگذارد، ولی کسی که اهل عمل است نشان می‌دهد که زندگی روحانی را جدی گرفته است؛ چنین شخصی بیشتر توجه ما را به خود جلب می‌کند. اگر می‌خواهید به اعتقاد کسی پی ببرید، نه فقط به حرف‌هایش گوش بدهید، به‌کارهایش هم نگاه کنید.

روزی عیسی اعلام کرد که نه برای افراد پرهیزکار و با فضیلت، بلکه برای گناهکاران آمده است. وی پس از اعلام این مطلب، به‌سراغ گناهکارِ بدنامی به اسمِ زکا رفت تا با او غذا بخورد. عیسی وقتی با این شخص بر سر یک سفره نشست، محبت پرشور خود را نسبت به پدر آسمانی که باران خود را بر اشخاصِ شریر و نیکو به یکسان می‌باراند، در عمل نشان داد. در غذا خوردن عیسی با گناهکاران، محبتِ مشفقانهٔ خدای رهاننده عینیت می‌یافت.

عیسی اعتبارِ سخنانش را با اعمالش تقویت می‌کرد. او از بزرگان و صاحب‌منصبان ترسی به‌دل نداشت. وقتی مردم به او اعتراض می‌کردند

که با ورود به خانهٔ گناهکاران شـــریعت را زیـــر پا می‌گذارد، جا نمی‌زد. عیسی شریعتِ ســنت‌ها را موقعی که محبت به انسان‌ها ایجاب می‌کرد، زیر پا می‌گذاشت.

فریســـیان با بی‌میلی مجبور شدند که به صداقتِ عیسی اعتراف کنند: «اســتاد، می‌دانیم که مردی صادق هســتی و از کســی باک نداری، زیر بــر صورت ظاهر نظر نمی‌کنی، بلکه راه خدا را به‌درســتی می‌آموزانی» (مرقس ۱۴:۱۲). هر چند هدفِ فریســیان از ایـــن مقدمه‌چینی اجرای توطئه‌ای برای به دام انداختنِ عیســـی بود، همین اعتراف گویای تأثیری اســت که عیسی بر شنوندگانش به‌جا گذاشـــته بود. خلوص و صداقت حتی بدبینان را هم تـــکان می‌دهد. بله، این مرد، به‌راســـتی با رابی‌های دیگرِ فلســـطین فرق داشت. شاید عیســـی هیچ‌وقت در مکتب استادی بزرگ درس نخوانده بود؛ هیچ مدرکی هم نداشـــت. او روستاییِ جلیلیِ ساده‌ای بود که تحصیلاتی نداشت، ولی کلامش با اقتدارِ تمام مثل توفان غرش می‌کرد: او رابی اعظم بود، چون کیســـتی و عملش، مثل الوهیت و انسانیت‌اش یکی بود.

عیسی در برههٔ دیگری از خدمت زمینی‌اش فرمود: «پسر انسان نیامده اســت تا به او خدمت کنند، بلکه تا خدمت کند.» عیسی در شبِ قبل از مرگش، لباس خـــود را از تن به‌در آورد، حوله‌ای به کمرش بســـت، در لگنی مســـی آب ریخت و پاهای شاگردانش را شست. ترجمهٔ موسوم به کتاب‌مقدس اورشـــلیم توضیح داده است که کاری که عیسی انجام داد، وظیفهٔ یک غلام بود.

الهیدانی فرانســـوی به‌نام ایو کونگار[1] اظهار داشته است: «مکاشفه‌ای که عیســـی آورد، نه فقط در تعالیمش، بلکه همچنین و شاید بتوان گفت عمدتاً در اعمالش تجلی یافت. تجســـم کلمهٔ خدا در جســـم انسانی ما، صورتِ غلام پذیرفتنِ خدا و شســـتنِ پاهای شاگردان همهٔ اینها در حکم مکاشفه‌ای از خدا هستند.»

---

1 Yves Congar

این اسـت رازِ ژرف و عمیق دربارهٔ خـدا: او صورتِ غلام به خود می‌گیرد. این امر به‌طور خاص حاکی از این امر است که خدا می‌خواهد از طریقِ خدمتِ خود شناخته شود. به‌عبارتی خدا خود را از طریقِ خدمت مکشوف می‌سازد. از این‌رو است که وقتی عیسی بازگشتِ پرجلال خود را در پایانِ دنیا توصیف می‌کند، اظهار می‌دارد: «خوشـا به‌حال خادمانی که چون سرورشـان بازگردد، آنان را بیدار و هشـیار یابد. آمین به شما می‌گویم، خود کمر به خدمت‌شـان خواهد بسـت؛ آری آنان را بر سفره خواهد نشانید و پیش آمده، از ایشان پذیرایی خواهد کرد» (لوقا ۱۲:۳۷). عیسی با خادم بودن، خداوند باقی می‌ماند.

شـاگردِ محبوبِ عیسی، تصویری باورنکردنی از خدا عرضه می‌دارد و هر چه را که تا به آن‌دم دربارهٔ مسـیح موعود و شـاگردی گفته بودند، کنـار می‌اندازد. ایـن امر چقدر بی‌سـابقه و متضاد بـا ارزش‌های دنیا اسـت! خادم بودن را بر خداونـدی ترجیح دادن، در حکـمِ برگزیدنِ راه سـیر نزولی در فرهنگی اسـت که هواخواه و طرفدارِ سیرِ صعودی اسـت. تحقیر بت‌هایی چون مقام و منزلت و معروفیت، جدی نگرفتنِ خود و یا امتناع از جدی گرفتنِ کسـانی که خودشان را جدی می‌گیرند و رقصیدن به نوای سـازی متفاوت از آن‌که جامعـه به آن می‌رقصد و نیز اسـتقبال از زندگی خادمانه، تماماً مشـخصه‌های شاگردی راستین هستند.

تصویرِ واقع‌بینانه‌ای که یوحنا از مسـیح ترسیم می‌کند، مجالی برای افکارِ رومانتیک و ایده‌آلیسـتی یا احساسـی و تـب‌دار دربارهٔ خدمت باقی نمی‌گذارد. خـادم بودن، ماهیتی احساسـی و عاطفی ندارد، بلکه عبارت اسـت از تصمیم به زیسـتن مانند عیسی. خادم بودن هیچ ربطی به احسـاس ما ندارد، بلکه تماماً در آنچه می‌کنیم خلاصه می‌شود یعنی، خدمتِ فروتنانه. وقتی مطیعانه به آنچه عیسی می‌فرماید گوش فرا دهیم «پس اگر من که سـرور و اسـتاد شمایم پاهای شـما را شستم، شما نیز باید پاهای یکدیگر را بشـویید.» آنگاه صدای ضربـانِ قلبِ رابی را که یوحنا او را می‌شناخت و دوست می‌داشت، خواهیم شنید. وقتی کیستی

ما از عمل‌مان جدا می‌شود، افکار زاهدانهٔ خود را جایگزینِ شستنِ پاهای کثیفِ یکدیگر می‌سازیم.

دعوت به زندگی خادمانه، هم هشداری است برای این‌که فریفتهٔ معیارِ دنیا برای بزرگی نشویم و هم دعوتی است برای شجاعت در ایمان. وقتی در تجربهٔ شستن پاها شریک می‌شویم، عیسی چشم در چشم‌مان می‌دوزد و از ما می‌خواهد تا با کمال توجه به این سخنان حیرت‌انگیز او گوش بدهیم: «اگر می‌خواهید بدانید که خدا چگونه است، به من نگاه کنید. اگر به‌کارهای من بنگرید، خواهید دانست که خدای‌تان نه برای فرمان راندن، بلکه برای خدمت کردن می‌آید. اگر می‌خواهید مطمئن شوید که داستانِ محبت خدا ساخته و پرداختهٔ انسان نیست، به ضربانِ قلب من گوش فرا دهید.»

این اظهاراتِ حیرت‌انگیز و تغییرناپذیرِ عیسی دربارهٔ خود، حقیقتی محوری است که برای درک و قبول آن باید کوشید. هیچ‌کس نمی‌تواند به‌جای ما اقدام کند.

اقرار به این‌که «عیسی خداوند است» مستلزم پرداخت بهای شاگردی، توکل و اعتماد و صبر و بردباری است که چندان مهم‌اند که چیزی را نمی‌توان جایگزین‌شان کرد. عیسی نیز این حقایق را می‌دانست. ایمان ما به تجسم این رازِ عظیم که خدا پردهٔ ابدیت را کنار زد و در عیسی به تاریخ بشر پا گذاشت در حدِ خیال و پندار باقی خواهد ماند، اگر تصویری که از خدا در ذهن داریم، تصویر آن خادمی نباشد که در بالاخانه بر پاهای شاگردان خم شده بود و آنها را می‌شست.

وقتی در معرض توفان‌های زندگی قرار می‌گیرم و می‌بینم که ایمانم سست شده است و شجاعتم از دست رفته، به متی ۱۴:۲۲-۲۳ مراجعه می‌کنم. در این آیات می‌خوانیم که شاگردان گرفتارِ توفان می‌شوند. ساعت، چیزی مابینِ سه تا شش بامداد است. عیسی بر روی آب قدم می‌زند و به طرف‌شان پیش می‌آید. آنها سخت وحشت کرده‌اند و ناگهان فریاد می‌زنند: «شبح است.» عیسی در جواب می‌گوید: «شجاع باشید. من هستم. نترسید.»

پطرس که هر چه نبود جسور بود، تصمیم می‌گیرد که در صحتِ چیزی که شنیده است، تحقیق کند. این است که می‌گوید: «سرور من، اگر تویی، مرا بگو تا روی آب نزد تو بیایم.» ایمان لرزانی که در پسِ این "اگرِ" توام با ترس قرار دارد، همین‌که پطرس به طرف عیسی به‌راه می‌افتد، تغییر ماهیت می‌دهد و به وحشتی بزرگ تبدیل می‌شود. آنچه مایهٔ تسلی (و شاید هم باید اعتراف کنم، شادی من) است، این است که صخره‌ای که قرار بود عیسی کلیسا را بر آن بنا کند، نزدیک بود مثل سنگ‌ریزه‌ای در آب غرق شود.

در این آخرین دههٔ هزارهٔ دوم میلادی بازارِ بحث‌ها و ترس‌های مربوط به آخِرزمان حسابی گرم شده است. در حالی‌که به‌شتاب به‌طرفِ سال دو هزار میلادی پیش می‌رویم، پیشگویانِ ظهورِ مسیح موعود، دست خود را در دستِ مفسرانِ وقایع آخِرزمان گذاشته‌اند و با دست‌مایه قرار دادنِ اتفاقاتی نظیرِ قتل عامِ مردم بوسنی و توفانِ بزرگِ سالِ ۱۹۹۳ در نواحیِ شمالِ مرکزیِ آمریکا (میدوست)، پایان قریب‌الوقوعِ جهان را پیش‌بینی می‌کنند. این افراد نمادهای مکاشفه را در ارتباط با رویدادهای معاصر تفسیر و سپس پیشگویی می‌کنند که دهکدهٔ جهانی در آستانهٔ نابودی است و چیزی به پایانِ کار بشر نمانده است.

شاید هشدار هولناکِ مفسران و پیش‌گویانِ یاد شده مبنی بر این‌که تاریخ بشر به پایان خود رسیده و چیزی به از بین رفتن گونه‌های حیات نمانده است، درست باشد. شرارت‌های نسل حاضرِ بشر را واقعاً می‌توان به نشانه‌هایی دال بر دخالت نهاییِ خدا در تاریخ دانست که نتیجه‌اش پایانی آتشین و ویرانگر و متعاقب آن پیروزی الهی باشد. از طرف دیگر، چون خودِ عیسی منکر هرگونه اطلاعی از روز و ساعتِ این اتفاق شد، ممکن است مفسران و پیش‌گویانِ یاده شده، در تفسیر خود کاملاً اشتباه کرده باشند.

حرف و حدیث‌های مربوط به آخِرزمان به‌طرز بیمارگونه‌ای ذهن انسان را به‌خود مشغول می‌دارد و به سهولت از شرایطی که مسبب آنها بوده فراتر می‌رود. همیشه هستند کسانی که با وجودِ پیش‌گویی‌های

تحقق‌نیافتهٔ پیشـــینیان خود، باز هم می‌ایســـتند و پایان دنیا را پیش‌بینی می‌کنند. افرادی که از چهارچـــوبِ معنی تحت‌اللفظیِ متن کتاب‌مقدس فراتر نمی‌روند، همیشـــه سَمبُل‌ها (نمادها) را خیلی تحت‌اللفظی تعبیر و تفســـیر می‌کنند و اصولاً گرایش به این نوع تفسیر از تصاویرِ اغراق‌آمیز آپوکالیپتیک (آخرزمانی) بسیار است.

در آینده شاهد ظهور تعداد بیشتری از انبیای کاذبی خواهیم بود که از دغدغهٔ ذاتی انسان برای خشنود ساختن خدا سوءاستفاده می‌کنند و مردم را به‌کارهای نامعقول وامی‌دارند و هول و هراس به دل‌شان می‌اندازند. اما در حالی‌که به ضربانِ قلبِ رابی گوش می‌دهیم، این کلماتِ اطمینان‌بخش گوش‌مان را نوازش خواهند داد: «من همهٔ این مطالب را قبلاً به شما گفته بودم. هیس! آرام باش. من این‌جا هستم و همه چیز روبه‌راه است.»

عیسی می‌فرماید که به‌جای آن‌که بنشینیم و مدام فکرمان را به فجایعِ آخرِزمان و عقوبت و فلاکت مشـــغول کنیم، هوشیار و بیدار باشیم. باید به‌جای نشســـتن پای تلویزیون و گـــوش دادن به صحبت‌های واعظان و مجریانی که جلوی دوربین می‌نشینند و مدام از آخرِزمان حرف می‌زنند، عدل و انصاف و مهر و محبت پیشـــه کنیـــم و در حضورِ خدای خود با فروتنی سلوک کنیم (میکاه ۶:۸). باید هرروزه حقیقتِ محبوب بودن خود را در نظر داشـــته باشـــیم و در آگاهی از حضورِ زندهٔ مسیح زیست کنیم. ما مجبور نیســـتیم پای حرف‌های شـــیادان و غیب‌گویانِ خودخوانده‌ای بنشـــینیم که از وفاداری مردم برای تأمینِ منافع خود اســـتفاده می‌کنند. ادوارد شیلیبکس[1] که به‌عنوان الهیدان برجستهٔ اروپایی جایزه‌ای موسوم به جایزهٔ اراسموس را کسب کرده است، می‌گوید:

> «برای ســـؤالی که در روزگار عیسی عمومیت داشت و شاگردان نیز آن را چنین عنوان کردند: "خداوندا، پایان جهان کی می‌رســـد و علایم آن چیســـت؟" تنها جواب مستدل و قانع‌کننده این است: از این سخنان گیج نشوید،

1 Edward Schillebeeckx

> بلکه زندگی عادی خود را بکنید، منتها همچون ایمانداری کــه مطابقِ معیارهای ملکوت خدا زندگی می‌کند. در این صورت، هیچ‌کس و هیچ‌چیز مگر حاکمیتِ رهایی‌بخشِ خودِ خدا نمی‌تواند غافل‌گیرتان کند. در این صورت، فرقی نخواهد داشــت که در مزرعه کار کنید یا مشغول آسیاب کردنِ گندم باشید، کشیش باشید یا مدرسِ دانشگاه، آشپز باشــید یا باربر و یا مستمری‌بگیری ســالخورده. مسئلهٔ اساسی این است که زندگی‌تان چگونه خواهد بود هرگاه آن را جلویِ نورِ انجیلِ خدایی بگیرید که ذات او محبت به همهٔ انسان‌ها است.»

در فیلــمِ بازیگران به‌کارگردانی رابرت آلتمــن، تصویری هولناک از دنیایی عرضه شده است که ستایش‌گرِ حرص و طمع است. این فیلم که به خودِ صنعتِ فیلم‌ســازی نیز طعنه می‌زند، کسب قدرت و ثروت را به هر طریقی که باشــد قابل‌قبول می‌شمارد، خلاقیتی را که فایدهٔ مادی در پی ندارد به بادِ تمســخر می‌گیرد و تامینِ منافع شخصی را هدفی مقدس می‌شمارد. به این‌ترتیب، پول و منافع، حرف اول و آخر را می‌زنند. آلتمن تلویحاً به این نکته اشــاره دارد که هالیوود ماکتی از دنیای همهٔ ما است، جامعه‌ای که جز منافعِ مادی به چیز دیگری نمی‌اندیشد.

واقعــاً نمی‌تــوانَ فهمید که ذهن ما تــا چه انــدازه می‌تواند دربارهٔ ســرمایه‌گذاری‌های ارزندهٔ انســانی قضاوت‌هــای غیرمنطقی کند و از نگریستن به زندگی از دیدگاه ابدیت اِبا نماید. از عشقِ اعتیادآمیز به تجمل گرفته تا خودوالابینیِ کارپرستان، از منفعت‌طلبیِ بازیگرانِ ثروتمند گرفته تا مشغولیتِ بیش از حدِ افراد معمولی به نقشه‌ها و طرح‌های خود، همهٔ اینها با همدیگر جمع می‌شوند و خیالِ خامی به اسمِ شکست‌ناپذیری یا به‌قول ارنست بکر، «انکارِ مرگ» را پدید می‌آورند.

تا به‌حال هیچ کتاب یا موعظه‌ای دربارهٔ مرگ، محصولِ مشاهدهٔ عینی نبوده اســت. البته، همهٔ ما از نظر عقلی شکی نداریم که مرگ، سرنوشتِ

محتومِ همهٔ ما اســـت. اجداد ما در خاموشـــی خود شهادت می‌دهند که انـــکارِ این واقعیت که مرگ یک‌روز به ســـراغ‌مان خواهد آمد، خواب و خیالی بیش نیست. با این‌حال، ایمانداران به‌ندرت به مرگ می‌اندیشند. به عقیدهٔ برخی، الحاقِ زمان حاضر به ابدیت به‌دســـت علم صورت خواهد گرفت. اینها می‌گویند که مرگ آخرین بیماری خواهد بود که به‌وســـیلهٔ علم پزشکی ریشه‌کن خواهد شد. عقیدهٔ برخی دیگر دربارهٔ مرگ مطلبی است که پزشکی در یکی از مجلاتِ معروفِ پزشکی چنین ابراز داشت: «به عقیدهٔ من مرگ، نوعی توهین و ناســـزا اســـت؛ مرگ، احمقانه‌ترین و زشـــت‌ترین اتفاقی است که برای انســـان می‌تواند بیافتد» و بنابراین، وقفهٔ ســـنگدلانه و نامطلوبی است که باید به آن اعتنایی نکرد. برای عدهٔ بسیاری جدا شدن از عزیزان‌شان چندان دردناک است که فکرش را هم نمی‌توانند بکنند. شاید برای بســـیاری از ما سرعتِ جنون‌آمیزِ زندگی و کار چندان زیاد اســـت که عملاً جز در مراسمِ خاکسپاری، وقتی برای ما نمی‌ماند تا به‌طور جدی به تأمـــل دربارهٔ این‌که از کجا آمده‌ایم و به کجا می‌رویم بپردازیم.

بندیکتِ قدیس، بنیانگذارِ رهبانیتِ در غرب، اندرز می‌دهد که: «هر روز مرگ خود را در نظر داشته باشید.» هدف از این نصیحت این نیست که ما را به‌نوعی تفکرِ بیمارگونه معتاد سازد، بلکه ما را به ایمان و بردباری دعوت می‌کند. چنان‌که پارکر پالمر می‌گویـــد، تا خود را با این واقعیتِ اساســـی و بنیادینِ زندگی سازگار نســـازیم، روحانیت‌مان قدر و قیمتی نخواهد داشت.

من مدام بین ترس از مرگ و انتظار کشـــیدن برای آن، در حال نوسان هستم. بیشـــترین هراس من از مرگ، زمانی است که بیشترین هراس را از زندگـــی دارم. وقتی با وقوف به محبوب بودنم و حضور زندهٔ مســـیح زندگی می‌کنم، شـــجاعتِ روبرو شـــدن با مـــرگ را دارم و مانند پولس می‌توانم با افتخار بگویم که برای من زیســـتن، مسیح است و مردن، سود (فیلیپیـــان ۱: ۲۱). همچنین، بی‌باکانه می‌توانم اذعان کنم که تضادِ اصلی در زندگی مســـیحی، نه بینِ مرگ و زندگـــی، بلکه میانِ زندگی و زندگی

است. در این‌حال، با خوشحالی می‌توانم به حقانیتِ سخنی که رابیِ اعظم در شب پیش از مرگش فرمود، اعتراف کنم: «چون من زنده‌ام، شما نیز خواهید زیست» (یوحنا ۱۹:۱۴). از همه مهم‌تر، وقتی رابی مرا به آرامی به سینه‌اش می‌چسباند، حتی قدرت می‌یابم تا با ترس از ترک شدن نیز روبرو شوم.

اما وقتی سایهٔ شبِ تیره بر زندگیم می‌افتد و شخصیتِ کاذب پاک دیوانه می‌شود، این افکار به ذهنم می‌آیند که عجب کارهای مهمی کرده‌ام، چقدر فرد مهمی هستم، چه خوب است که مورد تأیید و قبولِ دیگران هستم، چه عالی شد که من هم به جرگهٔ مذهبیون پیوستم و واقعاً که استحقاقِ یک تعطیلاتِ حسابی را دارم؛ خانواده‌ام به من مباهات می‌کنند و آینده‌ام چه روشن است. در حالی‌که سرمست از این افکارم، مه‌ای از زمین برمی‌آید و رویاهایم را در خود می‌پیچید و ناگهان فکرِ مرگ از هر طرف در بَرَم می‌گیرد. این‌جا است که دچار ترس و وحشت می‌شوم. می‌دانم که در پسِ تمامِ شعارهای مسیحی و گفتگوهایی که دربارهٔ رستاخیز می‌کنم، شخصیِ وحشت‌زده قرار دارد. بدین‌طریق، در حالی‌که مسحون و مفتونِ رویاهایم هستم، خود را منزوی و تنها می‌یابم. می‌بینم که من هم به جمعِ بازیگرانِ فیلمِ رابرت آلتمن پیوسته و مثلِ دیوانه‌ای که از تیمارستان گریخته باشد، به درون خیال و توهمِ شکست‌ناپذیریِ خویش گریخته‌ام.

فرض کنید که دکترِ معروفی که از سابقهٔ بیماری‌تان به‌خوبی آگاه است، به شما بگوید که بیست و چهار ساعت بیشتر زنده نیستید. به پزشک دیگری مراجعه می‌کنید، او هم همان حرف را می‌زند و پیش دکتر دیگری می‌روید و او نیز گفتهٔ دو همکار قبلی خود را تکرار می‌کند.

وقتی صدایِ قدم‌هایِ فرشتهٔ عبوسِ مرگ را می‌شنویم که داس به‌دست به ما نزدیک می‌شود، درک ما از واقعیت به‌کلی تغییر می‌یابد. در این‌حال، همچنان که وقتِ گران‌بها، همچون شنِ داخلِ ساعت شنی، به‌سرعت از کف می‌رود، فوراً همهٔ مسائلِ بی‌اهمیت و نامربوط را کنار می‌گذاریم و به موضوعات و مسائلی که اهمیت غایی و نهایی دارند

می‌چسبیم. همان‌طور که ساموئیل جانسون می‌گوید: «طنابِ دار، تمرکزِ شگفت‌انگیزی به ذهنِ انسان می‌بخشد.» هر چند ممکن است که به شنیدنِ خبرِ مرگِ قریب‌الوقوعِ خود، در وهلهٔ اول دچار حملهٔ عصبی شویم، طولی نمی‌کشد که متوجه می‌شویم گریه و زاری کاری مگر اتلافِ وقتِ گران‌بهای‌مان از پیش نمی‌برد.

ایریس مرداک در یکی از رمان‌های خود، مردی را تصویر می‌کند که در تنگنای خطرناکی گرفتار شده است. زمان به‌سرعت می‌گذرد و او در غاری به‌دام افتاده و آب تا کمرش بالا آمده است. طولی نمی‌کشد که موجی بزرگ سر برسد و غار را با آب بپوشاند. در این‌حال، وی پیش خود می‌گوید: «اگر من از این‌جا خلاص شوم دیگر راجع به هیچ‌کس قضاوت نخواهم کرد نه قضاوت خواهم کرد و نه ریاست و نه اعمال قدرت و نه مدام به این جور چیزها فکر خواهم کرد. تنها چیزهایی که در زندگی اهمیت دارند، دوست داشتن، آشتی کردن و بخشیدن هستند. قدرت، چیزی جز گناه نیست و قانون، نتیجه‌ای جز تزلزل در پی ندارد. عدالتی جز محبت نیست. بخشش و صلح و آشتی مهم است، نه قانون.»

انکار مرگ، تصمیمِ درست و سالمی برای شاگردِ عیسی نیست. بدبین شدن بر اثر مواجهه با مشکلات نیز راه‌حل درستی نیست. باید اضافه کرد که تغییر دادنِ اولیت‌های زندگی، با توجه به بیست و چهار ساعت وقتی که در اختیار داریم، به معنی رضا دادن به سرنوشتِ محتومِ خود نیست. مقصود این نیست که با آزمون‌ها و سختی‌های زندگی برخوردی منفعلانه داشته باشیم. وقتی در پایانِ زندگی خود، با یأس و نومیدی و در میانهٔ زندگی، با مشکلاتِ به‌ظاهر حل‌ناشدنی مبارزه می‌کنیم در هر دو حالت، امید قدرت ما از امید به قدرتِ شکست‌ناپذیر عیسای قیام‌کرده و از قدرت بی‌نهایت عظیم او نسبت به ما نشأت می‌گیرد (افسسیان ۱:۱۹).

ما را زندگی و مرگ نمی‌تواند به رعب و وحشت بیاندازد. در واقع، اگر مجبور بودیم به منابعِ قراضهٔ خودمان اتکا کنیم، بدبخت و قابل ترحم می‌شدیم. ولیکن، آگاهی از حضورِ زندهٔ مسیح به ما اطمینان می‌بخشد که زندگی‌ای بزرگتر از زندگی ما تقویت‌مان می‌کند و به پیشِ‌مان

می‌برد. امید به این معنی است که در مسیح، و با تسلیمِ زندگی خود به او می‌توانیم دلیرانه با شرارت روبرو شویم، نیاز خود را به توبهٔ عمیق‌تر بپذیریم، با سنگدلی دیگران کنار بیاییم و قبول کنیم که گناه بر دنیای پیرامون‌مان و نیز بر زندگی خودمان تأثیرات عمیقی گذاشته است. در این صورت، می‌توانیم با مرگ روبرو شویم، درست به همان طریقی که قادریم با زندگی و وظیفهٔ شاقی روبرو شویم که پولس از آن به "کشتنِ تمایلاتِ خودپسندانه" تعبیر می‌کند.

عیسایی که در ما سکونت دارد و پایه و اساس امیدمان به جلال است، موضوعی برای بحث‌های الهیاتی یا نظریه‌پردازدی فلسفی نیست. او نوعی مشغولیت، پروژه‌ای پاره‌وقت، سوژهٔ خوبی برای نوشتنِ کتاب یا آخرین امید وقتی از همه جا نومید می‌شویم، نیست. او زندگی ما و ملموس‌ترین واقعیتِ وجود ما است. او قدرت و حکمتِ خدا است که در ما سکونت دارد.

ویلیام جانستن، مدرسی سالخورده و اهلِ تعمق و تأمل است که در یکی از دانشگاه‌های توکیو تدریس می‌کند. وی نامه‌ای خطاب به یکی از همکارانِ جوانش که در فکرِ دایر کردنِ مرکزی برای دعا بود، نوشت و در آن او را چنین نصیحت کرد:

> «هرگز موضوع مرگ را از ذهن خود خارج نساز.
> به اشخاصِ دلیر و شجاعی که بردباری را بر زندگی در
> خیال‌پردازی ترجیح می‌دهند، می‌خواهم بگویم: هیچ‌گاه
> دانسته کاری نکنید که حضورِ زندهٔ مسیح را از یاد ببرید.»

حال که به پایان این فصل رسیده‌اید، لحظه‌ای درنگ کنید و به صدای قلبِ رابی گوش فرادهیم.»

فصل نهم

ضربانِ قلبِ رابی

خدا محبت است. عیسی خدا است.

اگر عیسـی محبت نکند، خدا نخواهد بود. بسـیاری از آثارِ معاصر
در زمینـۀ روحانیت، ایـــن موضوع را با وضوح و عمقِ بسـیار، تبیین و
تفسیر کرده‌اند. محبتِ بلاشـرطِ خدا، موضوع اصلیِ کتاب‌ها، مقالات،
موعظات و کنفرانس‌های بی‌شماری اسـت. واعظان از منبر و الهیدانان
در کلاس‌های درس و برخی رمان‌نویسـان در رمان‌های خود، اشاراتِ
فـراوان به محبتِ نامحدود و بی‌کرانی کرده‌اند که هیچ حد و مرز و حزم
و احتیاطی نمی‌شناسد.

ذیلاً چند نمونه از این اشارات ذکر می‌گردد:

محبت خدا، خیرخواهی ملایمی نیسـت، بلکه آتشی
سوزان است.

بید گریفیتس

محبت خدا مشروط نیست. ما با هیچ کاری نمی‌توانیم
استحقاق این محبت را کسب کنیم، به همین علت هم به
آن فیـــض می‌گویند؛ از طرفی هم، نیازی به برانگیختن آن
نیست، چون قبلاً برانگیخته شده است. اگر محبت، کاملاً
بلاشرط و آزادانه نباشد، نمی‌تواند سبب نجات شود.

بئاتریس بروتو

یکی از راه‌های رسـیدن به تجربهٔ روحانی واقعی،
درک این حقیقت اسـت که هر چقـدر هم که از خودمان
بیزار باشیم، خدا از ما بیزار نیست. درک این حقیقت به ما
کمک می‌کند تا به تفاوتِ بین محبتِ خودمان و محبت او
پی ببریم. محبتِ ما، نتیجهٔ نیاز، ولی محبتِ او، عطیه است.
توماس مرتون

مطالبِ ارزندهٔ فوق که نتیجهٔ درکِ پیامِ انجیل هسـتند، سخنانِ رابی
اعظم را در انجیل یوحنا وفادارانه منعکس می‌سازند:

• «محبتــی بیش از این وجود ندارد که کسـی جان خـود را در راه
دوستانش فدا کند.» (۱۵:۱۴)
• «پس از اندک زمانی دیگــر مرا نخواهید دید و پس از اندک زمانی
دیگر، باز مرا خواهید دید.» (۲۷-۲۶:۱۶)
• «شما را بی‌کس نمی‌گذارم.» (۱۸:۱۴)
• «آن‌که مرا دوسـت می‌دارد، پدرم او را دوست خواهد داشت و من
نیز او را دوست داشته، خود را بر او ظاهر خواهم ساخت.» (۲۱:۱۴)
• «باز شما را خواهم دید و دل شما شادمان خواهد شد.» (۲۲:۱۶)

اشـخاص مختلف، وقتی این مکاشـفاتِ حیرت‌انگیز را می‌شنوند،
واکنش‌های بسیار متفاوتی نشان می‌دهند. برای مثال شخصی که می‌شنود:
«خدا ما را چنان‌که هسـتیم دوست دارد و نه چنان‌که باید باشیم»، ممکن
است بگوید که این تعلیم خطرناک است و باعث بی‌قیدی و آسان‌گیری
در مسـائل اخلاقی و روحانی می‌شـود. شـخص دیگری ممکن است
بگوید: «بله، خدا مرا همان‌طور که هسـتم دوست دارد، ولی به‌قدری مرا
دوست دارد که نخواهد گذاشت در جایی که هستم باقی بمانم.»
سومین نوع واکنش از جانب کسانی است که ایمان را جدی نمی‌گیرند
و وقتی می‌شـنوند مسیح خود را مکشوف کرده است می‌گویند: «آه، چه

جالب» یوجن پترسون به کسـانی که چنین طرزفکری دارند جواب تند و تیزی بدین مضمون می‌دهد: «کتاب‌مقدس برای سـرگرم شدن نیست. برای شقاق و جدایی و بحث‌های فرهنگی هم نیست. به‌علاوه، نه کلیدی برای گشودنِ اسرار آینده است و نه معمایی برای ارضای کنجکاوی‌های به اصطلاح دیندارانه.»

واکنشِ چهارم از طرف بدبینان اسـت کـه می‌گویند: «اینها همه‌اش حرف اسـت و بادِ هوا.» بدبینان به خیال خود، پرده از روی معایبِ تمام عالم و آدم برمی‌دارند. به‌نظرِ آنها در زیر آفتاب هیچ چیزِ درسـت، خوب یا زیبایی وجود ندارد. در واقع، اشـخاص بدبین، آدم‌های احساسـاتیِ رنجیده‌خاطری هسـتند که احساساتشان معکوس شده است. برای آنها بابانوئل دیگر وجود ندارد. می‌گویند: «من دیگر به کسی اعتماد نخواهم کرد.» «من ازدواج که کردم تازه فهمیدم عشق عجب چیز مزخرفی است. ولی حیف که دیگر کار از کار گذشـته بود.» وقتی از پدری که سال‌ها از سه پسرش دور مانده بود، پرسـیدند که دوست دارد بچه‌هایش چطور باشند، وی به نقل از کُمِدیَنی جواب داد: «سرخ کرده لطفاً!»

از نظـرِ شـخص بدبین، عشـقِ بین زن و مرد، شـهوت اسـت و فداکاری و سرسپردگی، از احسـاسِ گناه نشأت می‌گیرد؛ اعمالِ خیریه برای خودنمایی اسـت و تدابیر سیاسـی هدفی غیر از حقه‌بازی ندارد؛ توانائی‌های ذهنی فقط به دردِ فلسـفه‌بافی می‌خورد. آرامش، ملالت‌آور اسـت؛ آدم خوش برخورد به‌خاطر جیبش با مـردم خوب تا می‌کند و انگیزۀ دوستی، فرصت‌طلبی است. از نظرِ شخص بدبین، نیروی زندگی در سالخوردگی، رقت‌انگیز است؛ شور و نشاطِ جوانی، نشانۀ ناپختگی و عدم بلوغ و ثباتِ میان‌سالگی، ملالت‌بار است.

با این‌حال، حتی سـرخورده‌ترین و منفی‌ترین اشـخاصِ بدبین، در قلب خود اشتیاقِ یافتنِ حقیقتی نیکو و زیبا را دارند.

در پایان به شاگردانِ صادقی می‌رسـیم که با دقتِ تمام به کلام خدا گـوش می‌کنند، ولی از آن هیچ تأثیری نمی‌یابنـد. اطلاعاتِ آنها دربارۀ خدا بیشـتر می‌شود بدون این‌که در شناخت او رشد کنند. این عده وقتی

دربارهٔ محبتِ نامشروط الهی می‌شنوند، در واکنش می‌گویند: «این افکار و سخنان، زیبا و الهام بخش هستند.» اما، از این جلوتر نمی‌روند و تحلیل‌های تمام‌نشدنیِ منطقی را جایگزینِ تعهدی محکم به خداوند می‌سازند.

ذهن آنها از کلمات انباشته می‌شود، در حالی‌که قلب‌شان در جایی دیگر و به‌گونه‌ای دیگر است. آنها در دنیایی زندگی می‌کنند که به گفتهٔ پروفسور اچ. پرایس «دنیای نمادهایِ بی‌اثر» است. ذهنی که با حقایق الهی پر شده و به‌وسیلهٔ حقیقت تنویر یافته باشد، آگاهی از حضورِ زندهٔ مسیح پدید می‌آورد؛ قلبی که تحت تأثیر حقایق الهی قرار گرفته و از محبت تأثیر یافته باشد، شور و حرارت برمی‌انگیزد. اجازه می‌خواهم یک‌بار دیگر این حقیقت را تکرار کنم که شور و حرارت، این انرژی حیاتیِ روح و جان انسان، حالتی از خلسه، احساساتِ شدید یا احساسی رمانتیک نسبت به زندگی نیست، بلکه اشتیاقی است سوزان برای خدا و تصمیمی است استوار برای زندگی مطابقِ این حقیقت که محبوبِ خدا هستیم.

محبتِ مسیح (نه محبت ما به او، بلکه محبت او به ما) به ما انگیزه می‌بخشد. از اتحادِ فکر و قلب، شخصیتِ واحدی پدید می‌آید که در آگاهیِ پرشور از حضورِ زندهٔ مسیح زندگی می‌کند.

قلبِ تغییر نیافته، یکی از تاریک‌ترین اسرارِ وجودِ انسان است. این قلب، بی‌هیچ شور و حرارتی، در نهادِ انسان‌هایی می‌تپد که تنبل و بی‌حال و حوصله هستند، از استعدادهای خود استفاده نمی‌کنند و امیدهای‌شان را در نومیدی دفن کرده‌اند. اینان، مثل مادر ایانِ بدلو هیچ‌وقت نگاه عمیقی به زندگی ندارند و بی‌آن‌که زندگی کردن را یاد گرفته باشند، می‌میرند.

آنها سال‌های عمرشان را در افسوس‌خوردن‌هایِ بیهوده تلف می‌کنند و نیروی خود را در روابطِ بی‌حاصل و طرح و نقشه‌های چرند و پرند به‌هدر می‌دهند. مثل کسانی که به خوابِ ناز فرورفته‌اند، هیچ دلشان نمی‌خواهد چیزی آرامش آنها را به هم بزند. بی‌اعتمادی به خدا، دنیا و حتی به خودشان که جزوِ ذات‌شان شده، مانع از این می‌شود که تعهدی پرشور و حرارت به کسی یا چیزی داشته باشند.

عجیب این‌جا است که ما زمانی به هویت خود پی می‌بریم که به جایِ خودکاوی، خود را به چیزی فراتر از خودمان متعهد می‌سازیم. چنان‌که ویکتور فرانکل گفته است، انسان وقتی به هویت دست می‌یابد که «خود را به چیزی ماورای خودش، به هدفی بزرگتر از خود، متعهد سازد.» زندگی ما زمانی معنی و مفهوم می‌یابد که حاضر می‌شویم خود را به جریانی بسپاریم که ما را به کسی که باید باشیم، تبدیل می‌کند.

قلبِ تغییر نیافته، از خود چیزی جز میراثی پوچ باقی نمی‌گذارد و هیچ‌کس دلتنگ کسانی نمی‌شود که زندگی پوچ و بی‌حاصلی داشته‌اند. «چنین اشخاصی که با عواطفِ عاریه‌ای زندگی کرده‌اند و مثلِ افرادِ مست، از راهروهای زمان تلوتلو خوران گذشته‌اند، هیچ‌گاه طعم زندگی را چنان عمیق نمی‌چشند که بتوانند قدیس یا گناهکار بشوند.»

سباستین مور این اعترافِ عجیب را کرده است: «تا درک کردم که جوهر و اساسِ عهد جدید، اعتراف و بخشایشِ گناهان است، سی سال طول کشید.» قبل از این‌که سباستین مور را جزو آدم‌های کندذهن بدانیم بیائید درکِ خودمان را از گناه و بخشایش به‌دقت بررسی کنیم. تا به چه حد واقعاً با خدا و خودمان صلح کرده‌ایم و تا به چه حد جرأت این را داریم که هرروزه همچون مردان و زنانِ بخشوده زندگی کنیم؟

اکثر ما مشکلی در اعتراف به این مسئله نداریم که به‌عنوان انسان ذاتاً گناهکار هستیم، به این معنی که چون همهٔ انسان‌ها گناهکارند و ما هم انسان هستیم، پس ما نیز گناهکاریم. نگاهی تند و سریع به وجدان‌مان نشان می‌دهد که مواردی جزئی از نقض شریعت الهی داشته‌ایم که در کلیسایِ کاتولیکِ رومی به آنها "گناهانِ قابل اغماض" می‌گویند. برای عضویت در جامعهٔ نجات‌یافتگان (کلیسا)، باید حتماً این اعتراف کلی و نامشخص را به گناهان خود داشته باشیم. ولی وقتی می‌گوئیم نجات، منظورمان نجات از چیست؟

این‌که گناهکار بودنِ مادر ترزا را نمی‌بینیم نشانهٔ درکِ سطحی ما از شرارتی است که در نهادِ همهٔ انسان‌ها وجود دارد. خدماتِ قهرمانانهٔ مادر ترزا، فقرِ درونی او و نیز ما را از چشمان‌مان پنهان نگاه می‌دارد. اگر

به پیروی از محبتِ فداکارانهٔ مادرترزا خدماتی انجام دهیم، خواهیم دید که احساسِ امنیتی کاذب در ما ایجاد می‌شود که ما را بی‌نیاز از توبه جلوه می‌دهد. وقتی مادر ترزا، این قدیسِ ریزنقشِ هندوستان، از ورشکستگی و نیازِ عاجزانهٔ خود به خدا سخن می‌گوید، یا از اعتراف او خشک‌مان می‌زند و یا پیش خود می‌گوئیم که شاید این هم از آن ژست‌های فروتنی کاذب است.

شخصی گفته است که بزرگترین گناه عبارت است از درک نکردنِ معنی گناه. اگر گناه را صرفاً نوعی ناهنجاری بدانیم که حاصلِ ساختارهایِ ستمگرانهٔ اجتماعی، وضعیت، محیط، روحیات، فشارها و نحوهٔ تربیتِ شخص است، در این صورت اگرچه به وضعیتِ گناه آلودِ انسان معترف خواهیم بود، گناهکار بودن خود را انکار خواهیم کرد. ما اصولاً خودمان را اشخاصی نیک‌سیرت و خَیِّر می‌دانیم که مختصر اختلالات و اشکالاتی دارند که آن هم کسی پیدا نمی‌شود که نداشته باشد. ما این واقعیت را که به سهولت با گناه و شرارت کنار می‌آییم، توجیه می‌کنیم و کوچک جلوه می‌دهیم و به این‌ترتیب، بر تمامِ بدی‌های خود سرپوش می‌گذاریم.

ذات و جوهرِ گناه عبارت است از خودمحوریِ شدید ما که بی‌ثباتی شدیدِ ما را منکر می‌شود و نفسِ ضعیف‌مان را جایگزینِ حاکمیتِ مطلق خدا می‌سازد. تعلقِ خاطر ما به قدرت، منزلت و ثروت و مکنت، عرضِ‌اندامِ پرخاشگرانهٔ ما را توجیه می‌کند و لطمه‌ای را که از این طریق به دیگران می‌زنیم نادیده می‌گیرد. شخصیتِ کاذب به ما می‌گوید که فقط با ربودنِ گوی سبقت از دیگران است که در این دنیای وانفسا می‌توان گلیم خود را از آب بیرون کشید. شخصیتِ کاذب فریاد می‌زند: «این زنانی که ازدواج‌نکرده صاحب فرزند شده‌اند، خوشان این بلا را بر سر خود آورده‌اند، حالا هم بگذار بکشند!»

شرارتی که در ما عمل می‌کند مدام ما را به طرفِ غرق شدن در خود پیش می‌برد یا به‌قول مور، «خودشیفتگی را در ما تقویت می‌کند.» سنگدلی، احساسِ تملک، حسادت و هرگونه عمل پلید ما از همین خودمحوری آب می‌خورد. اگر بر خودخواهی خود سرپوش بگذاریم و

شرارتی را که در نهادمان است توجیه کنیم، در این صورت فقط می‌توانیم ادای گناهکار بودن و متعاقباً ادای بخشوده شدن را دربیاوریم. روحانیت و معنویتی که اسـاس آن تظاهر و توبهٔ کاذب و سعادتِ کاذب باشد، در نهایت شخصیتی را به‌وجود می‌آورد که روانشناسی مدرن به آن شخصیتِ بینابینی می‌گوید، شخصیتی که ظواهر را جانشینِ واقعیت می‌سازد.

کسانی که حاضر نیستند به شـرارتی که در آنها است اعتراف کنند، هیچ‌وقـت مفهوم محبت را درک نخواهند کرد. تا وقتی که به شـرارت خود که در زیر ظاهری از تقدس پوشـیده است، اعتراف نکنیم، مفهوم مصالحه‌ای را که مسیح بر تپهٔ جلجتا به ارمغان آورد، درک نخواهیم کرد.

الکلی‌هایی که در حال خوب شدن هستند می‌گویند که فروتنی، حد نهایتِ صداقت اسـت. ترک اعتیاد از زمانی شروع می‌شود که فرد الکلی از انکار اعتیاد خود دسـت بر می‌دارد. چنین شخصی باید اول به ته خط برسـد، به‌جایی که دردِ اعتیاد بر دردِ ترکِ آن بچربد. به همین قیاس، ما نمی‌توانیـم عطیه‌ای را که رابیِ مصلوب برای ما دارد کسـب کنیم، مگر آن‌که ابتدا به گناهکار بودن خود اعتراف کنیم و دست‌های دراز کرده‌مان را به‌سوی رابی آن‌قدر نگاه داریم که از درد بسوزند.

اگر بخواهیم که تنها در یک کلمه مأموریت و خدمت مسیح را خلاصه کنیم، کلمهٔ مصالحه وافی به مقصود خواهد بود. «خدا در مسیح جهان را با خود آشتی می‌داد و گناهان مردم را به حساب‌شان نمی‌گذاشت» (دوم قرنتیان ۵: ۱۹). عیسی با گفتنِ این‌که وقتی از زمین بالا کشیده شود، همهٔ مردان و زنان را به‌سوی خود خواهد کشید، به مصلوب شدن خود اشاره داشـت. بدنِ رابیِ عاجز و ناتوانی که روی صلیب آن‌قدر درد کشـید و خون ریخت تا جان سپرد، برای همیشـه و کاملاً به فرار ما از خودمان، پایان بخشید. جلجتا آن مکان تحمل‌ناپذیری است که تمام پلیدیِ مکنون در خویشتنِ زبونِ ما، در برابرِ خدا قرار می‌گیرد و «به این‌ترتیب، غرش و خروشِ رستاخیز را برمی‌انگیزد.»

عیسـی با رنج‌ها و مرگ خود، بیماری ذاتیِ قلب انسـان را از او دور کـرد و تا ابد، روح و جان ما را از اسـارت در زنجیرهـای ریاکاری آزاد

کرد. عیسی بر قدرتِ مهلکِ تنهایی ما به این طریق غلبه کرده است که تا به منتهاالیه تنهایی پیش رفت (خدایا، خدایا، چرا مرا ترک کردی؟). او جهالت، ضعف و حماقتِ ما را درک کرده و به همهٔ ما بخشایشِ گناهان عطا کرده است (پدر اینها را ببخش زیرا نمی‌دانند که چه می‌کنند.) او قلبِ شکافتهٔ خود را به پناهگاهی برای بدبینانِ شکست‌خورده، گناهکاران سرخورده و اشخاصِ طرد شده و بیزار از خود، تبدیل کرده است. خدا همه چیز را چه در آسمان و چه بر روی زمین، به‌وسیلهٔ صلحی که با ریخته شدن خون مسیح بر روی صلیب پدید آمد، آشتی داد (کولسیان ۱:۲۰).

صلیب این حقیقت را مکشوف می‌سازد که عیسی بر گناه و مرگ پیروز شده است و هیچ‌چیز، مطلقاً هیچ‌چیز، نمی‌تواند ما را از محبتِ مسیح جدا سازد. نه شخصیتِ کاذب و نه فریسی، نه فقدانِ آگاهی از حضورِ زندهٔ مسیح و نه فقدانِ شور و حرارت، نه قضاوت‌های منفی دیگران و نه خودکم‌بینی، نه گذشتهٔ تاریکِ و نه آیندهٔ نامعلوم، نه جنگِ قدرت‌های موجود در کلیسا و نه تنش‌های زندگی زناشویی، نه ترس، نه احساسِ گناه، نه شرم و نه بیزاری از خود و نه حتی مرگ نمی‌تواند ما را از محبت خدا که در عیسایِ خداوند آشکار شده است، جدا سازد.

گوش دادن به صدایِ ضعیفِ قلبِ رابیِ در حالِ مرگ، انگیزه‌ای نیرومند برای بازیافتنِ شور و حرارتِ روحانی است. این صدایی است که نظیر ندارد.

آن مصلوب می‌گوید: «به گناهانت اعتراف کن تا به تو نشان دهم که عاشق، معلم و دوستت هستم و به این‌ترتیب، همهٔ ترس‌ها از وجودت دور شوند و قلبت باری دیگر از شور و حرارت برانگیخته شود.» مخاطب این دعوت، هم کسانی هستند که هوا برشان داشته و هم کسانی که هیچ ارزشی برای خود قایل نیستند. هر این دو گروه از اشخاص، بیش از حد به خودشان فکر می‌کنند. هر دو حالتی خدایی به خود گرفته‌اند، چون تمام هوش و حواس خود را یا به اهمیت خود دوخته‌اند و یا به بی‌اهمیتی خود. آنها از بس که در خودشان غرق شده‌اند، از خدا جدا و با او بیگانه شده‌اند.

آزادی از خودمحوریِ مزمن از این‌جا شروع می‌شود که اجازه دهیم تا مسیح همان‌گونه که هستیم که محبت کند. جان کاب می‌گوید:

«شخص روحانی فقط زمانی می‌تواند محبت کند که بداند خدا با وجودِ خودمحوریِ وی، او را محبت کرده است. انسان زمانی می‌تواند به خودمحوری‌اش چنان‌که هست اعتراف کند که دریابد علی‌رغم گناهکار و بیمار بودن، مورد لطف خدا قرار گرفته است. فقط در این صورت است که او می‌تواند دَرِ قلب خود را باز کند و دیگران را نیز چنان‌که هستند بپذیرد، آن‌هم نه از این‌رو که خودش را نجات دهد، بلکه اتفاقاً چون نیازی به این کار ندارد [یعنی از پذیرفتن دیگران، احساسِ امنیتِ خود را از دست نمی‌دهد. م]. ما به دیگران محبت می‌کنیم، فقط و فقط به این دلیل که اول خودمان مورد محبت قرار گرفته‌ایم.»

ژولیان اهل نورویچ، این جملهٔ تکان‌دهنده را گفته است: «نهایتاً از گناه، به‌جای شرم، افتخار زاده خواهد شد.» زندگی کسانی چون داوود پادشاه، پطرس، مریم مجدلیه، پولس و نمونه‌های معاصری چون اتی هیلسوم و چارلز کولسن مصداقِ گفتهٔ به‌ظاهر متناقضِ ژولیان هستند. همهٔ این افراد به ظرفیتِ خود برای شرارت اعتراف کرده‌اند و قدرت آن را مهار کرده و با کیمیایِ فیض، از آن نیرویی برای اعمالِ سازنده، شریف و نیکو ساخته‌اند. این فیضِ اسرارآمیز از عملِ مسیح مصلوب مایه می‌گیرد که همه چیز را در خودش آشتی داده و حتی انگیزه‌های شریرانهٔ ما را به بخشی از نقشهٔ نیکوی خود تبدیل کرده است.

وقتی عیسی از ما خواست تا دشمنان‌مان را دوست بداریم، می‌دانست محبت او که در ما عمل می‌کند، می‌تواند قلب‌های سخت‌شده را بگدازد و دشمن را به دوست تبدیل کند. چنان‌که ه. آ. ویلیامز می‌گوید، این قدرت به عالی‌ترین وجهی در مورد دشمنِ درون ما کارساز است، چون همیشه بدترین دشمن ما خودمان هستیم.

اگر با بردباری و شفقت بتوانم آن شخصِ قاتل، سنگدل، بی‌رحم، سلطه‌گر، حسود و بدنهاد را که چشم دیدنِ همنوعانش را ندارد، دوست بدارم، یعنی همان شخصی را که خودِ من هستم، در این صورت می‌توانم از او، شخصی نیکو، دوست‌داشتنی، سخاوتمند، مهربان و بالاتر از همه، مملو از حیات بسازم، حیاتی که از او به دیگران سرایت می‌کند.

همان‌گونه که فرشته‌ای که آب را به حرکت در آورده بود به پزشک گفت: «بدون این زخم‌ها کجا قدرت می‌داشتی؟»

مردی که در استرالیا زندگی می‌کرد به این نتیجه رسید که دیگر تحمل زندگی را ندارد. با این‌حال، به‌جای خودکشی مخزنِ آهنی بزرگی خرید و آن را به وسایلِ اولیهٔ زندگی مجهز کرد. سپس تمثالی از مسیح مصلوب به دیوار آویخت تا او را به‌یاد رابی بیاندازد و در دعا کمکش کند. در آنجا خلوت گزید و زندگیِ پاکی را در پیش گرفت، منتها با مشکلی بزرگ روبرو بود. هر روز صبح و عصر رگباری از گلوله دیوارهای مخزن را آبکش می‌کرد. وی دیگر یاد گرفته بود که هروقت تیراندازی شروع می‌شود بر کفِ مخزن دراز بکشد. با این‌حال، برخی از گلوله‌ها کمانه می‌کردند و چندین‌بار تن و بدنِ او زخمی شد. دیوارها سوراخ‌سوراخ شده بود و از روزنهٔ آنها باد و نور و باران به درونِ مخزن راه می‌یافت. مرد استرالیایی در حالی‌که سوراخ‌ها را می‌پوشاند، لعن و نفرین خود را حوالهٔ تیراندازِ ناشناس می‌کرد. آخرسر دست به دامن پلیس شد، اما باز همان آش بود و همان کاسه. خودش هم کاری از دستش بر نمی‌آمد.

کم‌کم مرد استرالیایی به این فکر افتاد که به‌جای پوشاندنِ سوراخ‌های روی دیوار، از آنها برای مقاصدِ مثبت استفاده کند. برای مثال، از روزنهٔ سوراخ‌ها به مردمی که در حال رفت و آمد بودند، بچه‌هایی که بادبادک هوا می‌کردند، عشاقی که دست در دست هم قدم می‌زدند، ابرهایِ آسمان، پرواز پرندگان، شکفتنِ گل‌ها و برآمدنِ ماه نگاه می‌کرد. وقتی به تماشای اینها می‌نشست، خودش را از یاد می‌برد.

بالاخره روزی رسید که مخزن به‌کلی زنگ زد و متلاشی شد. مرد استرالیایی که چندان از این بابت متأسف نبود از داخل مخزن خارج شد

و مردی را دید که تفنگ بهدست جلویش ایستاده است. مرد استرالیایی خطاب به وی گفت: «خیال کنم میخواهی الآن مرا بکشی. ولی قبل از مردنم میخواهم یک چیز را بدانم. از جان من چه میخواهی؟ اصلاً با من چه پدرکشتگی داری؟ مگر چه آزاری به تو رساندهام؟» مردِ تفنگ بهدست، تفنگش را بر زمین گذاشت و لبخندی بهروی او زد و گفت: «من دشمن تو نیستم.» ناگهان مرد استرالیایی چشمش به سوراخهایی بر دستان و پاهای آن مرد افتاد که درخششی همچو خورشید داشتند.

زندگی کسانی که با مصائب و مشکلات روبرو هستند، مثل مخزنِ این داستان سوراخسوراخ خواهد شد. هرچه بر عیسی گذشت، بهنوعی بر ما هم خواهد گذشت. زخم برداشتن ضروری است. روح نیز باید مثل بدن زخمی شـود. این فکر که وضعیت طبیعی و درست این است که زخمی نداشته باشیم، خواب و خیالی بیش نیست. کسانی که جلیقهٔ ضدگلوله به تن میکنند تا خود را از شکسـت و ورشکستگی و دلشکستگی در امان بدارند، هرگز به معنی محبت پی نخواهند برد. زندگیای که هیچ زخمی در آن نباشد، شباهتی به زندگی رابی نخواهد داشت.

مدت کوتاهی پس از ورودم به دانشکدهٔ الهیات، پیش کشیشی رفتم و برای او شـرح دادم که چطور در مدتِ خدمتِ سـه سالهام در نیروی دریایی، وقت خود را به بادهگساری میگذراندم و چقدر از بابتِ عمری که بههدر دادهام، متأسـفم. در کمال تعجب دیدم که کشیش لبخندی به لب آورد و گفت: «از این بابت خوشحال باش. چون اکنون میتوانی دل بهحال کسـانی که در این راه بییار و یاور پیش میروند، بسوزانی. خدا شکستگی تو را مایهٔ برکتِ بسیاری خواهد کرد.» همانطور که ژولیان اهل نوریچ گفته اسـت: « نهایتاً از گناه، بهجای شرم، افتخار زاده خواهد شد.» رابیِ مصلوبی که همه چیز را در خودش آشـتی داده است، بر تضادِ میانِ نیک و بد غلبه کرده اسـت. بنابراین، هیچ لزومی ندارد که احساسِ گناه و تقصیر ما را زندهزنده ببلعد. میتوانیم از دروغ گفتن بهخود بازایستیم. قلبِ آشـتی کرده میگوید که هر اتفاقی که برای من افتاده است، بایستی میافتاد تا مرا به آنکه هستم تبدیل کند، هر اتفاقی.

توماس مور در این‌باره می‌گوید: «افسردگی‌ها، حسادت‌ها، خودشیفتگی و شکست‌های ما مغایرتی با زندگی روحانی‌مان ندارند که هیچ، برای آن ضروری هم هستند. این حالات، مانع از این می‌شوند که روح در عالمِ کمال‌گرایی و تکبرِ روحانی به طیران و پرواز درآید.»

آیا این طَرزفکرِ ملایم، ما را از خودراضی نمی‌سازد؟ در جواب باید گفت کسی که به صدایِ قلبِ رابیِ خوارشده گوش داده باشد، همان رابی که مردم او را طرد کردند و از خود راندند و به‌خاطر گناهان ما مضروب شد، هرگز چنین سؤالی را نخواهد کرد.

ما فقط در رابطه‌ای صمیمانه است که اجازه می‌دهیم دیگران ما را چنان‌که واقعاً هستیم بشناسند. همین که از تنگ‌نظری و کوته‌بینی، نگرانی‌ها و بی‌وفائی‌های خود آگاهیم دردناک است، اما پرده برداشتن از اسرارِ تاریک‌مان به‌مراتب مخاطره‌آمیزتر است. شخصیتِ کاذب‌مان نمی‌خواهد از مخفیگاهش خارج شود. او چهره‌اش را به هزار رنگ درخواهد آورد تا زیبا شود و خود را به اصطلاح "مقبول" جلوه دهد.

سفرهٔ دل خود را پیش چه کسی می‌توانم پهن کنم؟ پیش چه کسی می‌توانم روح و جانم را برهنه سازم؟ به چه کسی جرأت دارم بگویم که من، هم نیک‌خواه هستم و هم بدخواه، هم نجیب و هم نانجیب، هم مشفق و هم انتقام‌جو، هم از خودگذشته و هم خودخواه؟ به چه کسی جرأت دارم بگویم که در زیر ظاهرِ شجاعت و تهورِ من، کودکیِ وحشت‌زده پنهان است، من هم مذهبی هستم و هم گهگاه به تصاویر قبیح نگاه می‌کنم؟ چگونه می‌توانم اعتراف کنم که شخصیتِ دوستی را به لجن کشیده‌ام و از اعتمادِ کسی سوءاستفاده کرده‌ام؟ چطور بگویم که هم اهلِ تحمل و مراعات هستم و هم جایش که بیافتد متعصب و دوآتشه می‌شوم؟

بزرگترین ترس من از این است که اگر پرده از شخصیت کاذب خود بردارم و خویشتنِ حقیقی‌ام را عریان سازم، دوستانم مرا ترک کنند و دشمنانم به ریشم بخندند.

اخیراً این آیه از کتاب اشعیاء توجهم را به خود جلب کرده است: «به انابت و آرامی نجات می‌یافتید و قوت شما از راحت و اعتماد می‌بود»

(اشعیا ۱۵:۳۰). ما به‌علت واهمه‌ای که از طرد شدن داریم، بیش از حد در فکر حفظِ حریمِ زندگی خصوصی خود هستیم. اگر احساس طردشدگی کنیم، بارِ گناه را نمی‌توانیم زمین بگذاریم، بلکه فقط آن را از این دست به‌دست دیگر خود خواهیم داد. به همین قیاس نیز تنها زمانی می‌توانیم پرده از قلبِ گناهکار خود برداریم که از کسب بخشایش مطمئن باشیم.

من فقط پیش کسی می‌توانم به گناه و خطای بزرگ خود اعتراف کنم که می‌دانم مرا خواهد پذیرفت. کسی که نمی‌تواند به اشتباه خود اعتراف کند بی‌اندازه فاقد احساس امنیت است. چنین شخصی در تهِ قلب خود احساس می‌کند که پذیرفته‌شده نیست، در نتیجه احساس گناه خود را سرکوب می‌کند و رد پایش را پاک می‌سازد. به این‌ترتیب، به واقعیتی در ظاهر متناقض می‌رسیم: برای اعتراف به گناه باید ذهنیت خوبی درباره خود داشته باشیم. بنابراین، پرده‌پوشی گناه نشانهٔ ذهنیتی منفی دربارهٔ خود است.

نجات و قوت ما در گروِ اعتمادِ کامل به رابّی اعظم است که با زکایِ مطرود بر سرِ یک سفره نشست. غذا خوردن او با گناهکاری رسوا و بدنام، صرفاً ژستی از روی آزاداندیشی و مدارا و یا نمایشِ احساساتِ بشردوستانه نبود، بلکه تجسم مأموریت و پیام او بود: بخشایش، آرامش و مصالحه که بدون استثنا برایِ همه است.

جواب این سؤال که «من چه کسی هستم؟» با خودکاوی معلوم نمی‌شود، بلکه بستگی به رابطهٔ شخص با مسیح دارد. قلبی که از طریقِ بخشایشِ باطل‌نشدنیِ مسیح، از بی‌اعتمادی به اعتماد رسیده است، چیزی مگر خلقتی نو نیست؛ این تغییر سبب می‌شود که دیگر هیچ‌گونه ابهامی دربارهٔ هویت خود نداشته باشیم. وقتی اطمینان می‌یابیم به این‌که رابّی ما را پذیرفته است، برکتی آنچنان عظیم از این اطمینان حاصل می‌شود که از اهمیتِ چشمگیر و به یاد ماندنی‌اش جز با کلماتِ بریده‌بریده و زبانِ به لکنت افتاده نمی‌توان سخن گفت. این اطمینان، خطِ مرزی را ترسیم می‌کند که در خارج از آن هیچ چیز ارزش ندارد و در داخل آن، هرگونه رابطه و دستاوردی، هر موفقیت و شکستی معنی می‌یابد. این اطمینان، ضربه‌ای

مهلک بر پیکرِ بدبینی، تنفر از خود و نومیدی وارد می‌سازد. اطمینانِ فوق در حکم این است که وقتی رابی می‌گوید: «به پدر توکل کنید و به من نیز توکل کنید»، به او بگوییم: «خداوندا، به تو اطمینان و توکل دارم.»

سباستین مور می‌گوید:

> «وقتی با ایمان به پیامِ انجیل، به گناهان خود اعتراف می‌کنیم، دست به‌عملی می‌زنیم که بیان کنندهٔ کریمانه‌ترین، بی‌باکانه‌ترین و با صلابت‌ترین احساساتِ بشری است. انسان فقط در صورتی حاضر می‌شود دست به این عملِ مخاطره‌آمیز بزند که از پذیرفتنی بودن و پذیرفته شدنِ خود مطمئن باشد. بنابراین، اعتراف در حکمِ اعلامِ کامل و قطعیِ چنین اطمینانی است. ما تاریکترینِ جنبهٔ وجودِ خود را فقط حاضریم به کسی نشان دهیم که عاشقمان باشد. به جهانیِ حیرت زده، عیسی خدایی را عرضه می‌دارد که مردم را به اعتراف فرا می‌خواند تا بتواند در اعماقِ وجودشان عشقی را که به آنها دارد، مکشوف سازد. چنین اعترافی وقتی در متنِ پذیرشِ الهی قرار می‌گیرد، عمیق‌ترین نیروهایِ روحِ بشری را آزاد می‌سازد و انقلابی را به‌وجود می‌آورد که از قبولِ پیام انجیل نتیجه می‌شود.»

صلح و آرامشی که مسیح وعده داده است و جهان هرگز نمی‌تواند به ما بدهد، نتیجهٔ رابطهٔ صحیح با خدا است. خودپذیری زمانی تحقق می‌یابد که با تمام وجود ایمان می‌آوریم به این‌که عیسی ما را چنان‌که هستیم پذیرفته است. دوست شدن با شخصیتِ کاذب و فریسیِ درون، به‌منزلهٔ آغاز مصالحه با خود و پایانِ اسکیزوفرنی[1] روحانی است.

در آغوشِ رابی، انگیزه‌های پلید ما دگرگون و به انگیزه‌های نیکو

---

۱ «هر یک از انواع اختلال‌های شدید روانی که با بریدن از واقعیت، هذیان، توهم، خلق نامتناسب، و رفتار آشفته همراه است.» (نقل از فرهنگ بزرگ سخن) م.

تبدیل می‌شوند. همان‌گونه که شهوتِ افسارگسیختهٔ زنِ مذکور در انجیل لوقا به شــور و حرارتی برای صمیمیت با عیسی تبدیل شد، همچنان هم طمــع ما برای پول می‌تواند به حرص و ولــع برای گنجِ پنهان در مزرعه تبدیل شــود. به این‌ترتیب، قاتلی که در ما ساکن است تبدیل می‌شود به قاتلی که احســاس تنفرِ ما را از همنوع، نیز تعصبات و کوردلی‌های ما را می‌کشــد. کینه‌توزی و نفرتِ ما نیز تبدیل می‌شــود به خشم و انزجار از تصویری از خدا که او را همچون حســابداری تنگ‌نظر معرفی می‌کند. به‌علاوه، مهربانی نیم‌بند ما تبدیل می‌شــود به رحم و شفقتی قلبی نسبت به کسانی که راه خود را گم کرده‌اند.

بدین‌طریق، معنی سخنانِ رابی که می‌فرماید: «بنگرید که چگونه همه چیز را تازه می‌سازم» مثل روز روشن می‌شود.

از بین بســیاری از القاب و عنوان‌هایی که خواه معاصران عیسی به او اطلاق کرده‌اند، خواه کلیســای اولیه، نظیرِ خداوند، استاد، نجات‌دهنده، رهاننده، پادشــاه، حاکم مطلق و مســیحا، من به دو دلیل عنوانِ رابی را برگزیده‌ام. اول، به این دلیل که وقتی راهی را که در زندگی پیموده‌ام مرور می‌کنم، به روزهایی فکر می‌کنم که هنوز مســیح را ملاقات نکرده بودم. خــوب به‌خاطر دارم که چطور بی‌هدف یک روز با این و روز دیگر با آن دوست می‌شدم و از میخانه‌ای به میخانهٔ دیگر می‌رفتم تا مگر دردِ تنهایی و قلبِ سنگیِ خسته‌ام را دوا کنم، اما احساس خلاء درونم را می‌خورد.

ناگهان عیسی بی‌هیچ مقدمه‌ای آمد و زندگی‌ام را نو کرد. به این‌ترتیب، از شــخصِ بی‌هویتی که به فکر هیچ‌کس و هیچ‌چیز مگر آسودگی خود نبود، هویتی یافتم و شدم شاگردِ محبوبِ مسیح، کسی که زندگی و مردم برایش مهم بودند. کلام او مبدل شــد به «نور برای راههای من» (مزمور ۱۰۵:۱۱۹). زندگــی‌ام جهت و هدفی یافــت و از آن پس وقتی صبح از رختخواب خارج می‌شــدم، می‌دانســتم که دنبال چــه هدفی باید بروم. عیسی شده بود رابی یعنی معلم و استادِ من. او با صبر و تحملی بی‌پایان، به زندگی‌ام معنا بخشــید و خستگی و ملالتِ روزهایی را که در شکست گذرانده بودم از من دور ساخت. من نمی‌توانم و نمی‌خواهم رابی اعظمی

را که زندگی‌ام را از شبِ تار به صبحِ روشن انتقال داد، فراموش کنم. رابی ما را از واقعیت فراری نمی‌دهد، بلکه درست ما را به قلب آن پیش می‌برد.

دوم، عنوانِ رابی، یهودی بودن عیسی و ریشه‌های سامی دین ما را به ما یادآوری می‌کند. ابراهیم پدر ما در ایمان است. در قلمرو روحانی، همهٔ ما سامی هستیم. همان‌طور که پولس رسول دربارهٔ یهودیان می‌فرماید: «فرزندخواندگی، جلال الهی، عهدها، ودیعهٔ شریعت، عبادت در معبد، و وعده‌ها، همه از آنِ ایشان است، و نیز پدران به ایشان تعلق دارند، و مسیح به‌لحاظ بشری از نسل آنان است، خدای مافوقِ همه که او را تا به ابد سپاس باد» (رومیان ۹:۴-۵). اگر جایگاهِ یهودیان را در نقشهٔ نجات به‌دست فراموشی سپاریم، مثل این خواهد بود که بر چهرهٔ نجات‌دهندهٔ یهودی خود آب دهان بیاندازیم و متأسفانه، امروزه اغلب، مسیحیان هستند که مرتکب چنین عملِ مذمومی می‌شوند.

یکی از یهودیان نسل حاضر با ملایمت ولی صراحت چنین نوشته است: «ما [یهودیان] باید با توجه به آنچه کتاب‌مقدس می‌گوید از خود بپرسیم که آیا پیام عهد عتیق که عهد جدید ادعا می‌کند تحقق یافته است، واقعاً در تاریخ تحقق یافته است، یعنی در تاریخی که ما و اجدادمان در آن زندگی کرده و رنج کشیده‌ایم. در این‌جا، ای خوانندگان عزیزِ مسیحی باید بگویم که پاسخ منفی است. ما نه ملکوتی می‌بینیم، نه صلح و آرامشی و نه رهایی و نجاتی.» هر وقت که به اقدامات غیرمسیحی ما مسیحیان علیه یهودیان فکر می‌کنم، چهرهٔ اشک گرفتهٔ رابی جلوی چشمانم ظاهر می‌شود. همان‌طور که الهیدانی گفته است، ما باید به فکرِ الهیات جدیدی دربارهٔ یهودیت و سرنوشت آن باشیم. باید به آنچه شایلاک در نمایشنامهٔ شکسپیر به‌نام تاجر ونیزی می‌گوید، فکر کنیم. (البته، دربارهٔ هر ملت ستمدیده‌ای می‌توان گفته‌های شایلاک را در نظر گرفت.) شایلاک می‌گوید: «آیا یهودی چشم ندارد؟ دست و پا و احساسات و عواطف چطور؟ مگر غیر از این است که او هم مثل مسیحیان غذا می‌خورد و مثل آنها به ضربِ سلاح مجروح و بر اثرِ بیماری مریض می‌شود و مثل آنها هم شفا می‌یابد؟ آیا یهودی نیز مانند مسیحی در زمستان سرد و در

تابستان گرمش نمی‌شود؟ آیا اگر زخمی‌اش کنید از زخمش خون جاری نمی‌شود؟ اگر قلقلکش بدهید نمی‌خندد و اگر مسمومش کنید نمی‌میرد؟»

با رابی خواندنِ عیسـی، همبسـتگی او و نیز خودمان را با پسران و دختران ابراهیم و نیز انسانیت گناهکار به‌خاطر می‌آوریم.

عـروس در غزل‌غزل‌ها می‌گوید: «من در خواب هسـتم اما دلم بیدار است. آواز محبوب من است که در را می‌کوبد (و می‌گوید): «از برای من باز کن ای خواهر من! ای محبوبهٔ من و کبوترم و ای کاملهٔ من! محبوب من دسـت خود را از سوراخ در داخل سـاخت و احشایم برای وی به جنبش آمد. من برخاسـتم تا در را به جهـت محبوب خود باز کنم، و از دستم مُر و از انگشت‌هایم مُر صافی بر دستهٔ قفل بچکید» (۵:۲ و ۴-۵).

گروه واماندهٔ شاگردانی که روح عروس را دارند و در را به‌روی عیسی می‌گشـایند، با او سر میز می‌نشـینند و به صدای قلبش گوش می‌دهند، حداقل چهار چیز را تجربه خواهند کرد.

اول، گوش سـپـردن به ضربان قلـب رابی بلافاصله بـه ملاقات با خدای تثلیث می‌انجامد. همان لحظـه‌ای که گوش خود را به قلب رابی می‌چسبانیم، صدای قدم‌های اَبّا را از فاصله‌ای اندک می‌شنویم. نمی‌دانم که چطور این اتفاق می‌افتد، ولی می‌دانم که می‌افتد. این تجربه در حکم حرکتی اسـت از شناختِ عقلی از خدا به جانبِ تجربه‌ای روحانی از او که سـبب می‌شود بفهمیم عیسـی و پدر در روح‌القدس که مثل کمربندِ ابدی محبت آنها را به هم پیوند داده اسـت، یک هسـتند. به این ترتیب، بدون این‌که قبلاً به آن فکر کرده باشیم این فریاد از قلب‌مان بلند می‌شود: «اَبّا، من به تو تعلق دارم.» نیز، در عمقِ روح خود درمی‌یابیم که در مسیح، پسران و دختران خدا هستیم و شور و حرارتِ بی‌نظیر عیسی برای پدر، در درون‌مان شـعله می‌کشـد. وقتی به این شکل پدر بودنِ خدا را لمس می‌کنیم، ما گمشدگان، هراندازه هم که ناپاک و درب و داغان باشیم، طعمِ چنان محبتِ پدرانهٔ عمیقی را می‌چشیم که زبان از وصف آن قاصر است. وقتی ضربانِ قلب‌مان با ضربانِ قلبِ رابی هماهنگ شـود، طعمِ محبتی

چندان فیض‌آمیز و شفقت‌آمیز را خواهیم چشید که فهم آن در مخیله‌مان نمی‌گنجد. «معمای انجیل همین است: چگونه ممکن است خدای متعالی که کاملاً با ما فرق دارد، به‌طرزی چنین باورنکردنی به ما نزدیک باشد و محبتی این‌گونه بی‌حد و حصر به ما داشته باشد؟» جز یک توضیح برای این سؤال نیست، استاد فرمود که او این‌گونه است.

دوم، درمی‌یابیم که در جادهٔ زندگی تنها نیستیم و راه پر از آدم است. هم‌سفران خود را در همه جا می‌توانیم یافت و چنین نیست که در دنیا، ما باشیم و عیسی. در این راهی که می‌رویم هم افراد صالح وجود دارند و هم ناصالح، هم زشت هست و هم زیبا، هم دوست هست و هم دشمن، هم کسانی هستند که به ما کمک می‌کنند و هم کسانی که چوب لای چرخ ما می‌کنند، هم نگهبان بانک هست و هم سارقِ بانک. در یک کلام، هزاران انسان را با پیچیدگی‌ها و تمایزاتِ حیرت‌انگیزشان می‌توانیم دید و البته، کلام رابی این است که در طول راه هر که را دیدیم دوست بداریم، چون هر محبتی که به آنها کنیم به رابی کرده‌ایم. ما تمام این مطالب را قبلاً شنیده‌ایم. در کانون شادی یا شاید در کلاس‌های نوایمانان، حکمِ طلایی را به ما آموخته‌اند: «پس با مردم همان‌گونه رفتار کنید که می‌خواهید با شما رفتار کنند» (متی ۱۲:۷). با وجودی که این حکم را می‌دانیم، زندگی زناشویی از هم پاشیده و خانواده‌های از هم گسیخته‌مان، شقاق و جدایی در کلیساهای‌مان و محیطِ بی‌عاطفه‌مان گواه بر این هستند که حکمِ طلایی را خوب یاد نگرفته‌ایم.

"یادگیری از طریقِ گوش دادن به صدای قلبِ رابی" روشی کاملاً متفاوت است. ضربانِ قلب رابی که بی‌وقفه در مهربانی می‌تپد، محبت کردن به دیگران را امری بی‌اندازه شخصی، فوری و ضروری می‌سازد. رابی می‌فرماید: «به شما حکمی تازه می‌دهم؛ این حکم من است؛ این است کل حکمی که به شما می‌دهم: همدیگر را دوست بدارید همچنان که من شما را محبت کرده‌ام.» چیزی مگر شفقت و بخشیدن مهم نیست. محبت، کلیدِ همه چیز است. زیستن و دوست داشتن یک چیز است.

سخن کز دل برآید، لاجرم بر دل نشیند. رابی ملتمسانه می‌گوید: «آیا نمی‌فهمید که شاگردی ربطی به برحق و کامل و مؤثر بودن ندارد؟ شاگردی همه‌اش مربوط است به روش زندگی شما با یکدیگر.» در هر ملاقاتی با دیگران، یا باعثِ حیات می‌شویم یا مانع از آن. تبادلی خنثی وجود ندارد. یا شأن و منزلتِ انسانیِ مردم را اعتلا می‌بخشیم یا تقلیل می‌دهیم. در عرض روز، شکست و موفقیت ما بسته به علاقه و شفقتی است که به اطرافیان خود نشان می‌دهیم. باید خوی و منش خود را با توجه به پاسخی که به نیاز مردم می‌دهیم تعریف کنیم. سؤال این نیست که چه احساسی دربارهٔ همسایه‌مان داریم، بلکه باید پرسید برای وی چه کرده‌ایم. طرزِ گوش کردن‌مان به حرف‌های یک بچه یا طرزِ برخوردمان با پستچی محل، عکس‌العمل‌مان وقتی جراحتی برداشته‌ایم یا دستگیری‌مان از فقرا، محتویاتِ قلب‌مان را آشکار می‌سازند.

ضرب‌المثلی قدیمی وجود دارد دربارهٔ پسری که در مزرعه کار می‌کرد و مهارتی جز پیدا کردن اسب‌های گم‌شده نداشت. وقتی شِگِردِ کارش را از او پرسیدند، جواب داد: «هیچی، از خودم می‌پرسم که اگر اسب بودم کجا می‌رفتم و بعد به همان جا می‌روم.» اگر این ضرب‌المثل را از جهت مثبتی در نظر بگیریم، می‌توان گفت که شاگرد با گوش دادن به صدای قلبِ رابی می‌تواند هر لحظه حدس بزند که عیسی کجا است و در آنجا او را بیابد.

سوم، وقتی با عیسی سر میز بنشینیم یاد خواهیم گرفت که بازیابی شور و حرارت رابطهٔ تنگاتنگی دارد با اندیشیدن به محبت دردآلودِ عیسی.[۱] میان عیسی و پطرس، در ساحلِ دریاچهٔ تیبریه تبادلِ خارق‌العاده‌ای

۱ در زبان انگلیسی passion به معنی شور، حرارت و اشتیاق و Passion به معنی مصائب مسیح است. در متن اصلی، نویسنده هرچند هر دو passion را با p کوچک آورده است، احتمالاً خواسته است که برانگیخته شدنِ شور و حرارت روحانی را به تأمل دربارهٔ مصائب مسیح پیوند دهد، چون خودِ نویسنده نیز اول‌بار وقتی دربارهٔ مصائب مسیح تأمل می‌کرده، به تجربهٔ روحانی عمیقی دست یافته است. به «دربارهٔ نویسنده» مراجعه شود. م.

صورت گرفت. سوزناک‌ترین کلماتی که تا به‌حال گفته شده‌اند شکلِ سؤالی نَفَس‌بُر را به‌خود گرفتند: «آیا مرا دوست می‌داری؟» وقتی افکار پراکندهٔ خود را کنار می‌گذاریم و سراپا گوش می‌شویم، فریادِ درد آلودِ خدایی را می‌شنویم که تا به‌حال کسی چیزی از او نشنیده است. این‌جا چه خبر است؟ تا به‌حال هیچ‌یک از خدایانِ مذاهبِ جهان خود را تا بدین پایه تنزل نداده‌اند که احساس ما را دربارهٔ خودشان بپرسند. خدایانِ بت‌پرستان به جانِ کارگرانِ روزمزد صاعقه می‌فرستادند تا حواس‌شان باشد که رئیس کیست. اما رابی‌ای که ابدیت در او ساکن است، از ما می‌پرسد که آیا دوستش داریم. عیسایی که برای حیات یافتنِ ما به مرگی خونین تن داد، به مرگی که در آن خدا او را واگذارده بود، اینک از ما می‌پرسد که آیا دوستش داریم!

کلمهٔ شور و حرارت passion از فعل passere در زبان لاتین اخذ شده که به معنی "رنج بردن" است. محبت دردآلودِ عیسی در گفتگویش با پطرس چنین ظاهر شد که «وی داوطلبانه قلب خود را به‌روی پطرس گشود و اجازه داد تا پطرس بر او تأثیر بگذارد؛ به‌عبارتی در این‌جا، رنج بردنِ محبتِ پرشور و حرارت عیسی را می‌بینیم.»

این‌که خدا خود را آسیب‌پذیر می‌سازد و اجازه می‌دهد تا ما با واکنش خود او را تحت تأثیر قرار دهیم، این‌که قلب عیسی از بی‌ایمانی اورشلیم شکست و او را به گریه انداخت، بی‌اندازه عجیب و حیرت‌انگیز است. مسیحیت اساساً شامل کاری که ما برای خدا می‌کنیم نیست، بلکه عبارت است از کاری که خدا برای ما انجام می‌دهد - یعنی همان کارهای عظیم و حیرت‌انگیزی که خدا اراده کرد برای ما انجام دهد و در عیسای مسیح به آنها صورت واقعیت بخشید. وقتی خدا با قدرتِ کلام خود قدرتمندانه واردِ زندگی ما می‌شود، تنها چیزی که از ما می‌خواهد این است که شگفت‌زده و متحیر شویم و دهان‌مان از فرط تعجب باز بماند و در همان حال شروع به فرو دادن نفس‌های عمیق کنیم.

بازیابیِ شور و حرارت رابطهٔ تنگاتنگی با به حیرت آمدن دارد. ما در حضورِ آنچه رودلف اُتو "رازِ بزرگ" می‌خواندش، غرق در شگفتی

و حیرت می‌شویم و خودآگاهی‌مان دود می‌شود و به هوا می‌رود. بدین‌طریق، خدای متعال سراسر وجودمان را از آن خود می‌سازد. چنین تجربه‌ای ممکن است همچون موجی ملایم قلب و ذهنمان را در روحِ آرام پرستشی عمیق و ژرف سیراب سازد. خوف و تحیر و تعجب، فروتنی خاموشی را برمی‌انگیزد. بدین‌سان، اندک نمایی از خدایی را می‌بینیم که وجودش را حتی در خواب هم نمی‌توانستیم تصور کنیم. شاید هم تحت تأثیرِ شدید چیزی واقع شویم که در سنت یهود به Kabod Yahweh کَبُد یهوه، یعنی عظمت خردکنندهٔ خدا، معروف است. بدین‌طریق، خاموشی و سکونی ژرف و موحش به خلوتگاه روح‌مان هجوم می‌آورد. این آگاهی را حاصل می‌کنیم که خدا وجودی یکسره متفاوت از ما است و از شکافِ میانِ خالق و مخلوق گذشتن ممکن نیست. احساس می‌کنیم که ریگ‌هایی بر ساحلِ بی‌انتها هستیم و خود را در حضورِ خدای داور می‌یابیم، جایی که دیگر نه امتیازات‌مان سودی و نه فخرفروشی‌هامان خریداری دارند. این‌جا است که دیگر صِرْفِ زیستن با اطمینان از مهر و عطوفت الهی بسنده نیست. نام خدا رحیم است.

بدین‌سان، ایمان برانگیخته و ترس و لرزمان صدای خود را بازمی‌یابند. در عبادت، ما خود را دچار چنان مسکنتی می‌یابیم که از احساسِ آن، پرستش خدا زاده می‌شود. اکنون دیگر از اتاق بالاخانه که در آن یوحنا سر بر سینهٔ عیسی تکیه داده بود، به کتابِ مکاشفه رسیده‌ایم، جایی که در آن شاگرد محبوب در برابرِ برهٔ خدا به‌رو در افتاده است.

مردان و زنان دانا، سال‌ها سعادت را در این دانسته‌اند که بی‌هیچ اِبایی همان باشیم که هستیم. اجازه دهید تا رابی اعظم شما را به آرامی به قلبش بفشارد. هرگاه او را بشناسید، به هویت خود نیز پی خواهید برد و خواهید دانست که در خداوند ما مسیح، فرند آبّا هستید.

پایان ترجمهٔ فارسی
۶ آوریل ۲۰۰۵